大学问

始于问而终于明

守望学术的视界

后人学译丛 | 蓝江 · 主编

IMPROPER LIFE

Technology and Biopolitics from Heidegger to Agamben

生命的尺度

从海德格尔到阿甘本的技术和生命政治

Timothy C. Campbell

［美］提摩太 · C. 坎贝尔 著 | 蓝江 译

GUANGXI NORMAL UNIVERSITY PRESS
广西师范大学出版社
· 桂林 ·

生命的尺度：从海德格尔到阿甘本的技术和生命政治
SHENGMING DE CHIDU: CONG HAIDEGE'ER DAO AGANBEN DE JISHU HE SHENGMING ZHENGZHI

品牌策划 赵运仕　品牌负责 刘隆进　品牌总监 赵 艳　品牌运营 梁鑫磊　丛书策划 梁鑫磊
责任编辑 楼晓瑜　责任技编 伍先林　营销编辑 蒋正春　罗诗卉　装帧设计 安克晨

Improper Life: Technology and Biopolitics from Heidegger to Agamben / by Timothy C. Campbell / ISBN: 978-0-8166-7464-0

著作权合同登记号桂图登字：20-2024-074 号

图书在版编目（CIP）数据

生命的尺度：从海德格尔到阿甘本的技术和生命政治 /（美）提摩太·C. 坎贝尔著；蓝江译. -- 桂林：广西师范大学出版社，2025. 7. --（后人学译丛 / 蓝江主编）. -- ISBN 978-7-5598-7345-3

Ⅰ. D0-02

中国国家版本馆 CIP 数据核字第 2025ZR2557 号

广西师范大学出版社出版发行
（广西桂林市五里店路 9 号　邮政编码：541004
网址：http://www.bbtpress.com）
出版人：黄轩庄
全国新华书店经销
湛江南华印务有限公司印刷
（广东省湛江市霞山区绿塘路 61 号　邮政编码：524002）
开本：880 mm × 1 240 mm　1/32
印张：9　　字数：220 千
2025 年 7 月第 1 版　　2025 年 7 月第 1 次印刷
定价：78.00 元

“后人学译丛”总序

我们如此彻底地改变了环境，以致现在我们必须改变我们自己。

——诺伯特·维纳

我们或许正处在一个新技术变革的前夜，我们看到了ChatGPT和Midjourney等新一代人工智能产品的出现，惊叹于它们正在以神乎其技的能力，将人与非人的边界变得越来越模糊，人类在世界上的独特地位似乎在一夜之间遭到了前所未有的挑战。此外，生物技术，尤其是基因技术、胚胎技术、克隆技术的发展，让人类生命变得具有多样性。机械和自动化技术，也试图弥补人类留下的不足，譬如，利用特定的色彩频谱分辨器，来帮助色盲人士辨别出普通人能分辨的颜色。埃隆·马斯克宣布的在猴子身上做的脑机互联实验，让人们看到原来在哲学和心理学上相对独立和封闭的自我意识的神秘大门，也在一步步被打开，成为可以被人类技术掌控和改进的领域。还有数码化的智能增强、智能环境、无人驾驶等新一代技术革命，仿佛正在做出下一个时代的宣言。无论这些技术多么炫目，仍有一个需要慎重对待的问题，摆在我们每一个拥有有机身体的人面前：在巨大的技术革新面前，人类何去何从？

面对这样的问题，我们已经不能像二十世纪八九十年代智能技术刚刚兴起时那么轻松。在控制论之父诺伯特·维纳看来，今天的人类，似乎已经不能完全适应新技术的发展，当技术突飞猛进的时候，我们面前有一个天然的屏障，即我们总是通过这具肉身去感知和理解世界，一旦这具肉身成为我们面对新技术革命的最后障碍，那么这是否意味着人类本身也需要进行技术改造？就像安德鲁·尼科尔的电影《千钧一发》（*Gattaca*）一样，那些被基因工程改造过的新人类才是那个时代的正常人，没有能力得到基因改造的自然人反而成为这个世界上的残次品。

当然，除基因改造之外，通过技术融合的赛博格（Cyborg）也成为人文学术界关心的重要议题，这不仅体现为美国理论家唐娜·哈拉维（Danna Haraway）在1983年发表了著名的《赛博格宣言》（*The Cyborg Manifesto*），而且体现为赛博格成了各种科幻作品的主题。例如日本著名导演押井守在1995年将士郎正宗的同名漫画《攻壳特工队》（*Ghost in the Shell*）改编成动画电影，鲁伯特·山德斯于2017年将其改编成真人版电影，其故事情节就是随着通信网络技术和人体电子机械化技术突飞猛进，赛博格人类变得越来越流行。无论是犯罪还是警方的追捕都需要建立在这种新的赛博格技术上。

随着这些技术的迅猛发展，我们不得不扪心自问一些问题。例如，经过基因改造和电子机械化的人类还是人类吗？倘若如此，人类是否还具有存在的独特性，是否仍然占据着凌驾在其他物种之上的优势地位？我们如何与这些非人生命和种族共存？诸如此类的问题，不仅仅成为艺术家和小说家日渐关心的主题，也成为理论家和思想家不得不面对的问题。对于这些问题，我们大致可以总结为如下几点：

1. 人与非人的界限

在阿甘本的《敞开：人与动物》（*The Open: Human and Animal*）中，阿甘本就借用了末世怪兽的形象，说明了人与非人之间的界限将逐渐变得模糊。特别是当他运用德国生物学家冯·尤克斯考尔（Von Uxküll）关于环世界（Umwelt）的研究时，他发现人的存在不仅在于自己的内在生命，而且在于通过某种外在的技能，将自己纳入一个环世界之中，环世界不同于外在世界，它是让人类得以栖居的设计，人类倚靠自己的技能和技术，筑造了我们的现代世界。不过，一旦这种技术不仅仅由人类完成，其他的非人生命，如人工智能也参与这个过程，那么我们是否可以断定这个世界仍然是人类本身的世界，是按照人类本身的身体条件筑造的世界？如果由非人类筑造的世界反过来要求人类的身体和基因与之相适应，并不得不改造自己的身体和器官，那么人类是否还像法国哲学家梅洛-庞蒂描述的那样，通过身体来建立一个世界的意义？在奈飞（Netflix）的系列动画片《爱，死亡和机器人》（*Love, Death & Robots*）第二季的第一集中，人类生活在一个高度智能化的未来环境中，但人类能安逸地生活在其中的前提是，能够被后台的智能系统识别成有资格的生命体，一切没有被识别的生物，都会被瞬间消灭掉。那么，这种表面上的安逸实际上与我们的身体被迫适应后台的智能系统是对应的。在这种情况下，人类是自己生活于其中的主体，还是被智能系统豢养的宠物？这实际上都需要我们认真地思考。

2. 生命与后人类

在后人类的诸多问题中，最核心的当然就是生命问题。法国哲学家乔治·康吉莱姆（George Canguilem）在其名著《正常与病态》（*Le normal et le pathologique*）中指出，生命从来不是在安逸舒适的情形下绵延，相反，病态才是真正生命的开端，生命是在环境变动下的适应能力。简言之，通过康吉莱姆，我们理解了生命从来不是静态的，而是不断在变动中演化。比如新出现的病毒，当然会给人带来致命的威胁，我们一旦不是以单个生命，而是以整个人类为对象，就会发现，在大的疫情过后，人类建立起了对这种特有病毒的免疫机制。在这个情况下，我们可以发现，相对于病毒出现之前，人类的生命机制发生了进化。这样，在今天的人类和所谓后人类之间也没有那么清晰的界限，因为所有的人类都会在技术发展的过程中表现出进化，而且人类也会根据自己的目的来进行特定的进化。

3. 后人类的技术进化

这个问题是后人学（post-humanities）的核心问题，因为根据上述问题，我们应该将人类看成不断生成和进化的物种，那么，人类的身体改造和进化，本身就囊括在人类学之中。人类需要改造自己的身体，就跟人类要使用机器一样，这正是一种技术进步的要求。一个多世纪之前，人们会认为铁路的修建会破坏风水龙脉，而今天高铁已经成为我们必备的交通工具。或许，某种机器外骨骼，经过机器改造的数字视网膜，甚至经过智能加强的大脑，会成为未来人类的必要工具。法国哲学家贝尔纳·斯蒂格勒（Bernard Stiegler）在其《技术与时间》（*La technique et le temps*）第四卷中提出，未来技术性的体外进化，会逐步取代人类本身的生物性的体内进化，人类更是通过生物技术、通信技术、数字技术、智能技术等改造和进化的新人，在今天的人类看来，这些新人就是后人类的赛博格。

我们可以将上述的这些问题，统一归结为后人学问题。这不仅是对唐娜·哈拉维、布拉多蒂、海耶斯等人提出的后人学问题的回应，也是从当代中国智能技术、生物技术和数字技术的发展出发，思考这些技术带来的冲击。这些技术的冲击不仅仅体现在纯粹技术层面，也深刻地改造着我们的哲学、社会学、文学、艺术学、教育学、政治学等诸多人文社会科学领域。因此，编辑这样一套丛书，对于当今许多中国学者来说，也是他们的兴趣所在。在此，我们希望通过引入一批在国内具有影响力的后人学著作，结合中国当下的处境，给人们一种借镜，来创建中国自己的后人学知识体系。这是一个十分宏大的理论任务，需要理论界、出版界，甚至大众传媒通力协作，来面对后人学带来的挑战。

蓝江

2023年3月于仙林

序言：在死亡和技艺之间的生命

在最近一场讨论政治和生命的学术会议上，一位美国顶尖级的福柯研究学者看到，围绕着“生命政治”（biopolitics）一词的研究已经发展到了野蛮生长的地步。他认为，这个词太过笼统、太过拙劣，并不适合用作一种范式来理解今天主体需要的反抗类型。考虑到当下一些学校人文学科预算被削减，甚至院系被取消（2010年秋季），对于这位理论家而言（他不是唯一这样认为的人），在探索我们面对的斗争面前，“生命政治”一词不够稳重，甚至完全不起任何作用。 vii

对于一本主要聚焦于生命政治思考的评价的著作，尤其是本书所考察的主题就是技术通过各种方式与生命交织在一起，用这样一种判断来开头似乎显得不太恰当。不过，附带着生命政治思考的价值问题的提出，的确需要慎重对待。今天，对于生命政治思想的本质，是否有某种东西不能被肯定性地应用？或者说得更严重一点，生命政治是否干着新自由主义的肮脏的知识工作，对具体的威胁毫不关心，而仅仅关注于物种层次上的生死问题？如果回答是含糊不清的“不”（或者，对此而言，含糊不清的“是”），那么我们当下对生命政治的理解事实上严重依赖于死亡——与其说我们面对的是生命政治问题，不如说我们面对的是死亡政治（thanatopolitics）问题，我们必须为此自担风险。

事实上，对于生命政治思想能带来潜在的抵抗的怀疑态度，给我们接下来的关于生命（bíos）与技术、生命与技艺（technē）[1]之间的关系的研究提供了一个很好的出发点。在后面的篇章中我要
viii 给出的一个论断就是：当代生命政治天衣无缝地蜕化成死亡政治的原因在于，我们要面对尚未被探索的技艺和死亡之间的关系，这个关系似乎贯穿了多个以生命政治为关键词的当今最重要的哲学家的著作。的确，我的印象是，恰恰在技术问题越来越重要的时候，死亡在生命政治思考中占据了上风，这就提出了一个问题：在生命的背景下，招致死亡的技艺是怎么回事？是否存在着关于技艺的难题，即无论在何种情况下，它反复地让关于生命政治的讨论走向了死亡的视界？如果是这样的话，那么确定这个难题就至关重要了，因为它或许能给出某些方法，来重现关于技艺的各种不同观点。换句话说，如果我们发现在某个地方，生命被引向了死亡，我们可以思考重新建构技艺的方式，也可以重新思考架构生命的方式。

在这里，我在阅读一批受到马丁·海德格尔（Martin Heidegger）影响的意大利生命政治理论家，尤其是吉奥乔·阿甘本（Giorgio

1　按照海德格尔和福柯的说法，technē指的是技艺和艺术，相对于现代的“技术”（technology），这个词没有太多的负面含义。关于古希腊语对该词的使用，可以参看亚里士多德的《尼各马可伦理学》第六章，还有柏拉图的《理想国》第六卷。

Agamben）和罗伯托·埃斯波西托（Roberto Esposito）的作品时受益良多。就阿甘本以及新近的埃斯波西托而言，在翻译海德格尔德语中的eigentlich和uneigentlich的时候，他们并没有翻译为“本真性”（authenticity）或“非本真性”（inauthenticity），而是以完全不同的方式，将其理解为“正当的”（proper）或“不正当的”（improper）。早在《诗节》（*Stanzas*）中，阿甘本就这样处理过了，那时，他讨论了隐喻的不正当的特征（尽管正当和不正当的区别，也进一步影响了他二十世纪九十年代以来的作品，尤其是《即将来临的共同体》[*The Coming Community*]和《无目的的手段》[*Means without End*]）。[1]埃斯波西托也是如此，在《共同体》（*Communitas*）[2]中，在翻译海德格尔思想中的共同体的地位时，他也借鉴了正当与不正当的翻译。在我看来，正当/不正当的译法也可以拓展到我非常熟悉的海德格尔《巴门尼德》（*Parmenides*）的段落中，在这些文本中，海德格尔进一步提出了他关于技术的问题和解答，在一般意义上揭示了生命与技艺之间的关系。[3]在第一章中，读者会看到这些研究的结论，我在一系列颇具

1 Giorgio Agamben, *Stanzas: Word and Phantasm in Western Culture*, trans. Ronald L. Martinez (Minneapolis: University of Minnesota Press, 1993). esp. 148; Agamben, *The Coming Community*, trans. Michael Hardt (Minneapolis: University of Minnesota Press, 1993); Agamben, *Means without End: Notes on Politics,* trans. Vincenzo Binetti and Cesare Casarino (Minneapolis: University of Minnesota Press, 2000).

2 Roberto Esposito, *Communitas: The Origin and Destiny of Community*, trans. Timothy Campbell (Palo Alto, Calif. : Stanford University Press, 2009).

3 Martin Heidegger, *Parmenides*, trans. Andre Schuwer and Richard Rojcewicz (Bloomington: Indiana University Press, 1992).

影响的海德格尔著作中读解出了正当和不正当的写作，其说明了写作方式很快地拓展到或影响到生命。我的结论是，在正当与不正当的区分中，可以找到一个建设性的方式，来界定生命中的死亡的表象、生命政治中的死亡政治学的表象。

如果说在第一章中，我带着先入之见描述了海德格尔的生命政治学，那么第二章读起来更像是当代意大利思想预言的死亡编年
ix 史，尤其是最近阿甘本的著作和新翻译的埃斯波西托的著作。这里并不想列举太多我的观点，这一章的主要问题涉及的是阿甘本最近的《王国与荣耀》(*The Kingdom and the Glory*)，还有《语言的圣礼》(*The Sacrament of Language*)，以及《什么是装置?》(*What Is an Apparatus ?*)[1]中的加强版的死亡政治学。的确，这一章的大部分内容在讨论“装置”(apparatus［dispositif］)，阿甘本有意地将这个词与海德格尔的不正当写作的观念并置。在本章的第二部分，我转向了对埃斯波西托的《第三人格》(*The Third Person*)和他的论文集《政治的术语》(*Terms of the Political*)的解读，还有一篇文章《人的装置》(“The Dispositif of the Person”)。[2]我的解读是，埃斯波西托

1　Giorgio Agamben, *The Kingdom and the Glory: For a Theological Genealogy of Economy and Government*, trans. Lorenzo Chiesa and Matteo Mandarini (Palo Alto, Calif. : Stanford University Press, 2011); Agamben, *The Sacrament of Language: An Archaeology of the Oath*, trans. Adam Kotski (Palo Alto, Calif. : Stanford University Press, 2010); and Agamben, *What Is an Apparatus?*, trans. David Kishik and Stefan Pedatella (Palo Alto, Calif. : Stanford University Press, 2009).

2　Roberto Esposito, *Terza persona: politica della vita e filosofia dell'impersonale* (Turin, Italy: Einaudi. 2006); Esposito, *Termini della politica* (Milan, Italy: Mimesis, 2008); Esposito, “The Dispositif of the Person,” *Law, Culture, Humanities* 7, no. 3.

试图思考一种非人格的生命可能性，借此避免太过密切地依循海德格尔的研究路径所带来的问题（正如我指出的那样，这会随之带来其他问题）。第三章会关注其他哲学家的作品，今天他们与阿甘本和埃斯波西托一起探索着生命中的死亡的路径。彼得·斯洛特戴克（Peter Sloterdijk）的思想是这一章的主题，尤其是他新近翻译过来的两部作品。[1]在这里，与在阿甘本和埃斯波西托那里一样，正当和不正当产生了对从生物技术到愤怒的一切的深刻的死亡政治学的解读。

和今天死亡政治思想旅途上的各个站点一样重要的是，在学术会议上这位学者的反对意见仍然没有得到回答。如果生命政治已经被死亡中的技术印记撕裂，那么它何以能对写作"一本我们自己的批判本体论"[2]有实际上的用处呢？在最后一章中，当设想一种生命实践的时候，即一种或许可以避免让技艺陷入不可避免的死亡困境的实践，我回到了这个问题上来。从福柯的《安全、领土与人口》（*Security, Territory, Population*）开始，然后转向他晚年的《主体解释学》（*Hermeneutics of the Subject*）[3]，我说明了福柯是如何通过

1 Peter Sloterdijk, *Rage and Time: A Psychopolitical Investigation*, trans. Mario Wenning (New York: Columbia University Press, 2009); and "Rules for the Human Zoo: A Response to the Letter on Humanism," *Environment and Planning D: Society and Space* 27 (2009): 12–28.

2 Michel Foucault, "What Is Enlightenment?," in *Ethics: Subjectivity and Truth*, ed. Paul Rabinow, trans. Robert Hurley et al. (New York: New Press, 1997). 319.

3 Michel Foucault, *Security, Territory, Population: Lectures at the College de France1977–1978*, trans. Graham Burchell (New York: Picador, 2009). and Foucault, *The Hermeneutics of the Subject: Lectures at the College de France 1981–1982*, trans. Graham Burchell (New York: Palgrave, 2005).

尝试，在自我所掌控的生命中来定位生命权力的谱系学的。以此为基础，我通过注意力和游玩的范畴描绘出生命的实践，来回应福柯认为自我要为今天的生命权力负责任的诊断。借鉴了西蒙德·弗洛伊德（Sigmund Freud）的论驱力和否定性的著作，以及莫里斯·梅洛–庞蒂（Maurice Merleau-Ponty）、吉尔·德勒兹（Gilles Deleuze）和菲利斯·加塔利（Félix Guattari）、温尼科特（D. W Winnicott）和瓦尔特·本雅明（Walter Benjamin）之后，我提出了注意力和游玩中的生命实践，可以更好地回避掌控（mastery）的问题，而这正是本书所研究的许多关于技艺的论述的特征。最后我给出了一个
x 带有希望的注解作为结论，设想了一种游玩实践的可能性，按照尼采的透视论（perspectivism）的说法，这种游玩实践或许具有一种“行星运动”（planetary movement）——只能或者最初只能从死亡政治的角度来思考全球化的另一面。

本书的写作受益于我的友人。第一章一开始是我长达一个星期的讲座的讲稿，即2008年我在那不勒斯的意大利人文科学研究所的讲座。我要感谢我的学生们，读者可以在本书的各角落发现他们给出的评论和建议。2010年夏天，我在伦敦贝克伯克法学院（Birkbeck's Law School）担任常驻研究员，那时我撰写了第二章和最后一章的第二部分。感谢彼得·菲茨帕特里克（Peter Fitzpatrick）和帕特里克·汉纳芬（Patrick Hanafin）的热情邀请，以及与我一起工作的学生干部和教职工，尤其是茱莉亚·克里索斯塔利斯（Julia Chryssostalis）、纳坦·摩尔（Nathan Moore）和何塞·贝利多（Jose Bellido）。他们会看到他们慷慨给出的建议包含在这些章节中。言归正传，在2009—2010年间，我在康奈尔大学人文学会

完成了本书的第四章的各个部分。我要感谢我的同事，以及学会的主任提摩太·穆雷（Timothy Murray），他们认真阅读了我的稿子。我还要感谢以下朋友，在写作本书时给出了无私关怀：罗伯托·埃斯波西托（Roberto Esposito）、塞尔吉亚·阿达莫（Sergia Adamo）、伊达·多米尼加尼（Ida Dominijanni）、切萨雷·卡萨里诺（Cesare Casarino）、弗朗科·贝拉尔迪（Franco Berardi）、亚当·西茨（Adam Sitze）、格雷格·兰贝特（Gregg Lambert）、凯文·阿泰尔（Kevin Attell）、阿德里亚娜·卡瓦雷罗（Adriana Cavarero）、罗西·布拉多蒂（Rosi Braidotti）、卡特里娜·马拉布（Catherine Malabou）、卡伦·平库斯（Karen Pinkus）、米切尔·格林伯格（Mitchell Greenberg）、布鲁诺·波斯蒂尔斯（Bruno Bosteels）、劳伦特·杜布罗意（Laurent Dubreuil）、西蒙娜·皮内（Simone Pinet）、凯特·布拉德古德（Kate Bloodgood）、鲁特·马斯（Ruth Mas）、玛丽–克莱尔·瓦鲁瓦（Marie-Claire Vallois）、理查德·克莱因（Richard Klein）、大卫·菲利斯（David Ferris）、费德里科·弗莱德曼（Federico Fridman）、洛伦佐·法布里（Lorenzo Fabbri）。我还要感谢嘉里·伍尔夫（Cary Wolfe）和道格拉斯·阿玛托（Douglas Armato），在我完成该计划时，他们表现出了至高无上的“后人类”式的耐心。

最后，本书献给米歇拉·巴拉尔蒂（Michela Baraldi）、亚历桑德罗·坎贝尔（Alessandro Campbell）和尼古拉·坎贝尔（Nicholas Campbell），每一天，你们都在教我如何游玩。

目　录

1　　第一章　正当的区分：海德格尔、技术和生命政治

5　　技术和手的正当性

20　　生命与写作条陈

28　　奥秘、技术、邻近性

38　　《人道主义的书信》：生命政治学

46　　死亡的邻近性：今天的不正当的写作

51　　第二章　死亡政治的装置：不正当写作和生命

53　　生命的词汇

56　　即将来临的共同体的不正当方式

61　　《神圣人》和《奥斯维辛的残余》中的拯救权力

70　　跨越诸时代的《神圣人》

73　　处置生命

80　　自由主义的死亡政治学

83　　抵抗死亡政治的装置

87　　区分生命，漂向死亡

90 灾难预告
95 死亡政治学和废弃的誓言
102 肯定装置
126 死亡，它自己的旋律

129 **第三章 赤裸呼吸：斯洛特戴克的免疫生命政治**
132 全球化的死亡空间
148 免疫体的恐惧
153 作为赤裸呼吸生命的zoē
157 现代先锋派的非人性
162 愤怒的死亡政治学
171 生物技术的死亡政治学（一）：福柯与斯洛特戴克
175 生物技术的死亡政治学（二）：全球化的基因库

183 **第四章 bíos的实践：作为技艺的注意力和游玩**
184 人口的适当生命
188 保障流通安全
196 生命政治的伦理
203 bíos的技艺
213 自我和生命权力
220 bíos的实践
226 在此性的注意力
231 游玩的形而上学

237　审美、游玩、创造
242　造物、矛盾和德性

249　**索引**

第一章　正当的区分：海德格尔、技术和生命政治

这一章需要从死亡政治背景下的马丁·海德格尔的思想开始，1
这或许并不奇怪。是的，海德格尔思想的确仍然受到广泛的关注，我们只需要看看每一年讨论他的研究的标题就够了[1]，但我的印象是很少有人能看出他的思想与当代更为广泛的死亡政治之间的深

1　David R. Cerbone, *Heidegger: A Guide for the Perplexed* (New York: Continuum, 2008); Jeff Malpas, *Heidegger's Topology: Being, Place, World* (Cambridge, Mass.: MIT Press, 2006); Ruth I rwin's compelling, *Heidegger, Politics, and Climate Change* (New York: Continuum, 2009); Matthew Calarco, *Zoographies: The Question of the Animal from Heidegger to Derrida* (New York: Columbia University Press, 2008); Richard Rojcewicz, *Gods and Technology: A Reading of Heidegger* (Albany: SUNY Press, 2006), esp. part Ⅱ; and Alan Milchman and Alan Rosenberg, eds., *Foucault and Heidegger: Critical Encounters* (Minneapolis: University of Minnesota Press, 2003).

刻关联[1]。在本章中，我试图通过考察两个贯穿海德格尔思想的术语，来勾勒出其演变的路径。第一个词大家耳熟能详，的确，这个词在海德格尔的四篇文本中有着十分重要的地位——首先是《巴门尼德》一书收录的1942—1943年的一系列讲座的讲稿，尤其是讨论手的正当性的部分，其次是海德格尔对出版于1942年的《荷尔德林诗的阐释》（*Elucidations on Hölderlin's Poetry*）中的"归乡/致亲人"的解读，再就是1954年的《技术的追问》（"The Question Concerning Technology"），最后还有他1947年的《人道主义的书信》（"Letter on Humanism"）。这个关键的术语就是"技艺"（technē），

1 当然，最接近这一点的作家是雅克·德里达（Vacques Derrida）。对于海德格尔的手，他写道："这只手十分怪异（monstroisté），人的正当性就是怪异化的存在物。这让人与其他种属（Geschlecht），尤其是类人猿区别开来。"参见《种属Ⅱ》（"Geschlecht Ⅱ"），收录于《解构与哲学：雅克·德里达文集》（*Deconstruction and Philosophy: The Texts of Jacques Derrida*, ed. John Sallis Chicago: University of Chicago Press, 1987. p.169.）。同样，德里达对打字机的解读，对我理解海德格尔思想中的正当性以及不正当写作影响十分重大。另一个段落在这一点上十分清楚："最后，打字机消解了书写姿势和写作的本质……这种消解或遮蔽也是退守或抽离的运动……如果在这种退守（retrait）中，打字机变成了无字符的（zeichenlos）的东西，没有符号，没有表示，反指示，这就是因为它失去了手，在任何情况下，打字机都会威胁到使言语安全或使言语安全地表达存在与人、人与存在的关系的东西。"（p. 179）也可以比照一下德里达在《我所是的动物》（*The Animal That Therefore I Am*, trans. David Wills. New York: Fordham University Press, 2008. pp. 141–160.）中对人与"如是这般"（tel quel）的关系的解读。最近一篇文本解读了海德格尔和德里达的生命政治思想，可以参看格雷格·兰贝特（Gregg Lambert）在参加"生命政治学及其变迁"（"Biopolitics and Its Vicissitudes", Amherst College, April 17–18, 2009）会议时提交的论文，该论文的标题为《全球拉丁化》（"Globalatinization"）。

以及它的派生词“技术”（technology）。[1]当代读者似乎更熟悉第二
个词，尽管这个词出现得很少，不过，如果有的话，这个词的命名
与海德格尔的思想有着密切关联。我说的就是生命政治，似乎人们
始终在政治中谈生物学，反之亦然，即从生物学的角度来解读政
治。[2]当我思考海德格尔晚期思想中技术与生命政治的交集时，我
的一个主要观点恰恰是，在某种程度上，我们今天所讨论的生命政
治，恰恰暗含在技术概念之下，而这直接源于海德格尔对技术的存
在论思考。此外，这种交集为生命政治下的显著的死亡政治奠定了
基调，而这就是诸多当代政治哲学的主要特征。在第二章中，我 2
对此有多处探讨，在那一章里，我主要讨论吉奥乔·阿甘本的思
想，尤其是他对安济（oikonomia）下的装置（dispositif）功能的思
考。在解读罗伯托·埃斯波西托对装置和人格的理解时，我也采用
了不同的方式来探讨，而在主要讨论彼得·斯洛特戴克的第三章
中，海德格尔的形象（取决于个人不同看法，或者也可以称之为
“幽灵”）十分戏剧性地在斯洛特戴克的免疫性的外壳、持家的技
术中重新出现，尤其重要的是，重新出现在人性化和兽性化媒体的

1 Heidegger, *Parmenides*; Heidegger, *Elucidations of Hölderlin's Poetry*, trans. Keith Hoeller (New York: Humanity Books, 2000); Heidegger, "The Question Concerning Technology," in *The Question Concerning Technology and Other Essays*, trans. William Lovitt, 3–35 (New York: Harper and Row, 1977); and Heidegger, "Letter on Humanism," in *Basic Writings from Being and Time (1927) to The Task of Thinking (1964)*, ed. David Farrell Krell, 193–242 (San Francisco: HarperSanFrancisco, 1977).

2 与生命政治相关的还有生命权力。参看Maurizio Lazzarato, "From Biopower to Biopolitics," http: //www.generation-online.org /c/fcbiopolitics.htm (accessed June 11, 2011)。

区分中。正如我指出的那样，海德格尔如何处理技术问题，在正当和不正当写作之间做出区分，为当代政治思想提供了一个隐含的死亡政治维度。在四篇文本中，海德格尔详细考察了正当和不正当写作之间的区别，这个区别具有存在论的效果，即可以在生命中做出区分，一种技艺或人与正当写作相关联，而另一种与不正当的写作相关。

我们最后会看到关于死亡政治、技术和当代意大利思想的讨论。事实上，阿甘本著作中死亡政治思考的对象主要就是纳粹主义。的确，在绝大多数情况下，阿甘本假定了一种生物学上的需求（或实践），即杀掉另外一些人来让某些人活下来，因为他们无法再容忍其他这些人的存在。这就是他完全用神圣人（homo sacer）来界定现代性的原因。不过这些界定的最终的前提，可以在海德格尔关于技术与存在之间关系的思考中找到，也就是说，在正当和不正当写作的区别所带来的存在论撕裂中找到。阿甘本认为例外状态是一种装置，通过该装置，生命政治已然成为死亡政治，然而，这并没有改变海德格尔对阿甘本有巨大影响力的事实，因为正当和不正当的写作似乎成为阿甘本对各种生命形式的区分的根基。在阿甘本《无目的的手段》的“政治笔记”中，他也将正当和不正当拓展到对全球工业民主制的批判上。[1]在阿甘本提出体现在神圣人形

1 “唯有在正当和不正当的辩证法之下，实践和政治反思才能在今天运作。在这个辩证法之中，要么不正当的人将自己的规则拓展到任何地方，因为不受限制的意志将会畸变和耗散（正如在工业化民主制中那样），要么正当的人要求排斥所有不正当的东西（正如一体化主义和极权主义国家那样）。”Agamben, *Means without End,* 116.

象上的技术和牺牲之间的关系时，他隐晦地指向了海德格尔的存在论，即技术决定对人来说什么是正当的，什么是不正当的。同样，罗伯托·埃斯波西托在《共同体》和《政治的起源》(*L'origine della politica*)中也将海德格尔的技术思想当作他反思政治（以及非政治）起源的对象，这两本书都向读者展现了通向死亡政治之路。 3
可以认为，这种情况在《生命》(*Bíos*)和《第三人格》中很少见，因为这两本书是他近来对尼采的思考，旨在同与海德格尔相遇之后不可避免会产生的死亡政治相平衡。[1]我自己在这里的思考更多的是技术通向的死亡政治的悲剧可能性的症候学。[2]换句话说，我并不打算将死亡政治局限于纳粹主义，而是认为一旦强行将存在、语言或生命划分成正当或不正当的，死亡政治就会蕴含其中。

技术和手的正当性

最能反映生命的尺度和技术如此紧密交织在一起的文本，就是1942—1943年海德格尔冬季学期课程的讲稿《巴门尼德》。最为重要的是讨论“打字机”的部分，其中，海德格尔以打字机为

---

1 Roberto Esposito, *Bíos: Bíopolitics and Philosophy*. trans. Timothy Campbell (Minneapolis: University of Minnesota Press, 2008); *Esposito, L'origine della politica: Simone Weil o Hannah Arendt?* (Rome, Italy: Donzelli, 1996); and Esposito, *Terzapersona*.

2 论海德格尔和悲剧，可以参看Jason Powell, *Heidegger's Contributions to Philosophy* (New York: Continuum, 2007), esp. 92–102。还有一种对海德格尔和悲剧的不同看法，可以参看Gianni Vattimo, “Optimistic Nihilism,” in *Common Knowledge* 6, no. 3 (1992): 43：“并不需要说服自己虚无主义是不是好的，顺从必然伴随着扭曲(verwindung)。扭曲肇始于承受，在虚无主义的价值下发生变化，但必须对之重新解读，我们这些后现代主义者抓住了我们日渐衰弱的现实感所带来的机会。”

例，提出了本体论上的根本区别：一种是正当的书写，即手写（Festschrift），另一种是针对（并通过）打字机的思考，在媒体研究中，这个部分非常有名，对二十世纪九十年代下半期的德国作品产生了重要影响，这些作品试图给出媒体研究的系统方法。[1]显然，如果我们试图从中得出潜在的死亡政治的范畴，就必须更详尽地考察一下这个文本。

海德格尔一开始就区别了写字的手和打字的手。他的回答是："人通过手来'行动'，因为手跟词语都是人的本质特征。"[2]的确，对于海德格尔来说，手将人与动物从根本上区别开来："动物没有手，手并不是从爪子、螯钳、利爪变来的。"[3]若不脱离词语来思考手与爪子之间的生物技术上的区别，则手与词语也是同源词，他继

---

1 尤其是弗里德里希·基特勒（Friedrich Kittler）的研究，他将海德格尔当作他自己的对话语网络理论思考的最终的合法性根基。Kittler, *Discourse Networks 1800–1900*, trans. Michael Metteer, with Chris Cullens (Palo Alto, Calif. :Stanford University Press, 1990).

2 Heidegger, *Parmenides*, 80.

3 同上。在这个结构中，我们看到了德里达追随海德格尔教义的另一个方面："这实际上产生了一个句子，似乎对我来说，这就是海德格尔最重要、最具症候，也最具有严肃教义的东西……总之这个句子区分了人的种属（我们的种属）和动物的种属，即我们所谓'动物'……'例如（我加上了着重号），类人猿有用于抓握的器官，但他们没有手'。" Derrida, "Geschlecht Ⅱ," 173.

续说道："手只能从词语中产生，并与词语一并产生。"[1]这种同时采用先后秩序和重叠关系的方式，就是典型的海德格尔的思想表达方式，尤其后来在《技术的追问》中，他认为政治起源于一种先于政治并成为政治原因的技术形式。在《巴门尼德》中，技术问题也与书写的手（手书）联系起来，手写下了另一个相关的形象，不能离开手来思考这种形象：笔迹。正是笔迹成为代表着海德格尔思想特 4
征的本真性话语的一个重要组成部分（阿多诺对这种本真性进行了著名的批判）[2]。

不过，在海德格尔捍卫笔迹的过程中，很快出现了一个与之对立的形象，若手写的叫手书，那么海德格尔称之为"口授"（diktiert）：

> 现代人并非偶然地"用"打字机书写并"口授"（和"写诗"[dichten]是同一个词）"进"打字机。书写方式的这个"历史"同样是词语日渐毁坏的首要原因。词语来和去不再通过书写的以及真正行为的手，而是通过它的机械击打。打字机将书写从手的本质领域撕裂开，从而也从词语的本质领域

1 同上。比较一下贝尔纳·斯蒂格勒（Bernard Stiegler）对海德格尔的历史的解读："对人的发明是十分模糊的，它将是谁和是什么绑在一起，在将它们绑在一起的同时又区分了它们，这是一个延异（différance），破坏了本真/非本真的区别。" Stiegler, *Technics and Time: The Fault of Epimetheus*, trans. Richard Beardsworth and George Collins (Palo Alto, Calif. : Stanford University Press, 1998), 141.

2 Theodor Adorno, *The Jargon of Authenticity*, trans. Knut Tarnowski and Frederic Will (London: Routledge, 2002).

> 撕裂开。它自己变成了某种“打字”。而相反，当打字的文件仅仅是副本，帮助保存书写或者誊写已有的文稿时，打出的文件就有其适当的并且有限的意义……机器书写剥夺了手在被书写的词语领域的地位，将词语降格为一种传播工具。另外，机打稿件提供了这样的“优势”，它将手稿以及性格隐藏起来。在机打稿件中，所有人看起来都差不多。[1]

这段话有着丰富的媒介学含义，也预示了死亡政治和技术之间的关系。我尤其希望考察一下海德格尔提出的三个问题。

首先，我们注意到海德格尔区分了写字的手和打字的手，随后他看到后者是通过机器打字才出现的。正如他接下来要说的那样，他的目的是揭示前者，即手写与存在之间更原初的关系：“在书写中，存在（des Sein）与人的关系，即词语被写入（eingezeichnet）存在者本身当中。”[2]看一下海德格尔如何将词语与人联系起来——人并不纯粹让词语显形，在某种程度上，他也在用手书写词语。这个说法让海德格尔提出，现代人的手不再是“正当行动的手”（the properly acting hand），他们的手只打字，不书写。这种转变的结果极其惨烈：事实上，手给出了同样的力道，而正当的书写与手分裂开来。这意味着海德格尔希望标记出手的正当行为，以及与打字机相关联的不正当的行为。正当的行为恰恰在人那里写
5 下了存在，然而，对于“打字”而言，手与打字机之间的不正当的

1 Heidegger, *Parmenides*, 80–81.

2 Heidegger, *Parmenides*, 85.

关系“只是一种誊写，仅仅保存了文字内容”。正当书写和不正当书写之间的区分，很快从手写与打字的区别扩展到解释学本身。只有弄清这一点，才能理解海德格尔的最终方向，即他的一些文集并没有出现在“评注版”里，而是作为“手写稿”（aus letzter Hand）出现，也就是说，“这一系列‘直接手写’的文稿，包含了最低限度的学术工具”[1]。

接下来，我们看一下海德格尔讨论正当和不正当写作的背景，它依赖于将打字机当作一种技术形式，以及现代性下的口授模式。的确，海德格尔思考的终极背景涉及现代性，这一点毋庸置疑。他认为现代人就是“用”打字机写作的人，不久之后他又说道，他分析的对象就是“现代人”。如果我们通过打字机来看一下其他的当代技术形式，也能确定它们与由打字机进行的不正当写作的隐含关联。弗里德里希·基特勒（Friedrich Kittler）看到，留声机（还有电话——我在其他地方也说过——还有无线电报和耳机、写字的手，以及签署的协议）也创造了一种脱离于手写的本体论标准的与

---

1 Andre Schuwer and Richard Rojcewicz, “Translators’ Foreword,” in Heidegger, *Parmenides*, xiii. 也可以参看德里达对海德格尔一张著名的照片的思考：“我已经看过了海德格尔所有公开出版的照片，尤其是1979年，一次我在弗莱堡做关于海德格尔的讲座时买到的海德格尔的影集。那本影集中的手的演出和戏剧配得上一整场讲座。如果我放弃这个说法，我就会强调这只手的精妙绝伦的艺匠般的演出，无论是掌控着笔，玩弄着拐杖，还是摆弄喷泉边的水桶。” Derrida, “Geschlecht Ⅱ,” 169.

众不同的用途。[1]换句话说，恰恰是在现代，不正当写作成为标准，与之相伴的是存在问题上的衍生的规范化结果。

对于阐述海德格尔思想中的生命政治角度来说，这种规范化结果至关重要。他发现现代技术形式和阻碍书写的能力之间有着深刻的联系，因此，用手书写的人的品质，改变了存在者同存在之间的关系。显然，在前引段落最后一行中，海德格尔从政治角度出发，谈到了正当写作和不正当的写作，在那里，所有人看起来都差不多。或者说得更好一点，现代传播的条件恰恰是从正当转向了不正当，正当不仅包含着“书写”之“书”，也意味着属于人类本身的东西。[2]

因此，海德格尔在《巴门尼德》中提出的正当和不正当写作之间的区别隐含的东西就是人与他的写作机制之间的关系（海德格尔用严格意义上的机械技术注解道：“并非真正的机械。”）。他提出由于这些变化，政治结果自然地也随之变化，因为一旦打字机支
6 配了存在，所有人看起来都差不多。正是这种人手书时享受的与存

1 Friedrich Kittler, *Gramophone, Film, Typewriter*, trans. Geoffrey Winthrop-Young and Michael Wurz (Palo Alto, Calif. : Stanford University Press, 1999); Timothy Campbell, *Wireless Writing in the Age of Marconi* (Minneapolis: University of Minnesota Press, 2006).

2 如果我们进一步选择跟随海德格尔的思想前进，我们或许会发现，在这里与其他地方一样，海德格尔在正当与不正当之间的关系中再现了罗伯托·埃斯波西托所说的“两个词语之间的在伦理上的微妙的不平衡，产生了迷失和重新发现……困惑和重新把握的辩证关系”。Esposito, *Communitas*, 98. 在这里，我们与海德格尔书写中其他一些更为激进的因素相距甚远，此在本身是从“最适切的不正当性”来理解的（同上）。

在的正当的关联，以及另一种不正当写作的退化形式之间的张力关系，让海德格尔的话语走向了另一个问题，让最应该属于人的东西变得不再稳定，即在他自己的行为（书写的手）中表现出来的人与存在的关系变得不再稳定。换句话说，海德格尔将正当行为的手的身份对立于另一种形式，这种形式不仅会让手的身份变得扑朔迷离，而且更为可怕的是，它也可以让人与存在的正当关系变得风雨飘摇。

第三个问题与这些问题密切相关，这个问题涉及我们对其他不正当写作形式的命名。对于海德格尔来说，这个词就是“传播”（communication）。在这里，尽管传播必须从与它在词源学上有着共同词根的“共同体”（community）来理解，即communitas和共有的munus，正如罗伯托·埃斯波西托所说明的那样，这是一种礼物的形式，它不可能脱离构成了个体身份本身的“共有”（co-munus）的需求来思考。[1]这里并不太适合对海德格尔思考的共同体和技术的所有深刻关联给出全面的描述，我想指出的是，在海德格尔所假定的维护存在与人的关系的书写与危及这种关系的书写之间的差异中，我们发现自己看到了一个海德格尔技术思想中最重要的

1 可以参看埃斯波西托《共同体》的导论部分。在这个方面，可以比较一下德里达关于手和礼物关系的思考：“如果可以这样说的话，这就是从传递性礼物到给予自己的礼物的过渡，给予自己礼物，也就是说将自己当作可以给予礼物的人，从给予礼物的手到给予自己的手的过渡显然十分关键。”Derrida, “Geschlecht Ⅱ,” 175. 尽管德里达拒绝用生命政治的术语来谈这个问题，但他也隐晦地承认了人的给予和动物的索取之间的差异，因为“理性的动物只能紧紧抓握，将手放在物之上”（同上）。

政治与偶像崇拜形象。在现代的写作差异中，我们发现了因技术而出现的不正当写作和某种政治形式具有隐蔽的关联，在这种政治形式下，书写的人的身份变得飘摇不定。不正当写作的盲目崇拜性质在于，它赋予了集体一种权力，可以劝诫人们说，他们归属于集体是正当的。[1]

在海德格尔解读了打字机之后不久，他立即转向了列宁主义及其形而上学，在这个讨论中，我们可以更清楚地看到这个关联：

> 今天的资产阶级世界没有看到，以及在一定程度上不愿意看到，在斯大林称之为“列宁主义”的形而上学中，一种形而上学的计划已经展开，在此基础上，通过某种方式，今天俄国人追寻技术的形而上学激情首先变得显而易见，从这个计划出发，让技术世界转变为力量。[2]

然而，在海德格尔的考察中，欠缺的恰恰是对布尔什维克技
7 术世界的完整组织的考察。在海德格尔技术世界分析下面隐含的就是列宁主义的形而上学和不正当写作行为之间的未被言说的关联。尽管他并没有解释布尔什维克为什么比起其他形而上学形式更能

1 在这里，比较一下西蒙娜·薇依关于盲目崇拜和人性的讨论：“集体性不仅与神圣性有着云泥之别，而且它用一种虚假的模仿欺骗了我们。盲目崇拜就是这样一种错误的名称，即将神圣的特征归于集体性，无论何时何地，这都是最常见的罪行。”参见薇依《人的人性》（“Human Personality”），收录于*Simone Weil: An Anthology*, ed. Siân Miles (New York: Grove Press, 1986), 56。

2 Heidegger, *Parmenides*, 86.

“无条件地和彻底地”体验到技术，但我们可能会认为，可以在更宏大的共有（com-munal）压力下找到解答，这种压力就是列宁主义施加在个人身份上的压力——当所有人都被塑造成一个样子时，存在与人的关系就会减弱。[1]于是，海德格尔对俄国当时的共产主义的质疑是与他对不正当写作的广泛的批判携手并进的，它们都建立在害怕人同存在的正当关系受到威胁的显著焦虑的基础上。

在这里，在存在中，出现了一种撕裂，迫使海德格尔的存在论走向了悲剧和死亡政治。我们看到，如果我们聚焦于技术主体，也就是说，聚焦于某种类型的人类，即掌握了技术的人，以及他为这种掌握付出了怎样的代价，我们就会马上明白这一点。对前者的回答，海德格尔写道：

> 或许，很多人讨论的技术让人成为奴隶或者人是否能成为技术的主人，已经是一个相当肤浅的问题，因为没有人会记得追问哪一种人（welche Art Mensche）能单独“掌控技术”。技术的“哲学”假装认为，“技术”和“人”是两种在手的“广延”（größen）和事物。[2]

1 Heidegger, *Parmenides*, 86.

2 Heidegger, *Parmenides*, 86–87.

哪一种人能掌握技术？[1]人的物种的变化扩展了他对技术的支配，我们注意到海德格尔很少（曾经有过）在上下文中采用“使用”（Gebrauch）一词，事实上，这就是关于技术问题的最为危险的事情。人类本性的急剧变化本身就来自人与技术的相遇，唐娜·哈拉维（Donna Haraway）以后现代主义的史诗般的方式，将新人种称为“赛博格”（cyborg），而注解了弗洛伊德的哈尔·福斯特（Hal Foster），称之为“人造神灵”（prosthetic gods）[2]。但是在这些对海德格尔的有意识的后现代把握中，在面对人们试图支配技术时发生的物种变化时，很少有人产生海德格尔的那种全方位的焦虑。此外，就哈拉维和福斯特而言，显然他们没有海德格尔那种对共产主义的意识形态上的忧虑，在海德格尔讨论技术具有改变人类的威胁的段落中，他认为布尔什维克的俄国就是一个彻底的技术世
8 界，几乎以完整的形式呈现出来。对于海德格尔来说，技术的威胁不能脱离技术与将某些人和另一些人区分开来的行为的关系来思考，也就是说，海德格尔的解读的最终目的是捍卫某一类人与技术的相遇。我们应该在这个方向上来定位海德格尔，即将人类的“广延”缩小为一个物，在解释学上，它与外部世界隔绝，只能借助技

1 “当人们开始熟悉热力学，并追问自己，他们的机器如何为自己买单时，他们将自己排除在外。他们看待机器就像主人看待奴隶——机器在那里，在其他地方，它在那里工作。他们只忘记了一件事，正是他们签署了订单。” Jacques Lacan, “The Circuit,” in *The Seminar of Jacques Lacan, vol. 2, The Ego in Freud's Theory and in the Technique of Psychoanalysis, 1954–1955* (New York: W. W. Norton, 1991), 83.

2 Donna Haraway, “Biopolitics and Postmodern Bodies,” in *Symians, Cyborgs, and Women: The Reinvention of Nature*, 203–230 (New York: Routledge, 1991), and Hal Foster, *Prosthetic Gods* (Cambridge, Mass. : MIT Press, 2006).

术来（不正当地）作用于对象。

在人作为大众和人作为物种的区分中，正是技术在存在中产生了撕裂。或者换句话说，在人试图掌控技术的时候，有可能会发现，在什么基础上，作为受限制和受保护实体的某种对人类的看法建立在这样一种观点上：否定掌控技术的人和在各个方面受到限制不能享有技术成果的大众之间有任何的联系。这样就可以根据人们与技术的关系，在各种人之间做出区分。一方面，某些人仍然与存在保持着正当的关系，也就是说，在写作时，仍然有自己的正当写作，另一方面，那些掌控技术的人，已经发生了改变，他们已经变成了“某种人”（welche Art Mensche）。

此外，这个区分已经让某种人凌驾在其他人之上，获得了隐含的价值，因为在这个背景下，海德格尔对之进行了思考：一方面是被塑造成差不多的人，另一方面是通过正当的写作，享有与存在的关系的人，而前者并不具有这种关系。人们对海德格尔提出的这个区分给出了许多评述。这是当代死亡政治讨论中非常重要的一个要素，尤其在阿甘本的《敞开》（*The Open*）和最近的《什么是装置?》中。然而，重点在于，要看到海德格尔是如何确定人的本质的，他仍然可以通过正当的写作实现与存在的关系。在试图界定技术的特征时，海德格尔写道：“倘若我们要拯救西方历史的人的本质，对我们来说，对技术的‘形而上学’本质的洞见在历史上是必不可少的。”[1]我们直接来指出几个重点。首先，对海德格尔来说，与标准化的技术的主客体相对立的另一种人，就是西方的历史之

1 Heidegger, *Parmenides*, 86.

人。在这里，如果我们注意到《巴门尼德》的“第三指示”明显地反对的就是技术化的列宁主义形而上学家，描述词“西方”就显得
9 十分重要，海德格尔对共产主义的质疑在他的思考中再一次浮现出来。其次，考察西方人与技术的关系涉及西方人的本质。当然，这让我们想起了海德格尔《人道主义的书信》，在信中，在他简要地将马克思眼中的人描述为“在社会中得到承认和认可者”之前，他问道：“人的人性由什么组成？”[1]这里所谈的本质仅限于西方人。

最后，海德格尔让需要得到拯救的人的本质陷入危机。技术不仅仅在存在上制造了一种撕裂，也给出了人的种类上的区分，即试图掌控技术的人和被塑造得与其他任何人都差不多的人（这就是打字机如此雅致地成为所有不正当写作的形式的代替物的原因）。借此，海德格尔让西方人，即那些继续进行正当写作的人陷入危险。通过另一个描述词，即“历史”，来标识西方人的危险加剧了。的确，在同一段中，海德格尔用形而上学的术语暗示了历史存在着危险：“谁用心聆听，看到形而上学的基础和历史的无根基，并将之当作形而上学的东西严肃地对待，他就能在20年前听到列宁的话：布尔什维克主义就是苏维埃政权+电气化。”[2]海德格尔的西方人不断地在历史的无根基处踟蹰，因为“在我们的历史中，技术已经根深蒂固（Die Technik ist in unserer Geschichte）”[3]。这意味着从存在中坠入列宁主义式的“技术世界”当中。只有通过对不正当

1 Heidegger, “Letter on Humanism,” 200.

2 Heidegger, *Parmenides*, 86.

3 Heidegger, *Parmenides*, 86.

写作机制进行考察，我们才能认识到蕴含在“技术形而上学本质”中的巨大风险。

我们究竟可以在哪里看到海德格尔走向了死亡政治？他提出，需要从技术对于人与存在的正当关系造成的危险后果中，将西方人拯救出来，从中我们可以看出这一点。换句话说，海德格尔已经从根本上创造一个新分类，在人类或人性存在之前，这个新分类构成了两种不同的生命形式，只有一种人能正当地行为（写作），第一种人完全委身于形而上学激情的社会和技术世界，而另一种人，即西方人，则必须被拯救。在海德格尔的正当和不正当区分使西方人步入危险之后，这将成为对当代哲学的十分重要的反思。使用技术意味着已经被技术支配，所以，人已经失却了让他成为正当的人的 10
东西，即与存在的关系。在这里，有意思的地方在于，一旦人成为不正当写作的主体，那么这种区分就创造出一种生命，这个生命的价值被缩小了，因为他被生产成与其他人差不多的样子。这个区分分出了两种人：一种是西方的历史之人，他们横跨在历史断崖之上，因此需要被拯救，因为他们处在危险之中；另一种是试图掌握技术的人，他们已经成为技术的主体（仆役）。[1]海德格尔使用“现代人”（der modern Mensche）一词，来命名技术的主体（仆役），他们为技术所拯救，并完全为技术所掌控。然而，重要的是要看到，根据其与技术的关系，这些形象的交点实际上是可以改变

1 值得注意的是，这里的subjects of technology实际上有两种意思，一种是主体，笛卡尔意义上的主体，意味着这些人是技术的掌控者；而作者在这里强调了subject的另一层含义，即一旦掌握技术，人们就成为技术的仆役。所以在这里考虑到这个双关，我将其翻译为“技术的主体（仆役）”。——译者注

的，例如，由政党产生的改变。正如海德格尔将布尔什维克解读为“有机体”，其隐含着这样一种可能性，即“布尔什维克主义是一种‘有机体’，是政党无条件的权力和完全技术化的系统计算的结合（就像加号一样）的结果”[1]。这意味着技术不仅仅内在于自身，而且毋宁说它是一种推进技术进步的体制，即政党，或者国家。

正是海德格尔将西方人概括为需要拯救的本质，这个因素影响了吉奥乔·阿甘本自己对神圣人（homo sacer）和技术的解读，我们将会在下一章更多地谈论这个问题。这里我只想看一下，当“存在（das Sein）已经离开了人，现代人已经明显地陷入存在的遗忘（eine ausgezeichnete Seinsvergessenheit）”时，阿甘本自己对技术的解读，如何激化当下的结果。在阿甘本的解读中，他将存在的遗忘看成一种生命的创造，褫夺这样的生命无须遭受惩罚。[2]再说一遍，海德格尔认可了这种解读，在某种程度上，他将技术问题看成关系到西方人本质的问题。于是，阿甘本脱离历史来看待诞生于无限的例外状态中的神圣人，这与海德格尔的如下看法是一致的："技术被理解为现代，如理解为现代动力机械，这本身就是存在与人的关系（des Bezugs des Seins zum Menschen）发生变化的结果，而

1 Heidegger, *Parmenides*, 86.

2 Heidegger, *Parmenides*, 86。参看海德格尔的《形而上学导论》，还有对存在的遗忘与虚无主义关系的更详细的讨论：“真正的虚无主义在哪个地方起作用？一旦我们依附于当下的存在者，且十分相信它，和以往一样去把握存在者……在存在的遗忘之中，只知道去追逐存在者，这就是虚无主义。”Heidegger, *Introduction to Metaphysics*, trans. Gregory Fried and Richard Polt (New Haven, Conn.: Yale University Press, 2000), 217.

不是其基础。”[1]对于阿甘本与海德格尔所论的其他相似关系，我们留在下一章讨论，但我想说的是，当代政治哲学中最重要的一个分支，即政治内部的生命问题的凸显，或许可以回溯到1942—1943年的这些篇章之中。在拯救生命中死亡问题的凸显，标志着生命形式已经丧失或遗忘了在正当写作中人与存在的关系是如何发挥作用的。那些不再享有与手的正当关系的人，那些事实上不再具有真正的手，反而是在操纵手（反过来也是被操纵）的人的死亡或牺牲，就是海德格尔在《巴门尼德》中对打字机的讨论所带来的结果，它们得到了认可。 11

我们也要看到，海德格尔还有其他一些东西没有说太明白，即事实上国家或政党或多或少地使用技术，这产生了一种情形，在该情形下，那些与存在没有太多关联的人的性命更容易被剥夺。在这里需要提出的问题恰恰是，究竟什么样的技术形式可以更成功地让存在消隐，或者用弗里德利希·基特勒的话说，什么样的技术形式能避免通过同意杀掉某些人来保卫人类。[2]在海德格尔对布尔什维克主义的解读中，再一次蕴含了这个非政治的问题，其中，电气

1 Heidegger, *Parmenides*, 86.

2 Friedrich Kittler, "Media Wars: Trenches, Lightning, Stars," in *Literature, Media, Information Systems* (Amsterdam: OPA, 1997), 117–129.

化加上“苏维埃政权”就是彻底的技术化的世界。[1]最终，海德格尔对正当和不正当写作的解读，给我们提供了一个范式，这个方式让我们理解不正当写作如何脱离存在，创造出一种为技术所束缚的生命形式，在一定程度上，这种生命形式丧失了“个体”特征。在《技术的追问》讨论救赎与写作关系的重要段落中，这一点更为明晰。我们现在就转向那篇文本。

生命与写作条陈

在《技术的追问》中，当海德格尔再一次通过正当与不正当写作的关系来思考技艺时，他回到了技术的形而上学。在这里，技术也受到了死亡政治的深刻影响，特别是受到另一种生命的影响，即那些已经抹去了他们存在迹象的生命。不过，海德格尔没有选择将打字机当作不正当的例子，相反，他走向了对技术更广泛的考察，在随后的几年里，他给出了技术更一般化的特征。我们很清楚其理由：“二战”的破坏和对原子弹的恐惧的出现。在这些部分中，海德格尔的分析最突出的部分就是他将救赎的观念与摆置（Stellen）的观念关联起来，于是，它乃是一种“促逼”

1　对于非政治的定义，可以参看马西莫·卡西亚里（Massimo Cacciari）的*The Impolitical: On the Radical Critique of Political Reason*, trans. Massimo Verdicchio (New York: Fordham University Press, 2009)，尤其是《尼采和非政治》（“Nietzsche and the Impolitical,” 92–103），还有埃斯波西托的*Oltre la politica: Antologia del pensiero ‘impolitico’* (Milan, Italy: Bruno Mondadori, 1996), 10：“权力的语言在某种特别的意义上就是唯一实在的语言，即不能说任何与权力有差别的话。”

（Herausfordern）[1]。结果是不正当写作与通过一系列促逼产生的解蔽（das Entbergen）重叠在一起，海德格尔写道： 12

> 支配着整个现代技术的解蔽具有促逼（Herausfordern）意义上的摆置（Stellen）性质。促逼要求开采自然中蕴含的能源，开采就是运输，运输就是储藏，储藏就是为了分配，分配就是交换。开采、运输、储藏、分配、交换都是解蔽的方式。但解蔽从来不会走向终结。它也不会陷入不确定状态之中。解蔽通过管制这些过程，向自己揭示出它自己的多层次的相互交织在一起的路径。[2]

海德格尔将技术的不正当的本质与救赎的观念相提并论，关注开采能源的一系列步骤中出现的“促逼”。在这个意义上，海德格尔没有再讨论《巴门尼德》中的手的问题。他开始关注不正当性的问题，在《技术的追问》中，说明了不正当写作不仅仅是解蔽模式的问题，而且是看起来具有连续性的要素，但实际上并不连续的问题。对于这些步骤（开采、运输、储藏、分配、交换），海德格尔十分清楚地给出了解蔽的方式。这样他改变了现代时期下的早年“关于无蔽的沉思”的框架，转向了关于让救赎和现代技术一起运

1 在孙周兴教授的译本中，他将德文Herausfordern翻译为“促逼”。在一般意义上，德文Herausfordern的意思是“挑战”或“挑衅”，而海德格尔用Herausfordern表示向自然提出的蛮横要求，因此，在这里我采用孙周兴教授的译法，即“促逼”。——译者注

2 Heidegger, “Question Concerning Technology,” 16.

行的方式的非政治性的思考。一方面，在《巴门尼德》中，我们发现海德格尔重述了如何通过与存在的无蔽的关系来思考现代技术。在《技术的追问》中，现代技术体制非常强大，以至不能不在单一层面上给出救赎的观念；我们发现了建立在更早期的诸多解蔽元素基础上的救赎模式。

当然，各种各样的解蔽要素已经形成。的确，整个媒体研究领域都围绕着这样一种观念，即媒体就是一种生态学，这种观念来源于媒体是与解蔽模式旗鼓相当的模式这一隐晦的看法。[1]但我想走向另一个方向，或许这种对海德格尔的补充性的解读，可以将思考方向转向死亡政治学。在这个方面，技术具有它自身特有的解蔽
13 形式，但从未达到它的完全的无蔽状态，也就是说，我们发现在专属于人的写作的无蔽状态和并不专属于人的救赎之间的差别中，隐含着这样一种观念，即让救赎得以实现的模式永远不会终结。在《技术的追问》中，所谓现代人被锻造为这些解蔽模式的主体，也就是说，现代人变成了解蔽的无限循环。一旦他们被放置在技术对象的位置上，他们就会变成这样，如电话接线员、负责记录的书记员、负责口授的管理者，他们都被置于需要拯救的位置上。如果在现代技术中，人类因素已经深深地卷入救赎的各个层次上，那么永不终结的救赎主体会不断地出现。

在前面的段落中，海德格尔开始强调现代技术，而不仅仅像

---

1 参看前文提到的基特勒的文献，以及Siegfried Zielinksi, *Deep Time of the Media: Toward an Archaeology of Hearing and Seeing by Technical Means*, trans. Gloria Custance (Cambridge, Mass.: MIT Press, 2008)。

在《巴门尼德》中那样强调现代人。然而，这个变化并不是说，现代人已经为现代技术的巨大权力所取代。如果我们详细考察一下这些部分就会发现其中的现代人，在这些部分中，海德格尔引入了另一个术语，代表着现代的解蔽模式，这就是“持存”（Bestand）：

> 那么，借助促逼的摆置而出现的特殊的无蔽状态究竟是什么？无论在什么地方，任何事物都有序地矗立着，直接上手，的确，在那里矗立着，或许等待着进一步的订置（Bestellung）。通过这种方式，无论订置了什么，都有着它自己的持立（Stand）。我们称之为“持存”（Bestand）。在这里，与纯粹的“储存”相比，这个词表达了更多的东西，也是更为紧要的东西。“持存”之名决定了包容性习俗中的等级。它决定了万物在其中出现的方式，而万物的出场都是由促逼的解蔽所造成的。在持存意义上，无论持立着何种东西，它都不再是与我们对立的对象。[1]

海德格尔并不仅仅将技术问题局限于对象，而是提出技术问题与人有着紧密的关联。此外，任何事物在任何地方都有可能被有序摆置着，包括现代人。西方人处于需要拯救的位置上，即他们的手与抄写的关系是不正当的。在这个过程中，人遭受到了威胁，或者说得更确切些，存在不再镌刻在这个过程中，这个过程是在无蔽状态下发生的，救赎观念不仅在书写行为中，而且在不正当的写作中无穷 14

1 Heidegger, “Question Concerning Technology,” 17.

尽地重复自己，我们第一次看到了这个过程：写作被分裂成五个条陈[1]（protocols）——开采、运输、储藏、分配和交换。在正当的写作中，写作并未展现为这五个条陈。

人的问题，以及人所引领和坚守的生活问题，就是从这种包含着存在的不正当写作和非政治写作行为中提出来的。问题就是一个在手的存在者——手等待着未来的摆置和未来的救赎。此外，在手的存在者成为技术形而上学基础的根本特征。当然，海德格尔并没有草率地处理这个问题，相反，他再一次转向了《巴门尼德》中已经提出的现代人与技术的关系问题。持存命名了一种模式，即所有事物都与救赎相关，毫无疑问，这种关联也囊括了人本身。换句话说，在《技术的追问》中，海德格尔对技术的批判再一次回到了他早期对西方人的批判，现在他丢弃了描述词“西方”，将技术的主体同救赎的主体相提并论。该解蔽下的主体意味着在“促逼”要求中归位和上手，正如海德格尔继续说的：“促逼的要求将人们聚集起来，将自我解蔽摆置为持存：集置（Ge-stell）。”[2]在海德格尔再一次指向另一个无根基状态（并非历史的无根基，而是决定人的命运、让人处于危险的无根基状态）之后，我们看到了关键问题所在。

注意，在这段话中，人因为技术文本而直接处于与技术针锋相对的位置上。其结果令人扼腕。对于救赎来说，有两种可能性。

1　通常procotols会被翻译为“协议”，这里根据海德格尔的上下文，可以认为，海德格尔认为手的书写行为的整体性，在技术时代碎裂为不同的部分，如同由不同条目组合而成。根据这个理解，我将这里的procotols翻译为“条陈”。——译者注

2　Heidegger, “Question Concerning Technology,” 19.

第一种可能性在于“订置”（Bestellen），海德格尔在前面将“订置”与“持存”（Bestand）关联起来。第二种可能性涉及人自身的特有本质与救赎的更为原初的关联。在这两种可能性之间，海德格尔预测了人有危险，即“人来到了从悬崖跌落的边缘”[1]。在这种条件下，人“濒临绝境。因而在任何模式下，这种解蔽的命运必然是**危险的**”[2]。这个问题十分正确地涉及技术所揭示的本质，它完全与人无关，甚至没有将人当作对象，而是（这就是死亡政治学谱系和当代哲学下的技术问题的关键所在）当作一种持存。倘若如此，“无对象性的人不过是持存的订置者而已”[3]。

我们可以用不同的方式来表达这个问题。技术让我们处于危 15
险之中，我们不再是我们正当解蔽的主体（我们仅仅是技术的对象或仆役，即这个地位的“无对象性”）。相反人注定要作为持存去等候，为技术所“订置”。海德格尔之后很快承认：“集置在它自己与人的关系之中，同如其所是的万物的关系中，不仅仅让人陷入危险。”[4]这种“订置”让人处于上手位置上，与技术相对立，我们知道，专属于人的东西“进入了更原初的解蔽”[5]：

> 技术的本质在于集置。它的控制权属于命运。由于在任何既定时期，命运通过一种解蔽方式开启了人的历程，在这

1 Heidegger, “Question Concerning Technology,” 27.

2 Heidegger, “Question Concerning Technology,” 26.

3 Heidegger, “Question Concerning Technology,” 27.

4 Heidegger, “Question Concerning Technology,” 27.

5 Heidegger, “Question Concerning Technology,” 28.

种解蔽方式下，人不断地尽最大可能去追寻订置下被解蔽物的极限，在此基础上衍生出他的所有标准。由于其他可能性被阻隔，人或许能更多更快，甚或更早地认可这种集置的本质，它被揭示出来，走向无蔽状态，这样他就会体验到归属于这种解蔽的他所需要的他的本质。集置归属于解蔽的命运。[1]

一旦人被敞露在技术引入的解蔽的危险之中，便可以更深入地谈一下这个问题。首先，正当和不正当的区分，尽管在《巴门尼德》中还不那么明显，在《技术的追问》中却成为一个核心问题，海德格尔就是围绕着这个区分来理解技术的危险的。与技术相关的解蔽是不正当的，在某种程度上，它让人的本质陷入危险。在《巴门尼德》中，这个本质问题属于西方的历史之人，然而在这里则是一般意义上的人，反映了现代技术的急剧扩张会劫持存在。[2]技术在对人施加影响的同时，也与人形成了某种关系，将人变成了持存，变成了救赎的对象。在这个位置上，人被集置了，而且也面对风险，在《巴门尼德》中，也正是这个原因导致了不正当的写作会让人处于危险中，我们知道，与真理无蔽状态的正当关系，现在变得更为遥远。这种越来越远的距离标志着人成为不正当救赎的主体，因此，人陷入了危险。

1 Heidegger, "Question Concerning Technology," 26.

2 现代性的"激进的新意"就在于如下事实："现代第一次有了距离，有了疏离，让最终改变人类生存条件的阿基米德计划成为值得称道的事情。" Dana R. Villa, *Arendt and Heidegger: The Fate of the Political*（Princeton, N.J.: Princeton University Press, 1996）, 193.

危险在于何处？海德格尔除使用“本质”“订置”和“拯救权 16
力”的培育这些术语之外，没有更多地阐明这个威胁在哪里，当然，后者让人想起了早先的西方的历史之人的形象。[1]打字机带来了威胁，它导致了人的身份的丧失。在这里，这种威胁更为抽象，从与救赎的本质性关系走向了更原初的关系。不过在这两个地方，关键词都是拯救和命运（Ge-schick和schicksal）。很多当代大陆哲学都有这个问题，也就是说，技术让人处于这样的位置上，即技术的未来需要“订置”人的命运。从这篇文本中的很多地方可以读到这一点：海德格尔谈到自由的时候，反复指向“人类意志”，其中的关联是，他认为技术的持存导致了非人性。[2]我们还发现，对于被逐出正当写作和救赎的领域的人，他用另一些说法来表达，如：“命运将人放逐到被订置的解蔽类型之中。”[3]反过来，这意味着从持存和不正当救赎的角度来看的所有其他人，都遭到技术订置威胁，处于最大危险之中。阿甘本的伟大洞见（这就是我在下一章准备谈的问题）就在于，他已经看到在这种危险中，我们不仅需要去呼唤，拯救那些已经被订置的人，而且更为深刻的是，在之前很少人能理解的尺度下，这种危险可能剥夺他们的生命。在海德格尔将救赎分解成“开采、运输、储藏、分配、交换”时，技术的“订置”权力已经扩张到如此程度，即可以很轻易地杀死人本身。从那里走向阿甘本的解读，只需要很小但是很重要的一步，在阿甘本那里，

1 Heidegger, “Question Concerning Technology,” 33.

2 Heidegger, “Question Concerning Technology,” 25.

3 Heidegger, “Question Concerning Technology,” 27.

技术“订置”的对象变成了“神圣人”。

在这个地方，海德格尔在《技术的追问》中通过荷尔德林的著名诗句引入了另一种可能性：“哪里有危险，哪里也有救赎。”（Wo aber Gefahr ist, wächst/Das Rettende auch.）拯救权力有可能随着
17 危险的增加而增加，阿甘本在当代非政治地将它解读为死亡政治学的力量。倘若我们认为，在某种意义上《巴门尼德》中的海德格尔决定了《技术的追问》中的海德格尔，那么在后一篇文本中海德格尔提出的拯救权力的问题，就变成了阿甘本的残余物的观念，即现代技术带给人类的危险的成倍增加，也带来了例外状态下被拯救和被标记为死亡的人的成倍增加。我将会在下一章中更详细地谈这一点，与此同时，我提出转向海德格尔的另一篇著名的关于死亡政治的当代理论思考的文本时，这种拯救权力也影响了罗伯托·埃斯波西托自己关于非人格的思考。的确，当埃斯波西托谈到通过《生命》和《第三人格》的非人格哲学，将纳粹主义的死亡政治学颠倒为生命的生命政治学时，他也是从海德格尔的死亡政治的概念出发的。不过，从埃斯波西托的角度来看，他并不打算将这种拯救权力看成否定性的力量，相反，他注意到《技术的追问》全篇都蕴含着对技术的偶像崇拜式批判。简言之，埃斯波西托认为拯救权力并非凌驾于生命的权力（如阿甘本那样），而是将其看成涵盖所有生命形式的一种生命。

奥秘、技术、邻近性

在前面的论述中，我研究了海德格尔走向死亡政治的思想的最为重要的部分，其中的例子都来自海德格尔在《巴门尼德》中

关于不正当写作的关联，以及会将人类置于危险的技术上的救赎。在后面的部分中，我想转向另外两个文本，这两个文本都更为详细地讨论了技术的死亡政治后果，以及技术在与救赎和写作的正当和不正当关系之间做出的区分。第一个文本是海德格尔的《归乡》（“Homecoming”），写于1941—1942年，收录于《荷尔德林诗的阐释》。在这里，海德格尔长篇累牍地谈到了家乡的观念，后来在《人道主义的书信》中，他又再次回到这个问题，并且他还谈到了诗的言说本质。我感兴趣的是，海德格尔如何将诗人的“归乡”使命视为一种技术形式，它不是一种写作行为，而是距离的压缩，或者更确切地说，是在远距离与“近在咫尺”之间的摇摆不定，这是那些拥有故乡的人的特征。海德格尔通过指出荷尔德林的诗《归 18
乡》（“Heimkunft”）如何以母亲的声音来描述与故乡的“邻近”，来展开进一步的讨论：

> 母亲苏维恩（Suevien）住得邻近本源。邻近（Nahewohnen）被提到了两次。邻近于故乡和邻近于本源。苏维恩，母亲的声音，指向了祖国的本质。邻近本源，也奠定了它邻近于最快乐的地方。故乡最本质也是最美好的特征，仅仅在于它与本源的邻近性——没有任何其他杂物在侧。[1]

我们再一次看到，手成为一种模式，借此模式，母亲的声音指向了故乡最本质和最内在的东西。在指向最本质的祖国时，母亲

1 Heidegger, *Elucidations of Holderlin's Poetry,* 42.

的声音在“邻近”中将人指向故乡。诗歌的语言，就给人们带来了母性的声音，成为构成“邻近性”的手段，而“邻近性仍然保留着某种东西”。[1]“邻近性”的观念，对近二十年来的媒体研究有着十分重要的影响，它一方面让近在咫尺的东西更加邻近，与此同时，也让其变得遥远，因为在海德格尔的判断中要去追寻的东西不可能太近。[2]其结果是，对距离的理解既是压缩，也是扩张：

> 现在，邻近性让近处的东西更近，与此同时也让它成为要去追寻的东西，即不会太邻近。通常我们理解的邻近就是两个位置之间尽可能保持最小的距离。现在恰恰相反，邻近性的本质似乎是让近处的东西更近，且与之保持着距离。[3]

---

1 Heidegger, *Elucidations of Holderlin's Poetry,* 42.最新翻译的菲利普·拉库-拉巴特（Philippe Lacoue-Labarthe）的一本书也谈到了这个问题，参看Philippe Lacoue-Labarthe, *Heidegger and the Politics of Poetry*, trans. Jeff Fort (Urbana: University of Illinois Press, 2007)。

2 谈这个问题的人太多了，我们只需要提及一下雅克·德里达的《明信片》（*The Post Card: From Socrates to Freud and Beyond*, trans. Alan Bass [Chicago: University of Chicago Press, 1987]），以及《档案狂热》（*Archive Fever: A Freudian Impression*, trans. Eric Prenowitz [Chicago: University of Chicago Press, 1996]），还有Avital Ronell, *The Telephone Book: Technology, Schizophrenia, Electric Speech* (Lincoln: University of Nebraska Press, 1987); Briankle Chang, *Deconstructing Communication: Representation, Subject, and Economies of Knowledge* (Minneapolis: University of Minnesota Press, 1995); *Reading Matters: Narrative in the New Media Ecology*, ed. Joseph Tabbi and Michael Wutz (Ithaca, N.Y. : Cornell University Press, 1997)。

3 Heidegger, *Elucidations of Holderlin's Poetry,* 42.

换句话说，海德格尔拓宽了（或者收窄了，这个问题见仁见智）邻近性的定义，在某种程度上，它不能被视为距离或近处，而是两者之间的连续运动。结果呢？“这种邻近性就是一个奥秘（Geheimnis）。”[1]

奥秘就是距离和邻近之间运动的结果，这个导向让我们想起了海德格尔在更宏观的技术和死亡政治背景下对诗句的解读。[2]通过把握母亲的声音，诗人寓居在海德格尔所谓“仍然保留着某种东西的邻近之处”[3]。于是，诗人让聆听者走向故乡。引一下荷尔德林的《归乡》诗句：“歌者的灵魂必得常常承受，这般忧心/不论他是否乐意，而他人却忧心全无。”海德格尔从否定意义上区分了 19
听歌的人和没有听歌的人。[4]没有听歌的其他人尚未归属于故土，尽管他们也被赋予了邻近性的奥秘本质，即“仍然保留着某种东西”，其他人也可以被拉近距离。

在这里，海德格尔看起来使用了不同的术语，但这并不会妨碍我们看到创造“邻近性”的这些词语与他后面用来描述技术的敞开（无蔽状态）的词语是重叠的。在《技术的追问》的一个近似段落中也出现了同样的词，在那里，海德格尔再次谈到了奥秘，命名

1 Heidegger, *Elucidations of Holderlin's Poetry*, 42.

2 关于集置和奥秘，可以参看Véronique M. Fóti, *Heidegger and the Poets: Poiesis/Sophia/Technē* (London: Humanities Press, 1992), 13：“由于在展示发生的时候，制作仍然会留意于‘奥秘’或者缺乏任何内在的积极向上的实在，那么在集置的本质中，有可能会注意到无蔽状态的总体性和各种微分模式之间存在着命运–历史性的模糊。”

3 Heidegger, *Elucidations of Holderlin's Poetry*, 43.

4 Heidegger, *Elucidations of Holderlin's Poetry*, 47.

了他另一个震撼，这个震撼建构了他关于技术问题的诸多思考。在那里，他写道：

> 订置的不可逆转性和拯救权力的限制，彼此相互邻近，仿佛天穹上的两颗星辰的轨迹一样彼此相互吸引。也正因为如此，它们所经之处，有着它们的邻近性的隐藏的一面。当我们探索技术那模糊不清的本质时，我们就会发现满天星丛，以及那玄妙莫测的奥秘的运行过程。[1]

与先前的海德格尔将邻近性看成奥秘的段落一起来读，我们就会发现对于邻近性，海德格尔关于技术和诗歌的用词是并置的，邻近性的操作因子无论是诗歌抑或技术，都是不正当的形式，它们都陷入奥秘当中。换句话说，诗歌用词的奥秘就是“仍然保留着某种东西”的邻近性，它与技术的奥秘是并置的，在某种程度上说，技术就是“订置”和“拯救权力的限制”之间的邻近性，那里，也显示出其奥秘。

在第三章中，我会提出，技术和诗歌用词的奥秘的并置，就是彼得·斯洛特戴克不那么遮遮掩掩的文章《人类动物园法则：对〈人道主义的书信〉的回复》（“Rules for the Human Zoo: A Response to the Letter on Humanism”）的中心，在那里，诗歌用词成为“正当性”或者人类化的邻近性的来源，而技术成为幽灵和不正当的

1 Heidegger, “Question Concerning Technology,” 33.

东西。[1]只要我们在媒体研究视野中来看诗歌用词和技术，正如许多媒体理论家和斯洛特戴克那样，我们就看不到许多最新意大利思想中的原创性所在，他们通过阅读《技术的追问》，以及间接通过《荷尔德林诗的阐释》来提出生命问题。在激活了“拯救权力的限制”和“订置”之间的关联之后，我们看到生命再次成为核心问 20
题。的确，在《技术的追问》中，最初，被“订置”的人的生命出现在“解蔽”之中，“在技术时代，解蔽隐匿而不是展现了自己”，也就是说，被订置的人需要等待终极揭示，而这个终极揭示永远不会到来。[2]《荷尔德林诗的阐释》也是如此，除非海德格尔在这里将拯救权力——尽管他没有直接这么称呼——置于“仍然保留着某种东西”的正当的邻近性的中心。对于海德格尔来说，拯救权力从来不会远离故土，不过，这个更近的位置与本源的对立仍然成为一个奥秘。唯一的差别似乎是聆听者会离故乡更近，他不会为技术的拯救权力所统治。

这种解读的结果一清二楚。海德格尔潜在地走向了死亡政治，他认为不可能在这个被视为正当的奥秘之外来思考技术，或者说，如果可以的话，我们并不需要召唤出这种拯救权力。在《荷尔德林诗的阐释》中，诗句订置着生命，这种方式绝不会为了拯救权力，让技术发挥死亡政治的功能。诗句让人们更接近故乡，它不会将之置于危险之中（也不需要安全保障），相反，其隐含的信息是，那些聆听的人更接近故土，因为诗句与真理有着不同的关系。话虽如

1 Sloterdijk, “Rules for the Human Zoo.”

2 Heidegger, “Question Concerning Technology,” 34.

此，在那些聆听的人和那些没有聆听的人之间的区别下，也隐含了一个深层的生命政治要素。这个要素从根本上涉及海德格尔的共同体思想。埃斯波西托对这个要素的阐释，非常值得我们注意：

> 所以，我们依照原初的本质，即原初的“曾是”来认识共同体。这是从海德格尔自己的用词中捕捉到的恐怖的三段论……将所有人的“内共在”（in-common）变成特殊的共同体，旨在通过重新发现最纯粹的未来，获得一个真正的未来。这恰恰就是海德格尔的纳粹主义：让自己直接走向正当性，与不正当进行区别，用肯定的原初声音来让其道说出来。[1]

埃斯波西托在海德格尔思想中看到了从根本上起作用的东西恰恰就是所有人的“内共在”和特殊共同体的“内共在”之间的区别，那么贯穿海德格尔整个思想体系的最显著的东西，就是日耳曼
21 共同体对立于所有人的共同体，或者正因为如此，西方的历史之人对立于其他的非历史之人，即“东方”人。换句话说，海德格尔思想的生命政治学并不仅仅在于与技术订置相关联的拯救权力的崛起，而是可以在更早的阶段，即从自己人和非自己人、正当共同体和不正当的共同体之间的区别中发现它，阿甘本后来从死亡政治

1 Esposito, *Communitas*, 99. 比较一下海德格尔自己在《形而上学导论》中对纳粹主义的评价：“尤其是今天纳粹主义的哲学所大肆宣扬的东西，它们与内在真理和这场运动的伟大之处（全球技术与现代人性之间的相遇）没有丝毫关系。他们就是在‘各种价值’和‘总体性’的脏水里钓鱼。”（*Introduction to Metaphysics*, 213.）

角度将大写人民（People）解读为“整体和整合的共同政体”，而小写人民（people）是“碎片化的需求的多样性和被排除在外的身体”。[1]

从这种技术和生命政治的谱系学中得出的另一个结论，可以在更一般的意义上将诗句和技术相提并论。诗句给出了将“他人”变成正当的聆听者或读者的可能性（让他们“知道”故乡的本质），于是技术也让他们更接近于奥秘。这让他们更接近的能力包含了一种生命政治的成分。我自己讨论无线电报史以及后来讨论声音传输的著作也肯定了这一点。的确，广播的一个主要结果就是急剧地增加了听众的数量，让他们更接近祖国的“奥秘”。当然，这种生命政治实践的关键在于，通过直接转向最正当地归属于民族或国家的人，即听众，来增加生命权力。这样纳粹在表面上提出了他们所认为的日耳曼最正当的存在，来提升他们的生命政治的效果。广播不仅强化了生命权力，让听众数量大幅度增长，而且在技术上也催生了一种被感染的人民，一种为奥秘（“仍然保留着某些东西的邻近性”）所诱惑的人民听众。无线广播的这种诱导，形成了更为强大的生命政治实体，形成了一种技术化的民众（Volk），在某一刻他们被凝结为一体，这是一种更为尖锐的身体政治，在某种程度上，这种身体政治更接近于奥秘的源头。很明显，这种更接近的结果，这种对祖国的非政治式的认识，就是让他们更容易牺牲

1 Agamben, *Means without End*, 31.

一切。[1]

我们要注意，不仅是德国和意大利的法西斯主义使用了这种非政治知识，在现代将正当写作碎裂为各种条陈，将所产生的生命政治后果变成实践。自由民主国家试图阻止这种后果，不让自己受到其侵犯，也干了同样的事情。例如在广播传输过程中，当然，一
22 个经典的形象是希特勒站在一大堆话筒前，然后画面切换到大量的人民听众正在全神贯注地听他讲话，只有后面的如雷贯耳的掌声会打断讲话。然而，同样富兰克林·罗斯福也在炉边讲话，当然，广播也为温斯顿·丘吉尔提供了媒介，让那些听到他的讲话的人们改变生活方式，他们可以更容易做出牺牲。例如，在1940年6月4日的讲话中，他反复谈到了“岛屿”和“帝国”，对于他的听众来说，这些词语基本上是不列颠特有的用语。[2]在这里，在技术上受到感染的人民被建构出来，立即可以献身于眼下的紧急状态。然而，在每一个例子中，当个体的正当防卫与更大规模的身体政治形成短路时，都可以明确地感受到技术的生命政治后果。创造出的随时愿意赴死的主体，在前一种情况下，他们要捍卫日耳曼血统（ghènos），在后一种情况下，他们要抗击来自最强大的一种生命权力模式的侵袭，借此来增加“自由”国家的生命权力。

话虽如此，我绝没有将纳粹使用广播和英美使用广播的政治

1 广播的例子尤其可以用于说明不正当写作的状况，它诞生于无线电报，将嘀嗒的音频誊写为写作（有段时间是打字）讯息。无论如何，除了在海德格尔的术语中的不正当，它们的共同之处在于将算符定位为“订置”，即被订置为“持存”的人，同样也是需要拯救的人。

2 参看http://www.youtube.com/watch?v=MKTw3_PmKtc (accessed June 10, 2011)。

和伦理差异抹平的用意。对于纳粹（对于墨索里尼也是如此），无论什么时候广播讲话，我们都会发现尼采式的弦外之音——恩斯特·诺尔特（Ernst Nolte）在差不多的背景下，指的是“生命获得荣耀的形而上学”，于是，这也被翻译为技术声音的形而上学，或者说得更确切一些，让某种生命形式获得无上荣光的形而上学，一旦在广播讲话中出现，这种生命形式就被赋予了“精神”上的价值。[1]在纳粹那里，只有那些谈到的生命形式才能相对应地获得精神上的价值。其他生命形式变得不值一提。这是让那些讲话的人获得精神崇高地位的一小步，因为在纳粹主义的生命政治学中，他们让种族获得了精神地位。广播在让这些随时可能被牺牲的生命形式在精神上得到关注方面，发挥了重要作用，应该得到比迄今为止更多的关注。无论如何，我们不能说在英美两国也发生了同样的精神推崇的情况。

对于广播传输的死亡政治特征，还需要做更多的研究，正如我们想区分在战时被高调化的生命权力的形式和与战后自由民主国家相关联的生命形式。在这里，死亡政治的后果还没有引起太多注意，这不仅是因为战争结束了（另一场战争，即冷战，刚刚开始，由于核战争会带来终极死亡政治，那么我们只能间断性地从生命政治维度上来使用技术），而且因为技术现在被用于个体的（生命） 23
政治学，这仅仅是为了符合，或者看起来符合个体的物质需求。然而，没有改变的是，在两种情况下，权力都被施加在身体上，和福

1 Ernst Nolte, *Three Faces of Fascism: Action Francaise, Italian Fascism, National Socialism*, trans. Leila Vennewitz (New York: New American Library, 1969), 554.

柯一样，我们能将其描述为一种支配生命的权力，或者海德格尔所说的两个彼此相遇的星辰在宇宙中加速，即“订置”和“拯救”。

《人道主义的书信》：生命政治学

自由民主国家的个体的生命政治学是否不可避免地是死亡政治？这是我在这些篇章中主要想问的问题，我们仍然需要读一读海德格尔最重要的关于主体的陈述：《人道主义的书信》。这篇文本广为人知，我们无须在具体细节上着墨太多，相反，我想集中于三个要素——信件中出现的威胁。[1]第一个要素出现在海德格尔十分明确地谈到他早期在更为宏观的哲学视野下对技术的讨论之后，哲学作为一种对技术的深入思考而出现。其结果是，“哲学要从最高的动因来解释技术”[2]。出于同样的原因，正当写作被打破成为不同的写作和解蔽的模式。在《巴门尼德》中，存在从人那里退隐。在这里，存在也退隐了，或者用海德格尔的话来说，它很少作用于思考。正是在信中海德格尔并没有重述存在的退隐，让他有了基础，可以对人道主义进行无情的挞伐。他写道：

> 在彼此竞争的时候，这样的说法公开地将自己看成一种

1 我们有机会看到，斯洛特戴克讨论自己主张的死亡政治流派时，谈到了如下事实，即海德格尔用一封信的形式来回应让-保罗·萨特提出的问题，这一点值得我们注意。斯洛特戴克讨论哲学与这封信的关系，可以参看Paul Rabinow, *Anthropos Today: Reflections on Modern Equipment* (Princeton, N. J. : Princeton University Press, 2003), 81–83。

2 Heidegger, “Letter on Humanism,” 197.

> “主义”，试图认为自己比其他说法更强悍。这些用词获得统治地位不是偶然的。首先，在现代它依赖于公共领域的特殊的专制。然而，所谓“私人生存”并非真正根本的东西，也就是说，并非真正的人类自由。它纯粹是对公共领域的否定。它是一个依赖于公共领域的衍生物，只能纯粹通过从公共领域退出才能滋养自己。于是，这证明了与它自己的意愿不同，它顺从于公共领域，但因为它源于主体性的统治地位，那么公共领域本身在形而上学上也是有条件的建制，认可了个体存在者会向无条件的物化开放。[1]

海德格尔区分了“私人生存”和“公共领域的特殊专制”，他 24
早前将历史中的西方人凌驾于“私人生存”之上，同时也认为“世界的技术组织”要优先于“公共领域的专制”，“世界的技术组织”既涉及海德格尔所认为的苏联，也包含西方自由民主国家（在哲学及其“说法”的旗帜之下，所有的“主义”都得到了认可，我们也能听到之前的“订置”的回声）。然而此前，西方的历史之人只能从另一种公共领域的专制下解放出来，在这里，“世界的技术组织”与自由主义之间没有太大区别，相反，从海德格尔的非政治角度来看，这二者都仅仅是一些“说法”，涵盖了现代的大部分方向，其中没有区别的个体存在物不得不开放，以被“物化”。这个威胁让西方的历史之人处于需要拯救的地位上，显然，这已经是存在退隐的极端状态，新的存在者出现了，他们的“开放”不再受到各自

1 Heidegger, “Letter on Humanism,” 197.

“主义”的限制。

显然，私人生存的退隐和公共领域专制下的同名词个体存在者，都需要我们相继考察一番。例如，海德格尔提出的“自由的人类存在者”和“个体存在者”的区别，划开了一道裂缝，因为仿佛这催生了两种“存在者”，一种存在者是另一种存在者的幽灵版本。因为只有从公共领域退隐（然而“自由的人类存在者”事实上并没有退隐，因为他与存在的关系绝对不会发生变化），“私人生存”才有意义。当然，这就是阿甘本所说的排斥性包含或包含性排斥的经典问题。这也解释了埃斯波西托提出的对非政治和免疫体的理解，在埃斯波西托那里，某种生命形式试图让自己免于公共性对主体性的统治。[1]然而，最突出的问题是，他谈到了“开放”，这促使了在公共专制下彼此相互作用的个体存在者的出现。

那么，“开放”指的是什么？海德格尔并没有直接回答，或许这个问题提得不好。对于海德格尔来说，开放并不是一个宾格短语，即“向……开放”，而是具有所有格功能，即“无条件的物化”下的开放。开放就是无条件的物化。我们在接下来的句子中发现，“因此语言堕落了，成为为按照固定线路加速传播服务的工具，在那里，物化（所有人按照统一的路径接近所有事物）超出并废弃了所有的界限。通过这种方式，语言从属于公共领域的专制，这种专制进一步决定了什么可以被识别，而什么东西必须加以拒绝，成

1 参看埃斯波西托《非政治范畴》一书的序言，Roberto Esposito, *Categorie dell'impolitico*, vii-xxxii (Bologna, Italy: II Mulino, 1999)。

为不可识别之物”[1]。开放的关键在于创造可接近的条件，能够加速传播。再一遍，我们会看到“统一路径”和海德格尔在《巴门尼德》中感受到打字机带来的统一性所产生的奠基性焦虑之间的对应关系，正如应当认为在这里的传播与那里的不正当写作之间存在着类似的情况，下面的段落也同样表达了类似的威胁：“对语言的破坏广泛而快速地蔓延，不仅摧毁了每一种语言使用的审美和道德责任，也产生了对人的本性的威胁。”[2]

不用感到奇怪，威胁的本质既是生物性的，也是政治性的，也就是说，那些开放传播的个体存在者既是权力的仆从，也是其对象，那时“语言本身向我们的纯粹意志和交易投降，这种意志和交易就是支配存在者的工具。存在者本身表现为在因果关系互动下的实际性”[3]。和之前的文本不同，语言及其与存在的关系的转变，导致了存在者被支配，人性同时遭受到威胁。《巴门尼德》和《技术的追问》中的威胁的特有本质并不是从语言来建构的，而是从写作和救赎上来谈的。在《人道主义的书信》中，海德格尔将这些关注纳入一个更为宏大的语言问题之中，使之成为谈论人道主义主要问题的用语。换句话说，语言传播与对存在者的支配的更大可能性是同时出现的。

第二个问题直接来自对这个区分的反思和关注，这个区分代表着海德格尔讨论的残留。海德格尔转向人的操持（Sorge），他

1 Heidegger, “Letter on Humanism,” 197.

2 Heidegger, “Letter on Humanism,” 198.

3 Heidegger, “Letter on Humanism,” 199.

看到了人与人性之间的分裂："在让人回到其本源的方向上，这种'操持'究竟走向何方？让人（homo）具有人性（humanus）反过来究竟意味着什么？人性的确仍然需要这种思考的关注。因为这就是人道主义：沉思和操持，让人具有人性，而不是非人，成为'非人性'，即脱离了人的本质。"[1]在这里需要注意人与人性的区别。由
26 于这种区别，海德格尔从根本上创造了人性，即正当的人的形式，然而人本身从根本上变成了一个不正当的形式——在这个意义上，不正当的人是这样一种人，他们远离存在，也远离存在的一切关联，尤其对于海德格尔来说，存在与真理保持着关联。[2]在这里，所有的荣耀就是在人与人性之间的死亡政治的区分。为什么是死亡政治？因为海德格尔在正当的人和不正当的人之间撕开了一道裂缝。一旦这道裂缝完成，唯有在人失却或补充的人性内外，才能思考人。

显然，对于海德格尔来说，做出这个区分的理由就是可以将关怀的观念作为对他在《荷尔德林诗的阐释》中谈到的"仍然保留着某种东西的邻近性"的回应。[3]我们记得，这种"仍然保留着某种东西的邻近性"让人卷入了一个不正当的救赎，它不会让人逐渐

1 Heidegger, "Letter on Humanism," 200.

2 在这个方面，参看Malpas, *Heidegger's Topology*，尤其是第四章。

3 可以参看大卫·弗兰克·科瑞尔（David Frank Krell）关于关怀的注释。关怀是"一个囊括所有模式的生存的结构性整体的名称，它拥有最广泛和最基本的可能性去发现和揭示自我和世界……'关怀'这个名称囊括我所有的对其他人的关注、对事物的专注，以及对我的正当存在的关注。它表达了从过去而来、通过现在走向未来的生命"。Krell, *Basic Writings from Being and Time*, 199–200.

接近存在。相反，关怀标识出道路，让纯粹的人出发走向正当的人。《人道主义的书信》剩下部分大多数就是围绕着这个非人（in-human）形象展开的，或者更确切地说，是一种无人（un-human）形象，他何以能接近存在，获得人性。如果这种形象具有人性，那么问题出现了，即我们如何描述这种人？对于海德格尔来说，这种人并非完整之人，只能通过问题式的动物性（animalitas）的形而上学范畴来思考：

> 我们可以这样前进，我们可以通过这种方式定位人，即在存在之中，人是诸多其他事物中的一种存在者。所以，我们总是能正确地说出关于人的某些东西。但我们在这里必须清楚，一旦我们这样做，我们就将人抛入动物性的领域之中，即便我们并不会将人等同于野兽，且会认为两者间存在着特有的差别。在原则上，我们仍然在思考动物式的人（homo animalis）——即便灵魂（anima）被定位为心灵或思想（nimus sive mens），接下来又被定位为主体、人或精神（Geist）。这种定位就是形而上学的方法。但人的本质有点被忽略，没有从其本源，从其根本的起源处来思考，而这个本源才是历史上的人类的本质未来。对人的形而上学思考建立在动物性的基础上，并不能从人性的角度来思考。[1]

当海德格尔提出由于语言陷入灾难，自由的人类和个体存在

1 Heidegger, "Letter on Humanism," 203–204.

者之间出现差别时，他的论断两次回到了更早的阶段。然而在这里，海德格尔并不否认人是个体存在者，没有区别地与其他存在物
27 相邻。这样的说法在正确性上具有优势，但若是这样说，就会让尚不完善的人类形象陷入无根基状态。海德格尔似乎认为，我们无论如何都不能把动物性赋予人，而不考虑未来人们可能想要找到的将人与野兽区分开来的任何区别。但他并非认为我们或许会在未来发现的人与野兽的差异不重要。曾经是动物，就永远是动物，尽管任何后来从灵魂中衍生的设定也会囊括人或主体。我们注意到，海德格尔在看到这个差别之后（没有差别），并没有放弃他早期关于人与人性的反思。他反而给出了更进一步的辩解，反对在动物性的形而上学范围里继续描绘人性。

一旦海德格尔并不拒斥动物性和人性的基本区分，那么他的这些思考中就会浮现出死亡政治。显然，他之所以没有谈死亡政治，是因为他自己的话语旨在从形而上学内部开始获得解构人性的更为稳固的基础。但关键在于，由于人仍然与人性有区别，海德格尔仍然假定了一种形而上学的区分，并将这种区分作为走向本源的人性的基础。[1]尽管动物与人的关系异常复杂，但在人与另一种潜在的人（如果给予他足够的关怀）之间仍然存在着明显的区分。在“本源的未来”描述“历史中的人”，这也绝不会让人从如下结局

1 在这个问题上，可以比较一下布雷特·布坎南（Brett Buchanan）的《本体人种学：尤克斯考尔、海德格尔、梅洛-庞蒂和德勒兹的动物环境》的《破碎的行为：海德格尔和被俘获的动物》（“Disruptive Behavior: Heidegger and the Captured Animal”）这一章的内容。（*Onto-ethologies: The Animal Environmentsof Uexküll, Heidegger, Merleau-Ponty, and Deleuze*, Albany: SUNY Press, 2008, 65–112.）

中解脱出来：将某些人或大多数人标识为动物，而其他人则是真正的人。

动物性和人性的根本区别，为我们的思考提供了一个重要元素。它含蓄地提出了这样一种可能，即技术导致了在具有动物性的人和在某种未来具有人性的人之间做出的根本性和本质性的区分。在某种程度上，技术的作用在于产生“仍然保留了某种东西的邻近性”，而不是真正本源性与存在的邻近，它让人处在与永远不会降临的未来面对面的位置上。所以，海德格尔对创造了统一性的打字机的不正当写作的思考，让我们更深刻地看到这就是《人道主义的书信》中的动物性的特征。对于海德格尔来说，传播让所有人都变得差不多，而他就是通过动物性来思考这个问题的，反过来，这意味着我们不仅会走向本源的人，而且有可能走向本源的动物性。事实上，《技术的追问》和《巴门尼德》或许都可以从这个角度来解读，即由于技术，人性如何堕落为不正当的人的形式。那么，在 28
《人道主义的书信》中，海德格尔给另一种人贴上了动物性的标签，尽管在书信的许多部分中，海德格尔显得有些迟疑不决。当我们放在一起来看，之前考察过的文本给我们提供了一幅更为完整的图景，即技术如何与人的非人性化产生了关联，而在《人道主义的书信》中，海德格尔说明了这种非人性化需要通过动物性范畴来思考。在这里，要重复说一下，对于海德格尔而言，人或主体的完整名称绝不代表着真正走向未来的人性。

对于海德格尔来说，如果人仍然陷于人性和动物性的分裂，人就会陷入危险。的确，海德格尔从来没有描绘过这种危险的本质——在这些文本中，通常谈的是本源、存在的隐退，或遮蔽的遗忘。海德格尔也没有宣称杀死非人性之人可以免责，当然，他也没有像纳粹那样说正当之人建立在杀死这些动物性的人的基础上。不过，我们可以说海德格尔的存在本体论设定了一个更低阶的人，按照阿甘本的说法，今天这个区分变成了 zoē 和 bíos 的区分。如果死亡政治成为当代生命政治的主要角度，以及我们理解新自由主义和全球化的主流方式，这是关于人与技术的深刻模糊性，以及后者对人产生的非人性化的后果（要么我们像阿甘本那样，在超历史的过去里看待它，要么像埃斯波西托那样，认为他出现在霍布斯所言的现代免疫化的黎明时刻）。

死亡的邻近性：今天的不正当的写作

在结论部分，我准备谈一下我发现的东西，如海德格尔思想走向死亡政治的最重要的特征。最重要的问题涉及技术对那些与存在有着本源性关联的人的影响，那么它会导致一个区分，一方面是传播的主体，之后他们会堕落为动物性的层次，另一方面是正当写作的人，他们可以被看成自由的个体的人类存在者，他们能“关怀”，不仅仅是一个主体或人。其结果是暗示前者不那么像是人。

29 同样，海德格尔不止一次地区分了个体存在者和自由人，人变成了今天诸多研究生命政治的哲学家作品中的范式。阿甘本通常用独特性来取代人；斯洛特戴克提出，权力已经不可避免地使工人独立于公共的生活形式。对于斯洛特戴克来说，事实上，海德格尔在《人道主义的书信》中谈到的关怀，已经让位于通过集体或非共同性实体来保护个体。这种保护直接与海德格尔在《巴门尼德》中提到的保护相抵牾，海德格尔的保护因为手而发生：“以最根本的方式来保护最根本的东西，所以我们说这是双‘好手’，即便这种操作和操纵并不必要。”[1]在《球体》（*Sphären*）和其他著作中，斯洛特戴克针对这个“保障”提出了大范围的批判。后面我们发现埃斯波西托试图挑战海德格尔的思想（海德格尔隐晦地提出个体存在者从属于不正当的写作和救赎），他通过非人格（impersonal）概念给出了一种可能的替代方案。我将有机会向大家说明，即便所有人并不是直接从海德格尔自己的范畴出发，那么也可以认为那里有一种死亡政治的基调。

我给出最后一个要点，作为走向下面的章节的桥梁，这涉及另一个区别，在这里我或许没有突出这一点，即海德格尔在《巴门尼德》，尤其是《荷尔德林诗的阐释》中提出的两种写作和救赎形式所导致的正当和不正当距离的区分。我们记得，海德格尔做出了一个区分，一个是与存在的邻近性，另一个是通过技术产生的“仍然保留着某种东西的邻近性”。在当代生命政治学的解读中，“仍然保留着某种东西的邻近性”多次降级成为传播的主要定义，即一方面导致了人在语言上的深刻的异化，另一方面由于技术手段，男男女女之间出现了隔离，无法产生正当的关爱。在传播中，就像在集置中一样，“人持存着，等待着集置的促逼，他并没有将集置理解为一种诉求，他没有看到自己也是在说话的人”[2]。所以，技术的重要作用就是创造了一个危险的场景，通过分离而产生威胁。这是对技术的悲剧性的误读，它为当代主要的死亡政治学观点的形成提

1 Heidegger, *Parmenides*, 84.

2 Heidegger, “Question Concerning Technology,” 27.

供了必要的材料。

30 不过人与自身的分离同样也导致了人与人的分离，这取决于观察的角度。一旦转向了人与其他人的关系，那么人与自己的分离就变成了“一场终极骗局：似乎人在任何地方总是遇到他自己……然而，的确，在今天人在任何地方都不再与他自己相遇，即与他的本质相遇”[1]。换句话说，由于技术，人同在他人那里与自己相遇的可能性相分离，因为人唯一能看到的形象就是他自己（这正是技术非政治地阻止人通过他人与自己相遇的方式）。人的分离就是与他人的分离导致的，技术上的邻近性导致了人很难将自己与其他人区分开来，从而与自己正当的本质思想分离开来。分离导致了对存在和存在者的支配成为可能，在那里，分离的邻近性与语言密切相关。

分离导致了对存在的支配，对海德格尔思想中分离观念的终极解读则会让我们走向吉奥乔·阿甘本和罗伯托·埃斯波西托思想中的部署（dispositif）的观念。不过，本章通过海德格尔的技术批判说明了不正当写作的工具的扩张如何让人类与他者更相似。在通过分离（技术一开始就是用来分离的模式，而不是实践模式）逐渐变得差不多的过程中，关怀自我和他人变得十分困难，人类也因而遭遇威胁。在这里可以看到海德格尔的死亡政治学，在技术所增强的认识中，人类为技术所支配。结论只能是分离与这种支配密切相关。不过，它带来了更多问题，而不是回答。例如，在更强大的分离场景中，不正当写作机制的扩张如何能产生关怀？怎么看待阿甘

1 Heidegger, *Parmenides*, 84.

本的解读中当代技术带来的更严重的死亡政治后果？我们将海德格尔的不正当写作机制和福柯的装置观念结合起来，可以找到一些答案。我现在将要转向深度的死亡政治。

第二章　死亡政治的装置：不正当写作和生命

在前一章中，我通过集中探讨正当和不正当写作的区别，谈 31
到了马丁·海德格尔思想中的死亡政治学和技术之间的关系问题。在本章中，我想转向两个今天十分重要的意大利哲学家，他们的写作具有十分重要的死亡政治因素：吉奥乔·阿甘本和罗伯托·埃斯波西托。可以说，阿甘本的思想深受海德格尔的影响，当然，他也有所创新。从1977年的《诗节》到最近的《万物的签名》(*The Signature of All Things*)、《王国与荣耀》和《语言的圣礼》，阿甘本从幼年观念到范式概念来思考万物，这都源自海德格尔作品中的深刻知识和长期综合。[1]而在诸如《敞开》这样的阿甘本反对海德格尔的文本中更为明显，其中他致力于讨论动物、人和无聊。[2]然而，

1 Agamben, *Stanzas*; Agamben, *The Kingdom and the Glory*; Agamben, *The Signature of All Things: On Method,* trans. Luca D'Isanto, with Kevin Attell (New York: Zone Books, 2009); Agamben, *The Sacrament of Language*.

2 Giorgio Agamben, *The Open: Man and Animal*, trans. Kevin Attell (Palo Alto, Calif.: Stanford University Press, 2004), 63–70.

下面的讨论并不是由于我在阿甘本作品中看到他对海德格尔的影响的焦虑而被激发的，而是因为这样的解读会约束阿甘本的思想的视界，以及限制他的作品在今天对政治思考的价值，这会让我们的讨论走向对海德格尔互文性的参照，这里的考察会零零星星地谈到所有这些文本。为了让这个计划更加引人入胜，我们准备只在海德格尔的本体论之下来看待阿甘本的思想。[1]而站在罗伯托·埃斯波西托的立场上，他避免了陷入诸多陷阱，即避免将海德格尔的技术批判纳入自己的免疫化范式的解读之中，这样的做法也有代价，即他会屈从于海德格尔所谓“日常性”。

这一章的主要问题有两个：首先，阿甘本和埃斯波西托在思
32 考生命政治学和技术的关系时，他们用什么手段来激进化和拓展海德格尔对正当和不正当写作的区分，来勾画他们自己的死亡政治的景象；其次，dispositif的观念[2]在阿甘本的许多近期文本中占据着主要地位，该如何思考它与隐晦的死亡政治之间的关系（这种死亡政治源自他对海德格尔的挪用和拓展）？我的印象是，能得到豁免的生命形式（用阿甘本的术语来说，即zoē和神圣人［homo

1 “他（阿甘本）的文化视野，从海德格尔延伸到本雅明，从神秘主义辩证法延伸到德勒兹的内在性，实在太过复杂，很难讨论其影响。” Antonio Negri, “Giorgio Agamben: The Discreet Taste of the Dialectic,” in *Giorgio Agamben: Sovereignty and Life*, ed. Matthew Calarco and Steven DeCaroli (Palo Alto, Calif.: Stanford University Press, 2007), 120.

2 我选择了不翻译dispositif一词，理由是如果像近期的一本英译本，将它翻译为“装置”（apparatus），就会失去这个词的原初的关联。在原则上，它是“对军事部队的部署，包括对他们的配置、任务分配、目标指示”和“权力处置”（参看牛津英语辞典的disposition条目）。——译者注

sacer］）不可能脱离对技术的关注来思考，也就是说，只能在集置（Gestellen）名义下的不正当的写作和救赎的视野中来考察它。

生命的词汇

对阿甘本和海德格尔的所有讨论肯定需要从阿甘本在《无目的的手段》中对bíos和zoē的区分开始，我们的讨论也不会有任何差别：

> 在古希腊语中，没有一个词能表达我们今天用“生命”一词所表达的意思。他们通常使用两个词，尽管这两个词可以追溯到一个共同的词源，然而，这两个词在语义和形态上都有很大区别：一个是zoē，表达所有生命体（动物、人、神灵）共同活着的事实，另一个词是bíos，它代表着专属于某个个体或群体的生活形式或方式。在现代语言中，这个对立在词汇中逐渐消失了……一个词（其模糊程度与其所指的东西的神圣化程度成正比）仅仅指的是赤裸裸的预设要素，在每一种生命形式中，我们总可以分离出这个要素。[1]

在这篇常被引用的引言中，我们找到了阿甘本从死亡政治来解读技术的基础。像阿甘本对当代政治的理解一样，这个解读奠基在生命本身的分裂之上，这是与形而上学的诞生同词源的分裂。一方面人以bíos寓居着，阿甘本将其解读为内在于自身的生命形式，

1 Agamben, *Means without End*, 1.

另一方面，即众所周知的生命形式zoē（或许就是因为太著名了，
所以后来烂大街了）。我们应当聚焦于其专用的描述词，不仅因为
33 这就是海德格尔在《巴门尼德》中思考技术的主要方式，而且因为
它说出了一个差别，即与存在关联的正当的救赎形式和与技术关联
的另一种救赎形式之间的区别。在前面的文字中，阿甘本界定了
专属于某一群体的生活方式，即zoē。在“政治笔记”的最后一章
中，阿甘本肯定了这个解读。在那里，阿甘本写道：

> 今天发挥作用的实践和政治思考仅仅停留在正当和不正当的辩证法内部，在这个辩证法之内，由于无法压制的虚伪化和消费的意愿，不正当性到处扩张其统治（正如在工业化民主国家中那样），或者说正当性需要排斥所有的不正当性（正如在总体主义和极权主义国家中那样）。[1]

这段话够直白了。他是在更广义的正当性和不正当性之中来理解bíos和zoē的，阿甘本的zoē是指不正当的生命形式，这就是“工业化民主国家”的特征，而bíos出现在极权主义和原教旨主义国家当中，其任务就是在国家正当的生活形式之下排斥所有的不

1 Agamben, *Means without End,* 116.

正当性。[1]阿甘本在这里使用的极权主义并不是效仿汉娜·阿伦特，而是更多来自福柯的《必须保卫社会》（*Society Must Be Defended*）中那些富有争议性的段落，在那里，福柯提出了生命政治学，通过作为死亡政治学形式的种族主义范畴，它囊括了纳粹主义。[2]至少我们可以说，阿甘本在这段写于1992年的文字中，给出了对于当代政治哲学的一个基本洞见，他不仅给出了一个福柯式的角度，以思考政治如何俘获生命，而且讨论了在当代工业化民主国家中，不正当性如何让自己扩展并凌驾在正当的政治生命之上。而在极权主义之下，正当性为反对不正当性进行着战争。不过，对于阿甘本来说，不正当或正当的主体仍然让生命分离出来，反对着自己。

我们一笔带过阿甘本这段话，我意识到会得出一个结论，即海德格尔和阿甘本之间的关于正当观念的原初的不一致很容易被忽略。很明显，在一个重要方面上，阿甘本并不想跟随海德格尔，海

1 在某种意义上，阿甘本所有的著作或许都可以等同为不正当性理论，这首先体现在《诗节》的题为《正当与不正当》（“The Proper and the Improper”）的章节中，他还用了很长的篇幅来谈论隐喻和不正当性的关系。“隐喻，是用不正当词语指意的范式（按照巴洛克理论家的说法，所有的徽章和箴言都可以归于此框架），因为这就是所有事物与其自己的形式的普遍脱节，所有的能指与其自己的所指的普遍脱节。”（p. 142）阿甘本后来还通过巴洛克式的不正当来思考主体的去主体化（desubjectification）的“根源”：“在徽章之下……所有词与自己所指的关系遭到了彻底的质疑。”（p. 142）对于这个问题，参看吉奥乔·曼伽内里（Giorgio Manganelli）的*Contributo critico allo studio delle dottrine politiche del '600 italiano* (Macerata, Italy: Quodlibit, 1999), 7–18。

2 对于这个关系的比较，参看埃斯波西托的最新文章，“Totalitarianism or Biopolitics: Concerning a Philosophical Interpretation of the 20th Century,” *Critical Inquiry* 34, no. 4 (2008): 633–645。

德格尔将不正当定义为极权主义的形式，即列宁主义。或者说得更确切一些，从海德格尔的《巴门尼德》对列宁主义的分析中，阿甘
34 本看出正当和不正当是彼此相互作用的，这样，西方历史之人可以沿着正当和不正当关系的轴线通向存在。在海德格尔看来，苏联政治似乎涵括了不正当性，而阿甘本采用了另一个角度，说得更准确些，对正当和不正当关系的二阶观察提出看法，这样，出现了一种程序，在其中不正当性被排斥（就像德国人正当的bíos排斥了犹太人，或者我们或许记得，在他的《诗节》的《亵渎生活》一章中对巴洛克的分析提到了被设定为不正当的西方集体生活［小资产阶级生活方式］）[1]。然而，对于不正当性与消费和虚假的关联，阿甘本完全认同海德格尔指出的不正当写作及其让所有人都差不多的影响之间的关联。

即将来临的共同体的不正当方式

在阿甘本的其他文本中，也出现了对正当和不正当的连续性的深刻理解。在前文引述的第一个段落中，我们可以感受到这一点，在那里，阿甘本直接将zoē界定为不正当的生命形式，接下来引入的zoē的另一个特征，包含了它的“神圣化”的意思。在这里，我们注意到，当不正当性开始设定所有其他的生命形式时，

---

1 Agamben, Stanzas, 142. 关于二阶观察的看法，可以参看Niklas Luhmann, “Deconstruction as Second-Order Observing,” *New Literary History 24*, no. 4 (1993): 763–782。对于动物生命的重构，可以参看Cary Wolfe, *Animal Rites: American Culture, the Discourse of Species, and Philosophical Theory* (Chicago: University of Chicago Press, 2003)。

zoē和不正当性的平行关系得到了极大的扩展。在接下来的段落中，阿甘本谈到了巴塔耶，他让生命变得不正当，但这些段落似乎是事后的想法。[1]相反，他走向了另一个我之前提到的方向，即在海德格尔那里讨论不正当写作和救赎的方向，由于这些不正当写作机器导致的存在的隐退，西方人陷入了危机，现在处在需要被拯救的位置上。或者在《技术的追问》中，海德格尔冒着“集置”的危险，以同样的口吻道出了荷尔德林关于拯救的诗文所道说的东西。海德格尔没有太多地谈及拯救可能采取的形式，但他将不正当与拯救联系起来，并在正当与不正当的辩证关系中引入牺牲问题。这就是阿甘本对当代哲学最独到的贡献：他从海德格尔的本体论中得出了一个隐晦的神圣化的形式。这种隐晦的神圣化也是阿甘本在这里
和在其他地方用死亡政治学来解读工业资本主义的基础，还是他莫 35
名其妙地将集中营解读为同时占据着正当和不正当之分两边的存在

1 “在对生命的贱斥中，为了更高的原则——权威或神圣，而将赤裸生命与其形式分开，这种做法是错误的，这就是巴塔耶思想的局限所在，他的思想对我们而言毫无用武之地。” Agamben, *Means without End*, 7. 也可以参看Giorgio Agamben, *Homo Sacer: Sovereign Power and Bare Life*, trans. Daniel Heller-Roazen (Palo Alto, Calif.: Stanford University Press, 1998), 112–114。

物的基础。[1]

阿甘本的牺牲观念与神圣人的形象密切相关，这已经有了非常丰富的论述——在很大程度上，阿甘本关于神圣人形象的描述，或许在《奥斯维辛的残余》（*Remnants of Auschwit*）中更为重要。[2]在后一个文本中，神圣人与穆斯林（Muselmann）[3]的交叉的形象意味着，当我们试图提炼出阿甘本生命政治学的特征时，重点很自然地集中于我先前提到过的表述的后半部分：让正当的bíos变得更正当，是通过排斥不正当的人即zoē来实现的。[4]其结果是，阿甘本的生命政治被认为最开始是通过例外状态来起作用的。当然，事实上也是这样。但是，如果我们理解了阿甘本思考当代生命的死亡政治

1 "倘若如此，如果集中营的本质就是通过对例外状态的物质化，最终创造了一个这样的赤裸生命的空间，那么我们不得不承认，几乎每一次建立这种结构时，我们都要面对一个集中营，完全不考虑集中营可能代表的派别和特殊的地形学。" Agamben, *Means without End*, 41–42.不过，与此同时，这里或许是最富有潜力的地方："处于潜能模式下的生命体，感受到自己的无能，也只有通过这种方式，它才具有自己特有的潜能。" Agamben, "La potenza del pensiero," in *La potenza del pensiero: Saggi e conferenza* (Vicenza, Italy: Neri Pozza, 2005), 281.可以比较一下《散文的理念》的《权力的观念》（"Idea of Power"）一章中作为结论的一小段话："在工作时和在娱乐时一样，人类最终感受到其特有的无能。" Agamben, *Idea della prosa* (Macerata, Italy: Quodlibit, 2002), 52.

2 Giorgio Agamben, *Remnants of Auschwitz*, trans. Daniel Heller-Roazen (New York: Zone Books, 1999).

3 这里的"穆斯林"并非通常意义上的伊斯兰教徒，而是阿甘本在阅读奥斯维辛的文献时发现的盖世太保和其他犹太人为那些处于死亡边缘的非生非死之人取的"绰号"。参见阿甘本的《奥斯维辛的残余》一书的第三章。

4 Giorgio Agamben, *State of Exception*, trans. Kevin Attell (Chicago: University of Chicago Press, 2005), esp. 52–60.

学视角，那么不正当性就会延伸到西方所有的生命形式之上，我们无须太过关注例外状态，而应更多地去关注那些让技术占据中心舞台的问题。我们可以在《神圣人》和《奥斯维辛的残余》中找到这些段落。一旦如此，我将转向阿甘本近来让人惊叹不已的著作，在新作中，他的思想中的死亡政治特征更加明显。

在这样做之前，要注意如下几点：要知道并非一向如此，阿甘本只是偶尔这样去思考技术，技术并不是直接变成凌驾在生命之上的灾难性的力量。一个值得注意的例子是《即将来临的共同体》的《没有阶级》这一章。在这里，阿甘本试图在柏林墙倒塌以及他所说的“地球的小资产阶级”出现之后，在全球范围内揭示正当和不正当的辩证法。[1]在注意到当代人仍然生活在纳粹主义的阴影下之后，阿甘本再次引入了海德格尔对于存在的正当和不正当的区分，这直接让我们联想到海德格尔的《巴门尼德》及其他作品如《荷尔德林诗的阐释》中对“归乡”的解读：

> 小资产阶级似乎顽固地坚持着一种态度，但他们同时也掏空了这种态度的内容：他们知道只有不正当的和没有资格的人，甚至拒绝了让他们变得正当的话语观念。这导致地球上世世代代的人民区分真假的东西（语言、方言、生活方式、 36
> 品性、习俗上的差异，甚至每一个人的生理特征）对他们来说变得毫无意义，他们也丧失了表达和交流的能力。[2]

1 Agamben, *Coming Community*, 62.

2 Agamben, *Coming Community*, 63–64.

这里交织着海德格尔的技术批判，阿甘本去掉了寓居在彻底标准化技术世界中的列宁主义形而上学家，他们都被塑造成与西方人差不多的人。这种“地球的小资产阶级”对各种各样的个体差异毫无感觉，阿甘本继续说道，在小资产阶级面前，所有东西都差不多：差异被抹平了。其结果是出现了类似于海德格尔在打字机面前感受到的焦虑，但在阿甘本的分析中，这种焦虑成倍增加。再说一遍，其结果是不正当性凌驾在正当性之上，但在这里会更为激烈。他谈道，语言、方言、生活方式尚在预期之内，但没有预料到的是“每一个人的生理特征”，现在已经看不到了。我们发现我们自己浸淫在一个极为恐怖的技术世界里，在某种意义上，传播交流产生了生命政治的后果，当我们进行交流时，无论在语言上，还是在生理外观上，个体差别都被排除了。

在这里，海德格尔似乎看到两颗划过夜空的流星，一颗是订置，一颗是拯救。至少一开始，阿甘本在这个问题上与海德格尔差异不大。谈到死亡，他说“小资产阶级如何面对最后的盘剥、个体性最后的挫折：完全赤裸的生命、纯粹无法交流的东西”，随后他举起了海德格尔的死亡旗帜——小资产阶级“或许就是人类走向灭亡的形式”[1]。由于传播交流，小资产阶级现在拒绝了所有的社会同一性，也就是说，他们远离了存在的奥秘（远离了所有能帮他返回存在的有坐标定位的家园）。一旦出现了“完全赤裸的生命”，一旦由于与写作的不正当的关联（或者我们更想说的是，与不正当交

1 Agamben, *Coming Community*, 65.

流的正当关联），“赤裸生命”注定走向毁灭，拯救的力量就会回来。然而，并没有人认为这就是人类灾难性毁灭的结局，而是未来的共同体。在那里，人们不再谈论不正当的个体形式。相反，我们发现了“不具有同一性的独特性，一种寻常的绝对公开的独特性”或者“独特的外在性”[1]。那么，阿甘本的《即将来临的共同体》仍然是他关于未来共同体来临问题的最具有说服力的作品，这并不是 37
偶然的，这本书回避了他近期作品中较多的死亡政治的问题。

《神圣人》和《奥斯维辛的残余》中的拯救权力

有点意外的是，也正是这里代表了阿甘本与海德格尔本体论中隐含的死亡政治学分道扬镳，阿甘本多次将海德格尔的拯救权力消极地理解为福柯意义上的凌驾于生命之上的权力。我们可以在《奥斯维辛的残余》中十分清楚地看到这一点，在那本书中，阿甘本的死亡政治观与早期的《神圣人》有所重合。在《奥斯维辛的残余》中，阿甘本从普莱莫·列维（Primo Levi）、哈维尔·比沙（Xavier Bichat）和福柯的一系列作品中得出了这个观点。这些最重要的段落实际上是通过生命权力来思考生命技术的小谱系学，阿甘本认为这就是“生命体和言说的存在者之间、zoē和bíos之间、非人和人之间的绝对分离”[2]。福柯对生命权力和主权权力的思考启发了阿甘本的反思：

1 Agamben, *Coming Community*, 65.

2 Giorgio Agamben, *Remnants of Auschwitz*, 156.

> 我们已经看到，福柯通过两个互文的对称表达，阐明了现代生命权力和古代领土国家的主权权力之间的区别。使其死，让其活，概括的是主权权力的程序，即权力首先是杀死人的权利；相反，使其活，让其死，是生命权力的标志，其主要目的是将对生命和生物性的关怀转变成对国家权力的关注。根据之前的思考，在这两个表达之间也暗藏着第三个表达，这个表达阐明了二十世纪生命政治最明显的特征：不再是让其死或让其活，而是让其活着。[1]

且不论阿甘本对福柯的解读是否标志着生命政治的观念的奇思妙论（他毫不含糊地省略了出现在十八世纪末资本主义扩张时期的生命政治），阿甘本给出了一个立场，即技术与不可避免地导致生命只能活着的主体化和去主体化的过程有关。所产生的“主体”不过是一个外壳，他并不在与其他人的关系中活着。阿甘本在许多
38 地方都表现出与海德格尔本体论的重合，尤其在他将可能性、不可能性、偶然性和必然性当作“本体论的操作因子”时，认为“在每一次涉及人与非人、‘使其生’或‘让其死’的抉择时，为了存在而进行的生命政治斗争使用了毁灭性武器”[2]。这种毁灭带来了海德格尔在《人道主义的书信》中谈到的其他灾难，如语言的灾难，语言延伸和消解了伦理和道德的责任，这种灾难源于语言本身的威胁。按照海德格尔的说法，语言的灾难也威胁着生存，其根源就是

1 Giorgio Agamben, *Remnants of Auschwitz*, 155.

2 Giorgio Agamben, *Remnants of Auschwitz*, 146–147.

语言沦为“沿着物化的路径（一切事物对每个人来说都是一致的、可以触及的）加速传播的牺牲品，在这条路径上，一切事物都分散开来，无视一切限制”。这样，语言为公共专制王国所统治，它进一步决定可以认识什么，什么事物被拒斥为不可认识的东西”[1]。与《即将来临的共同体》不同，在《奥斯维辛的残余》中，阿甘本将海德格尔对存在的传播效果的担忧，转化为一种专属于某个特权团体的政治生命（bíos），以及那些只能苟延残喘活着的zoē。

在2001年“9·11事件”之后，区分bíos和zoē的重要性更加显著。在关塔那摩基地（Guantánamo）和阿布格莱布（Abu Ghraib）监狱的虐囚事件的细节被揭露之后，呈现出来的恰恰是生命政治体系的特征，显然其特征就是让生命只能活着。如果关塔那摩基地被永久关闭，那么这在很大程度上将归功于吉奥乔·阿甘本的思想。[2]话虽如此，如果我们仅仅认为阿甘本只是在针对反恐战争进行生命政治批判，那么我们就理解不了阿甘本分析中的激进主义。换句话说，如果我们仅仅将阿甘本的洞见局限于恐怖分子的生命政治的生活（或生命），那么我们就削弱了阿甘本观点的价值和意义。当阿甘本谈到为了存在而进行生命政治斗争时，他有意无意地提到了对人类生存的威胁，由于技术的地位日益提高，人与存在的关系发生了改变，从而产生了这种威胁。阿甘本通过福柯以及他对阐述和生存之间关系的判断继续前进，但这并不妨碍我们注意到，阿甘本

1 Heidegger, “Letter on Humanism,” 197.

2 齐泽克在《纽约时报》2007年3月27日的专栏文章可以作为证据，参见Slavoj Žižek, “Knights of the Living Dead,” *New York Times*, March 27, 2007。

在《奥斯维辛的残余》末尾得出的结论（或者说他留下的坑），恰恰就是海德格尔谈到的传播与不正当写作之间的关联。所以，福柯的说法是“阐述并非由实在确定的事物，并不具有明确的属性，相反，它是一个纯实存，即某种存在物（语言）发生的事实”，这段
39 话具有福柯考古学式的效果，仿佛这就是不正当写作的海德格尔式要素[1]：“考古学仅仅占据这些命题和话语作为自己的领域，也就是说，占据语言的外部、语言实存的野性事实。”[2]当阿甘本谈到某种存在物的实存或它与语言的关联时，他重新激活和建构了海德格尔本体论中的正当和不正当的原初区分。

不过，海德格尔不断地画出一道区分线，区分了哪些是可以得到拯救的存在者，由于存在尚未完全消失，从而可以标示出布尔什维克或动物的名称以示区别，阿甘本却是在主体自身内部画出了这道区分线，的确，现代主体见证了它自己的去主体化，这就是西方历史之人与列宁主义的形而上学之人重叠的结果。阐述和语言在既有的“存在物”之上留下了痕迹，作者只是在一旁静静地看着，看着它在多大程度上沦为废墟。[3]在这个地方，我们也注意到，当阿甘本最后完成对福柯的解读时——用考古学来说明区分主体的前提，一种是穆斯林，即“活着的存在者”；另一种是见证者，即“言说的存在者”，他最终将海德格尔的正当和不正当的区分推向

1 Giorgio Agamben, *Remnants of Auschwitz*, 139.

2 Giorgio Agamben, *Remnants of Auschwitz*, 139.

3 参看Milchman and Rosenberg, *Foucault and Heidegger*, esp. Hubert L. Dreyfus, “Being and Power Revisited,” 30–54。

极致，现在几乎不知道区分和分离生命的内在边界。[1]在《奥斯维辛的残余》的结尾，阿甘本通过解读圣保罗的《罗马书》中的“剩余”，重新概括了海德格尔的拯救权力，后来，在《剩余的时间》中，他也没有改变这个看法，即剩余的观念无法处理不正当性对正当性的冲击，语言痕迹就像地震仪一样，记录了二十世纪生命政治的灾难。[2]

当然，阿甘本知道海德格尔的正当和不正当的本体论对他的影响。事实上，在《穆斯林》这一章中，阿甘本和海德格尔一样，引用了荷尔德林的原则，“哪里有危险，哪里就有拯救”，他悖谬地将集中营解读为这样的场所，即在那里，“在正当和不正当、可能和不可能之间的所有区分，彻底消失了”[3]。他继续说道：“在这里，按照这个主要原则，正当性的唯一内容就是不正当性，而这一原则恰恰是反过来证明的，即不正当性的唯一内容就是正当性。”[4]将不正当之人当作单独的阵营分离开来，与希特勒统治时期的德国在那时的做法一样，那时，“生命政治直接与死亡政治完美重合”[5]。阿甘本早先在《无目的的手段》中重新概括了正当和不正当的关

1 Giorgio Agamben, *Remnants of Auschwitz*, 151.

2 “所以，‘弥赛亚和脆弱’就是言说的潜能……它超越了言说行为本身……这就是潜能的剩余，它没有在行动中被消耗，而是每一次都保留下来，寓居于此……在自己的脆弱中做出反应。” Giorgio Agamben, *The Time That Remains: A Commentary on the Letter to the Romans*, trans. Patricia Dailey (Palo Alto, Calif.: Stanford University Press, 2005), 137.

3 Giorgio Agamben, *Remnants of Auschwitz*, 75–76.

4 Giorgio Agamben, *Remnants of Auschwitz*, 76.

5 Giorgio Agamben, *Remnants of Auschwitz*, 83.

40 系，那时，他讨论了在人民和人口之间的生命政治区分中感受到的区分另一种正当和不正当的因素，认为其“将本质上的政治身体变成了本质上的生物身体，生与死、健康与疾病，都必须受到管制”[1]。对阿甘本而言，集中营命名了这样一个空间，即在其中人民变成了人口，人口进一步变成了赤裸生命。这部分是由于在阿甘本的解读中，死亡权力十分重要，这恰恰是因为阿甘本不仅将拯救权力（在《无目的的手段》中，他谈到了马克思主义的“无阶级的社会”或《奥斯维辛的残余》中的“弥赛亚王国”）用于集中营本身，而且用于所有的当代生活形式。在《无目的的手段》中，我们看得最清楚，在那些段落中，阿甘本解构了人民的概念，认为人民不过是两极之间的辩证运动：“一方面，人民是一个整体，是政体的总体；另一方面，人民是一个子集，是所需的和被排斥的碎片化的多元性集合。”[2]阿甘本认为，正是这种赤裸生命和政治生命的基本区分，在现代死亡政治的阴影下构建了当代政治。[3]

然而，在将集中营延伸到当代生命形式的讨论中，同样出现

1 Giorgio Agamben, *Remnants of Auschwitz*, 84.

2 Agamben, *Means without End*, 31.

3 这样，犹太人所代表的人，就是另一个名称，“现代性必定在自身之中创造出这种赤裸生命，但现代性无论如何都无法忍受这些生命的存在”。（Agamben, *Means without End*, 34.）将现代性解读为对某种生命形式的容忍，代表着zoē成为政治学词汇中的死亡政治假设，政治学还在谈主权、自由和民主，仿佛没人知道bíos和zoē的区分——仿佛现代性并不是像这样的机器一样运行，从人类学或其他角度来看，这些机器的宽容仅限于在系统上可以包含和排斥的东西。这方面可以参看马西莫·卡西亚里（Massimo Cacciari）近期讨论古代和宽容的论文，*La maschera della toleranza* (Milan, Italy: Bur-Rizzoli, 2006)。

了有关海德格尔的正当性和不正当性与技术的观念，这是一个杠杆，一旦按下杠杆，阿甘本的死亡政治就会立马现行。阿甘本所做的就是将存在与存在者、正当与不正当、手写与打字机之间的区别，解读为bíos和zoē之间的区别，也是穆斯林和见证者、主体化和去主体化之间的区别，这些区别成为现代性的主要标准。然而，在阿甘本将海德格尔的正当和不正当之间的区别置于他自己的死亡政治学视角下的过程中，阿甘本忽略了技术在人类脱离“存在”的过程中所扮演的角色。换句话说，就像在《无目的的手段》和《奥斯维辛的残余》的文本中那样，问题正是纳粹主义，尤其是集中营的死亡政治的地位，阿甘本让正当和不正当的区分脱离了原初的思想语境，即写作的正当性和不正当性。尤其在《奥斯维辛的残余》中，他恢复了“剩余”一词的诗意，认为“有人总是处在剩余的位置上，所以他能够去见证”，我们便可以理解这一点，这意味着阿甘本不仅从根本上将正当性与诗意融合在一起，而且将其转译和升华为承担见证的任务。[1]

我们想要提出的问题如下：当正当性在本质上已经被稀释， 41
让人们可以在其中去见证时，写作的不正当性会如何？阿甘本会十分肯定地说，如果剩余仍然以诗意的词语为媒介，那是因为正当的写作形式仍然可以引导人走向存在的运动，或者相反，在某个时刻，不正当性在任何地方让正当性遭受危险，正当的写作形式、诗

1 Giorgio Agamben, *Remnants of Auschwitz*, 161. 比较一下最近阿甘本对考古学和原初之物的解读：“原初之物并不是给定的实体或事件，相反，它是在人类起源和当下、超历史和历史之间流动的历史潮流。这样……它实际上让历史现象变得可以理解。” Agamben, *Sacrament of Language*, 11.

意的词语现在只能见证不正当性对正当性的统治。阿甘本的这种解读，会引出令人不适的结论，在阿甘本谈论见证集中营本身的时候，他深受海德格尔的正当和不正当的本体论的影响。结果再一次延伸到贯穿整个现代性的生命政治的灾难，这样，今天写作的正当形式，即见证，不过是早前“自我”的幽灵而已。换句话说，在某种意义上，见证变成了一种突出的新风格的模式，可以被称为“死亡政治写作”。

然而，对于海德格尔的诗意词语功能的理解，有一个没有变动的元素——接近的情境，也就是说，它不仅仅让见证的读者更接近去主体化的事件，而且也让主体自己与去主体化的穆斯林（或主体自己）阐述保持了必要的距离。见证所需要的就是不断地在接近和远离之间运动，我们可以将接近命名为一个运动的连续统，这是由死亡语言给出的接近性：“如果我们现在回到见证，我们或许可以说，去见证就是用自己的语言将自己置于那些已经丧失了语言的处境中，在活的语言中确立自己，仿佛自己已死，或者将死去的语言置于活的语言之中。”[1]不过，在接近问题上，阿甘本与在论及荷尔德林的论文中谈到“接近源头就是神秘”时的海德格尔有点小差别。对于阿甘本来说，接近的是承担见证的主体的去主体化，这个主体也是神秘的，其神秘性在于，作者和见证者的言说，它“见证了一个人类尚未言说的时刻，这样，人类的见证证明了在那个时候，他们还没有成为人”[2]。

---

1 Giorgio Agamben, *Remnants of Auschwitz*, 161.

2 Giorgio Agamben, *Remnants of Auschwitz*, 162.

在最近的一篇名为《什么是范式?》(“What Is a Paradigm?”)的文章中变得十分清楚的是，阿甘本近来已经摆脱了这些主张，例如，通过穆斯林和神圣人的生产来塑造现代性。这篇文章收录于《万物的签名》一书，文章的标题就是对他最近的新书《什么是装置?》的回应。在这里，阿甘本试图回避对他的批评，尤其是那些 42
认为他的死亡政治学、集中营和我们的现代性包含了太多死亡的人的批评。我们无须太过执着于他的文本，我想指出的是，阿甘本为他的著作辩护，认为他的著作是通过一系列范式来展开的，不仅仅借鉴了海德格尔，而且事实上也带有本体论的范式观念：“如果我们问，范式性特征究竟在事物本身当中，还是在那些研究者的心灵当中，我的回答必然是，这个问题本身没有意义。范式的可理解性具有一个本体论的特征。它并非指主体和对象的关系，而是与存在者的关系。”[1]的确，在前一页，阿甘本指出：“神圣人和集中营、穆斯林和例外状态……并非我用来解释现代性的假设，将其回溯到动因或历史起源之类的东西。”[2]但阿甘本仍然不能脚踏两只船，也就是说，与这些说法相反，只要继续以本体论为参照，并继续说明范式如何产生意义，那么正当和不正当的区别就成为本体论的核心，一旦不再从原因和结果来解释现代性，就会让这些术语走向更早的超历史框架，这与海德格尔自己对技术的批判差别并不大。

1 Giorgio Agamben, *Signature of All Things*, 32.

2 Giorgio Agamben, *Signature of All Things*, 31.

跨越诸时代的《神圣人》

总结一下，阿甘本对当代生命政治学的死亡政治式解读，是通过挪用海德格尔的正当和不正当区分来展开的。一方面，通过将见证解读为正当写作的幽灵形式，它消除了主体的主体性，记述了存在者一步步陷入灾难的历程。在海德格尔那里，机械写作导致了对主体的手的剥夺，正当写作的主体特征被打字机湮没了，最终忘却了存在，阿甘本转化了这一点，对阿甘本而言，集中营的生命政治空间中的正当写作并不能被理解为某种与标准化传播形式相分离的写作形式，而是深刻地嵌入不正当的领域之中。正因为如此，正当写作主要证明了自己的不可能性，或者说它自己业已式微的“本质”。所以，之前海德格尔曾说过的作为正当写作基础的诗意词语，已经在很大程度上为二十世纪死亡政治学所摧毁。它变成自己
43 的纯粹剩余物。另一方面，阿甘本通过我们自己的当代性的政治体来展开，这涉及持存的观念，这是海德格尔在《技术的追问》中提出的概念，也是海德格尔解读荷尔德林诗歌的核心，即同时刻画出距离和邻近。后一个关于技术、正当写作和邻近的角度，在阿甘本后期的论著中，以及他最近的“神圣人”系列，即名为《王国与荣耀》的著作中更为明显。

有许多人已经讨论过阿甘本对“神圣人”（homo sacer）一词的使用，他从古罗马挪用了这个词，在古罗马法律中，该词规定了父

亲对子嗣的统治，直到现在，神圣人与今天的当代人重叠在一起。[1]在阿甘本说他的对象是当代欧洲时，我想问的问题涉及死亡政治学的梗概。于是，我并不想关注阿甘本对集中营的分析，即认为它是“一个事件，一个极为重要地代表了现代性政治空间的事件”，毫无疑问，这会导致极权主义的左与右（以及民主制与极权主义）之间的政治空间的崩塌，相反，我想考察的是那些更为公开的死亡政治要素，其中，技术重新成为核心要素。[2]在阿甘本最新的著作中，这些死亡政治学的要素不再完全是从集中营空间扩展到我们自己的当代性，例如，在《无目的的手段》中，阿甘本再一次写道：“我们不仅可以预料一个新的集中营，而且可以预想一个对于在城市里的生命形象更为谵妄的规范界定。集中营深深地扎根在城市里，就是这个星球上新生命政治的律法。”[3]或者，阿甘本自己在《神圣人》中让“神圣人”这样的术语具有了正式的压力，让其可以延伸到我们所有人身上：“神圣性是一条当代政治学中出现的逃逸线，这条线穿越了越来越广阔、越来越黑暗的领域，直到最后与城市居民的生命政治生活完全一致。如果我们今天不再拥有神圣人的清晰形

---

1 参看Catherine Mills, *The Philosophy of Giorgio Agamben* (Montreal: McGill-Queen's University Press, 2009); Andrew Norris, ed., *Giorgio Agamben and the Politics of the Living Dead* (Durham, N.C.: Duke University Press, 2005); Leland de la Durantaye, *Giorgio Agamben: A Critical Introduction* (Palo Alto, Calif.: Stanford University Press, 2009); Jeffrey S. Librett's "From the Sacrifice of the Letter to the Voice of Testimony," *Diacritics* 37, nos. 2–3 (2007): 11–33。

2 Giorgio Agamben, *Means without End*, 41.

3 Giorgio Agamben, *Means without End*, 43.

象，这或许是因为我们实际上都是神圣人。”[1]在那里，“以最凡俗和最野蛮的方式，史无前例地让生命暴露在暴力之下”。阿甘本反讽地提到的例子就是在周末交通事故中死伤的例子。那么事实上，似乎我们所有人都生活在一个全球集中营里，在这个意义上，我们与神圣人并无二致，可以被杀死，而杀死我们的人无须承担罪责。[2]

许多批评者对阿甘本将神圣人延伸到当代人身上感到困惑不
44 安。阿甘本《神圣人》第三部分的副标题是《作为现代人生命政治范式的集中营》，在这一篇中，阿甘本的现代性批判仅仅是讨论集中营与城市、当代人与神圣人、神圣人与穆斯林的并列关系，这也是他如此命名这一部分的标题的原因之一。所以，我们也不要忘

1 Giorgio Agamben, *Homo Sacer*, 115.

2 Giorgio Agamben, *Homo Sacer*,114.这并不是阿甘本第一次将“人”的范畴进行大幅度的扩展。在《幼年与历史》一书中，阿甘本追溯了从本雅明的“叙述者”到今天的思想脉络，指出“如今只有承认我们不再能够获得经验，才能探讨经验问题。就像人类被剥夺了自己的经历一样，他的经验也同样被剥夺了。事实上，人类无法拥有和交流经验，这或许是人类为数不多的自我肯定之一”(p.13)。阿甘本认为，当代人没有能力转化经验，这才是日常生活令人难以承受的原因，而不是因为“所谓生活质量低下或与过去相比毫无意义”(p.14)。Giorgio Agamben, *Infancy and History: The Destruction of Experience*, trans. Liz Heron (London: Verso, 1993). 诚然，阿甘本最新一版的导言与这本书的内容相差甚远，但“当代”一词确实出现在另一篇名为《什么是当代性?》的文章中。然而，在那里，阿甘本在谈到奥西普·曼德尔施塔姆（Osip Mandelstam）的一首诗时写道：“诗人必须用生命来偿还他的当代性，他必须牢牢地将目光锁定在世纪巨兽的眼睛上，此时，当代性也具有了一种死亡政治的视角。” Giorgio Agamben, “What Is the Contemporary?,” in *What Is an Apparatus?*, 42. 在这里，当代性也越来越将死亡的印记铭刻在生命之中。

记，阿甘本仅限于在纳粹集中营里使用“穆斯林”一词，并没有说他们是当代的神圣人。于是，穆斯林似乎是神圣人的一个亚属（subgenus）。一旦反对集中营的延伸，那么在阿甘本的神圣人批判中就会出现一个矛盾。或者说，我们将此看成一个问题，即在消除了我们的当代性和纳粹主义之间的区别之后，是否会隐藏着另一个自由主义死亡政治学的角度（并不是纳粹主义），也就是说，一种没有也不可能囊括在集中营视野中的东西——比方说，这会超越阿甘本在《神圣人》中所使用的范式的范围？

处置生命

在最近的著作《王国与荣耀》以及与之同时期出版的篇幅更短的小书《什么是装置？》中，阿甘本采用了这样的视角。我一开始关注了后一个文本，因为这本书概括阿甘本近期思想中最重要的死亡政治学要素，其形式类似于宣言（我们应该清楚，这是方法论上的宣言），并总结了阿甘本自己对这个词的用法（尤其是当我们想到，德勒兹在大概二十年前，以同样的标题写了一篇文章）。在阅读这个文本时，我脑中浮现出两个问题。首先，如何思考装置观念与神圣人的关系？或者说得更确切些，我们如何通过治理来思考阿甘本所谓神学的安济（oikonomia）？治理旨在使任何地方增加它可以处置的装置的数量，不仅仅用来治理人，或拯救人民于水火，更是去加速让当代人亵渎自然的灾难。其次，我们如何通过第一章讨论过的术语，来思考装置中隐含的死亡政治的价值？也就是说，正如安东尼奥·奈格里（Antonio Negri）所说的那样，海德格尔的“悲剧”本体论在当代自由主义和新自由主义思想的死亡政治学考

察中扮演了何种角色？答案显然非常重要，它解释了阿甘本的论文
45 在很大程度上揭露了自由主义的模式，自由主义通过受到神学影响的安济概念，通过装置的增多，创造出并且不断地创造出被去主体化的主体。

我注意到，德勒兹在之前也写过一篇探索什么是装置的论文，尽管阿甘本的角度与德勒兹大相径庭，但对他们进行简单的比较有助于我们理解。德勒兹和阿甘本的原初框架都涉及福柯对“装置”（dispositif）一词的使用，以及装置与主体性生产的关系。对于二人而言，他们的出发点都是福柯的《言与文》（*Dits et écrits*）中的一个说法：

> 我所谓“装置”（dispositif），是一种形态，也就是说，在一定的历史时期，装置的主要作用就是对突发事态的反应。所以，装置拥有重要的战略作用……我曾说过，装置的本质在根本上是战略性的，这意味着，我们谈的是对力的关系的操纵，合理而具体地干涉力的关系，要么是让力的关系朝某个方向发展，要么阻止力的关系，让其稳定下来，去使用它们。所以，装置通常会变成权力的运作，不过它一般会与认识的某种界限有关，知识的界限从装置而来，同样也限定着装置。装置恰恰是这样：它是力的关系的一套策略，它支撑着某些认识类型，也倚靠着这些认识类型。[1]

1 转引自 Giorgio Agamben, *What Is an Apparatus?*, 14。

对德勒兹而言，装置不可能与限定主体化过程的力之线或逃逸线（lines of force or flight）相分离。这样，“福柯从他自己的角度出发，所关心的就是社会装置，他所分析的装置不可能为一个包络线（enveloping line）所包围，除非可以发现其他向量在其上方或下方通过”[1]。逃逸线带来的结果是动态的自我观，它随着主体化过程的变化而变化：

> 自我的维度绝不会预先被确定，我们不会发现现成的自我。在这里再说一遍，主体化的线路就是一个过程，即在社会装置下的主体性的生产过程：它必须被创造出来，因为装置让它成型，或让其成为可能。这就是一根逃逸线。[2]

德勒兹对装置的理解让他超越了现成自我（主体）的固定边界，而
集中在“承载着群体和人民的个体化的过程上，它抽离了像既定的 46
认识形式那样建构起来的权力关系”[3]。我想在讨论罗伯托·埃斯波西托对“装置”一词的使用时，再回到德勒兹对装置和个体化的解读，现在，我已经看到了德勒兹和阿甘本在对装置的理解上的差别。德勒兹的考察一开始并没有包含任何否定性的东西。装置限定了主体性的生产，而且也强调了一些路线，沿着这些路线，生产的主体化创造出逃逸线，反过来它们会聚集在另一个装置中。

1 Gilles Deleuze, “What Is a Dispositif?,” in *Michel Foucault Philosopher*, trans. Timothy J. Armstrong (New York: Routledge, 1992), 161.

2 Gilles Deleuze, “What Is a Dispositif?,” 161.

3 Gilles Deleuze, “What Is a Dispositif?,” 161.

然而德勒兹通过关注福柯思想中（尤其是《主体解释学》）那些元素，提出了（尽管他没有使用“生命政治”的名称）个体化的肯定性生命政治的可能性，在他那里，城市成为主体化的装置。阿甘本对装置的理解，则勾勒出一个不同的福柯，这种装置以不同主体的区分为基础，让治理成为可能。这里，我记得1974年福柯的一次访谈的标题是《安全的风险》，谈的就是后历史社会和福利，用阿甘本自己的话来说，福柯指出了为了安全，做出区分的重要性：

> 毫无疑问，我们可以说某些边缘化的现象都与“有保障”的人和“赤裸”的人之间的区分因素有关。此外，七十年代的一些经济学家十分清楚地预测了这个分裂，他们认为，在后工业社会中，从总体上看，赤裸的部分会大量增长……在某些边缘化的形式中，出现了我所谓依附性现象的另一层面。我们的社会保障体系给出了明确的生活方式，让个体不得不接受。结果，所有人或群体，出于这样或那样的理由，不可能也不想退出这种生活方式，他们为体制的博弈所边缘化。[1]

这段文字呼应了bíos和zoē的区分，“出于这样或那样的理由”而被边缘化的赤裸的人，仍然处在特殊的“生活方式”之外。那么，阿甘本好像将福柯所描述的社会保障因素，反过来延伸到过去某些未

1 Michel Foucault, “The Risks of Security,” in *Power*, ed. James Faubion, trans. Robert Hurley et al. (New York: New Press, 1997), 369.

知的和无法确定的点之上，这样，治理总是需要做出区分。福柯在使用“人口”一词的时候，证明了这个解释，对于阿甘本来说，这个词意味着“人民”就是当代生命政治学的幽灵。但问题不仅限 47
于此。的确，阿甘本对装置的理解，应当被看成贯穿整个现代性、滥觞于政治神学的“区分因素”。在《王国与荣耀》和《什么是装置?》中，阿甘本相互呼应地使用了区分和装置，将它们当作他对自由的工业民主社会的死亡政治学解读的基础。[1]在民主社会之下，技术以最深刻的方式改变了区分和公共的意义，或者用阿甘本最近的话来说，技术被整合到治理之中，它完全依赖于世俗和神圣的概念。阿甘本认为，世俗和神圣权力是通过装置的终结来实施统治的。他写道：

> 从这个角度来看，我们将宗教定义为可以改变事物、场所、动物和人的常规用法的东西，它将这些东西变成了区分的领域。不仅不存在没有区分的宗教，而且所有的区分本身都包含或保留着真正的宗教内核。用来激活和管制区分的装置就是牺牲。通过一系列的因文化而异的微型仪式（亨利·休伯特、马塞尔·莫斯曾经十分耐心地说明了这一点），牺牲通常决定了某些东西从世俗过渡到神圣、从人的领域到神的领域的过程。但在仪式上被区分的东西也可以恢复到世俗领域。世俗化就是反装置，它恢复了牺牲所区分和分离出

1 参看阿甘本《王国与荣耀》的附录。

> 来的东西的常规用法。[1]

我们注意到，阿甘本认为这里强调的装置和区分，是在宗教的本质中被假定的。阿甘本设定了一种宗教形式，它并不与神圣同源，而是决定了神圣和世俗（因为若不明确地命名一方，就不能确定另一方）。在这里，正如阿甘本所说，他是从马塞尔·莫斯的著作来推进的，正如他之前所做的那样，这样，当他谈到宗教时，宗教成为让场所、动物和人远离“常规用法”的手段，这就不让人感到奇怪了。的确，在《无目的的手段》中，阿甘本甚至提出了当今工业民主社会下的“常规用法”的本质的问题：“我们如何使用常规？”在《什么是装置？》中，答案是唯有脱离了世俗用法（这里的世俗等同于常规）或“常规用法”，才有可能。[2]那么，矛盾在于，若我们看
48 到某个团体与宗教联姻，尤其是阿甘本感兴趣的圣保罗传统的团体，就会发现阿甘本反而从区分的层面来看待宗教，的确，任何区分形式都囊括在宗教范围之内。[3]在《王国与荣耀》中，阿甘本进行了大量而详细的思考，我们感兴趣的是他如何为宗教配上装置，宗教最重要的装置就是在仪式上使用的牺牲。在这些仪式上，发生了

---

1 Giorgio Agamben, *What Is an Apparatus?*, 18–19.

2 Giorgio Agamben, *Means without End*, 116.

3 在这个问题上，可以比较一下德里达对区分和宗教的理解：“因此，这显然就是那些喜欢进行区分的人所献身的团体……那些*喜欢保持距离*、*喜欢区分*的人对你发出邀请……那些喜欢生活在分裂关系中的人就是孤独、独特性的坚定不移的朋友。”Jacques Derrida, *The Politics of Friendship*, trans. George Collins (New York: Verso, 1997), 35.

从世俗向神圣的过渡——用不同的词来创造区分和接近（神圣和世俗），借此来统治诸多事物、场所、动物和主体。

从宗教（装置）与区分的关系中，阿甘本得出了两个结论。首先，他回应了德勒兹对装置的解读，阿甘本拓展了装置的外延，让装置不再仅限于个体，而是延伸到了宗教。于是，他提出“所有的装置都意味着主体化过程，没有这一点，装置就不可能成为治理的装置，而只能沦为纯粹的暴力实施”。不久之后，他又写道：“那么装置首先是一种生产主体化的机器，唯有如此，它才成为治理的机器。”[1]要注意，与福柯和德勒兹一样，阿甘本确立了主体化和装置之间的关联，但这种关联趋向于神圣。在这里，主体化被视为不断地区分（或者更确切地说，是区分的并置）和用宗教装置创造神圣的过程。主体化和去主体化过程不可能脱离装置范畴，其源头恰恰在于宗教在世俗和神圣之间做出的区分。这反过来衬托了阿甘本之前关于神圣人的思想，其似乎将装置功能和人类学发生机制重叠在一起，而让后者从动物中创造了人，反之亦然。

不过，也需要考察一下阿甘本如何关联装置及其在主体化中的地位和它作为治理机制的相应功能。“治理”一词的出现，让我们的注意力再一次转向了福柯，正如阿甘本在自己的小册子的开头提到的那样，但他对福柯有点歪曲。然而，在《主体解释学》中，福柯的治理既是对自我的治理，也是对国家的治理（治理的技艺涵盖了这二者），阿甘本将装置和治理与另一个要素联系起来，在欧洲历史上，这个要素不容易理解（正如福柯既提到了作为十七世纪

1 Giorgio Agamben, *What Is an Apparatus?*, 20.

和十八世纪部分时期主要特征的牧领权力，也提到了十八世纪末出49 现的生命政治权力）。[1]阿甘本认为，事实上宗教对治理观念有着神圣的影响力，在某种程度上，治理不可能脱离不断增多的装置。随后，他提出两个方向：其一，宗教在世俗和神圣之间做出区分的装置的普遍化；其二，他隐晦地指出，当代治理就是装置不断增多，让存在者和物脱离世俗范围而走向神圣领域的牲祭运动。

自由主义的死亡政治学

在转向解读装置和治理的死亡政治效果之前，我想用一种阿甘本没有使用过的方式来让这种解读更丰富一些，我引入了福柯在《生命政治的诞生》中对治理的另一种解读，那本书的主题是自由主义。在谈到自由主义的治理形式的出现时，福柯谈到“新的治理技艺”的基本特征就是“大量内在机制复杂的组织，其功能……并非保障国家实力的增强，而是从内部限制治理权力的实施”[2]。我并不明白，阿甘本关于治理与分离的观点，或是关于区分神圣与世俗的治理的观点，究竟与之前的福柯有什么不同。不过，我想说的是，无论如何，通过比较，在这里，至少在福柯对自由主义的最广泛的讨论中，我们找不到阿甘本那种十分成熟的死亡政治的痕迹——事实上，在《生命政治的诞生》中，显然，福柯仅限于比较纳粹主义和战后德国自由主义的相似性。我认为，这就是证据，阿

1　参看 Michel Foucault, "'Omnes et Singulatim' : Towards a Critique of Political Reason," in Faubion, *Power*, esp. 319–322。

2　Michel Foucault, *The Birth of Biopolitics: Lectures at the Collège de France, 1978–1979*, trans. Graham Burchell (New York: Palgrave, 2008), 27.

甘本和福柯不同，他认为治理是通过装置来发挥作用的，其主要作用就是在完全成型的主体和幽灵般的非主体之间进行生命政治区分。对阿甘本来说，装置就是一个生产主体的机器，这样，越来越难以确定治理在哪里终结，装置从哪里开始。最终，《什么是装置?》的结论恰恰是“不可治理之物”[1]。

那么，今天的装置和在历史上不断深化的宗教安济的作用之间的主要差别是什么？要回答这个问题，我们就要看看，阿甘本在什么地方提升了（如果这样用词没错的话）福柯对治理技术和自由主义的理解，强调了装置是正当和不正当写作以及救赎的工具。他 50
反复提到这一点，尤其是当他认为在当下的资本主义阶段，装置的本质已经发生了彻底改变时，这样，装置生产的不再是主体化过程，而是去主体化过程。我们就是要好好反思一下这个过程的发生：

> 在当下的资本主义阶段，我们不得不面对这样一些装置，界定这些装置的不再是主体的生产，而毋宁是所谓去主体化的过程。当然，去主体化因素蕴含在所有的主体化过程中。我们已经看到，唯有通过对自我的否定，才能形成忏悔的自我。现在我们所看到的就是主体化过程和去主体化过程变得互相难辨彼此，所以，倘若它们不以萌芽的形式，或者像以往那样，以幽灵的形式，它们就不会形成新的主体。[2]

1 Giorgio Agamben, *What Is an Apparatus?*, 24.

2 Giorgio Agamben, *What Is an Apparatus?*, 20–21.

阿甘本相信，当下资本主义阶段创造出来的装置大量增多，催生出主体化和去主体化之间的废除自我的运动，进而导致了今天主体的幽灵性（尽管读者们可以自行判断，在这里，阿甘本的诸多批判与其说指向真实的资本主义，不如说指向在神恩治理历史上，装置以闻所未闻的方式大量增加）。我们可以想象，在阿甘本那里可以读到主体化导致了去主体化的论断。我们已经看到，穆斯林和见证穆斯林者这两种形象的出现的隐含条件就是去主体化，这也是阿甘本的剩余观念所表达的弥赛亚主义的基础。但在这里，阿甘本的参照不再是纳粹主义，因为纳粹主义试图消除不正当的政治体，也不是工业民主社会，因为民主社会扩展了不正当性，但代价是牺牲了正当的政治，尽管阿甘本写道，通过装置来实现治理的原初效果导致了政治的消逝时，已经对此有了明显的呼应。阿甘本谈到了资本主义和现代性，也谈到了当代社会，但隐含在这些东西下面的就是安济（oikonomia）观念。装置的爆炸性增长解释了装置的本质变化。两个结果产生了。其一，我们熟知的阿伦特所预言的政治的消亡，但在此之前或与之相伴随的是，之前生产主体的装置现在
51 消除了主体。毫无疑问，对于阿甘本来说，在当今毫无羁绊而恣意扩张的装置体制下，正当的否定（我们注意到，这并非不正当的否定）转向了自身，这样，导致了主体变得空洞。从其概括的原初要素开始，无论它是否隐含在主体本身的观念中（对阿甘本而言，在《无目的的手段》中，他跟随着海德格尔，消除了正当和不正当的区分），关键都在于，在装置的爆炸性增长中，主体被彻底从里到外翻转了过来，这导致了萌芽的、幽灵式的（去）主体化的主体的

产生，同时主体脱离了健康的政治体，变成了“在人类历史上曾经存在过的最温顺和最懦弱的社会身体”[1]。

抵抗死亡政治的装置

装置的急剧增加有多广泛？我们超越了福柯的全景敞视监狱，似乎“我们可以说，今天没有一个瞬间，个体的生命不受到某种装置的塑形、玷污或控制”[2]。这样，对阿甘本而言，装置在表面上命名了那些“通过某种方式可以捕捉、导向、决定、拦截、塑形、控制和保障生命体的姿态、行为、意见或话语”[3]的东西。我们面对的不再是当代社会哲学的天真的主体间性，他们强调的是承认的契约，这种承认契约从黑格尔延续至我们这里，成为让主体性成形的手段。我们感觉到，当我们读到“生命体”时，有一点点震撼。我们面对的也不是主体或去主体化的主体，而是不幸被掌控的生命体。阿甘本举出了灵长目动物的例子，却没有意识到其结果，“无意中让自己被俘获，或许没有意识到他即将面对的结果”[4]。于是，从阿甘本的角度来看，不存在没有装置的主体，同样，也不存在没有装置而被去主体化的主体。

在这里，我们可以看到阿甘本从生命政治视角看装置和斯洛特戴克所使用的“媒介”（驯化和兽性化）一词是何等相似，我下一章会讨论这个问题。两者都假设了一个生命层，在这个层上，装

1 Giorgio Agamben, *What Is an Apparatus?*, 22.

2 Giorgio Agamben, *What Is an Apparatus?*, 15.

3 Giorgio Agamben, *What Is an Apparatus?*, 14.

4 Giorgio Agamben, *What Is an Apparatus?*, 14.

置以不正当和非政治的方式运行。还有，在这里可以发现斯洛特戴克和阿甘本之间的一个明显差异。阿甘本并没有像斯洛特戴克在
52 《人类动物园法则》中那样认为，正当的人仅仅来自驯化的媒介，或者翻译成装置的语言来说，阿甘本并不会将主体形态仅仅局限在装置和生命体的相遇过程中。他也发现了一个让主体从两种身体之间浮现出来的位置，“概括来说，我们有两大阶级：生命体（或实体）和装置。在两者之间，还有第三阶级，即主体。我所谓主体就是源自这种关系，也就是说，源自生命体与装置之间不屈不挠的斗争”[1]。尽管阿甘本再没有深入讨论“从身体到身体”的互动的细节，即在与装置的接触过程中生产主体，在随后的段落中，当他提出一个显而易见的问题，即身体在与装置的日常战斗中，最佳的抵抗形式是什么，他没有谈及身体之间的直接接触。如果能更多地了解之前谈到的两种生命体之间的隐蔽空间和接触，并不引入装置问题，这还是十分有帮助的。我自己关注的问题是生命之间的分离和接触的间隔，以及我们会如何尝试去谈论这个空间。在下一章中，我们详述此事，在那里，我将讨论罗伯托·埃斯波西托对“装置”一词的使用，此外，他对阿甘本的装置解释做出了崇拜式的批判。

的确，对阿甘本的讨论将会继续下去，在《王国与荣耀》和《亵渎》（*Profanations*）中，有着更长的篇幅讨论如何抵抗今天装置的急剧增多。我们需要的是一个反装置，它可以恢复“牺牲所区分和分割的东西的常规用法”[2]。这或许会打破正当和不正当之间的

1 Giorgio Agamben, *What Is an Apparatus?*, 14.

2 Giorgio Agamben, *What Is an Apparatus?*, 19.

区分——区分出哪些是正当地属于自己的（如种族组织、国家或个人所有权），哪些不是。不过，就阿甘本而言，我们记得在《无目的的手段》中，他只是通过刷新我们对常规的理解来实现这一点，“正当和不正当之间悬而未分的地方——某种既不能从占有角度也不能从剥夺角度来理解的东西，相反，它只能从使用角度来把握”[1]。对于想超越这些曾不断增加的有关区分的思考而言，这些考察也十分重要，我们来仔细看看这些要素，当代装置就是通过区分来实现对存在物的统治，因为正是在这里，我们看到阿甘本引入了海德格尔的死亡政治角度。

在阿甘本的讨论中，一旦装置做出区分，就会出现死亡政治的要素。区分行为在两条线路上运作——首先是神学领域，其次是 53
在人类内部，进行着人与动物的区分。在前一种情况下，神学形态的装置创造了存在和行为的区分，“一方面是本性或本质，另一方面，通过某种行为，神管理和统治着造物的世界”[2]。在他看来，神自己就能统治生命体的世界，在某种程度上，神自身就包含了存在和行为的区分。存在本身不足以让神管理和统治，因为人们统治的不是存在物，而只统治着各种行为。这样，关于神和存在物，阿甘本写道：“行为（安济行为，但也是政治行为）在存在中没有任何基础，这就是安济神学教义留下的分裂，它被西方文化承袭下

1 Giorgio Agamben, *Means without End*, 116.

2 Giorgio Agamben, *What Is an Apparatus?*, 11.

来。”[1]对行为的强调，当然会让我们想起我之前对《巴门尼德》的讨论，在那里，海德格尔揭示了手、行为和活动之间的隐秘关系。与行为特征相关的主要因素是，德语中的Handlung：

> 然而，这个词Handlung，并不是指人的活动（actio），而是一种与手统一的方式，指的是事物在任何时候都在手边，而人在他的行为举止中，通过手来行动，在行动中，人被置于与事物的关系之中。[2]

阿甘本所做的就是让手的活动与装置等同，这样，一旦手确保了“‘存在物’与人之间的相互关系”，装置就确保了生命体和主体之间的关系。

区分的第二个要素出现在阿甘本通过安济的棱镜重新解读海德格尔的敞开概念时。阿甘本提出，装置与“人性化”过程紧密相关，“人性化过程让‘人’从我们所谓‘智人’动物中脱颖而出”[3]。在这里，阿甘本走向了一个意料之外的方向，他发现了存在和行为之间的差别，而这个差别建构了神学治理的运行机制，也生成了

---

1 Giorgio Agamben, *What Is an Apparatus?*, 17–18. 在阿甘本的《王国与荣耀》中，这个区别变成了内在的三位一体和安济的三位一体的区别：“存在和行为之间的区分，用教父们的话来说，也就是神学和安济在术语上的对立。”Giorgio Agamben, *Il regno e la gloria: Per una genealogia dell'economia e del governo* (Vincenza, Italy: Neri Pozza, 2007), 76. 也可以参看该书第125—139页和第228—230页。

2 Heidegger, *Parmenides*, 84.

3 Giorgio Agamben, *What Is an Apparatus?*, 16.

人。“对于生命体来说，让人生成的事件构成了某种区分的东西，它通过某种方式再生产了这种区分，即在神那里引入的存在和行为的区分。”[1]现在生命体与创造了一个世界的动物区别开了，而阿甘本在《敞开》一书中详细描述了这个过程。通过打破与背负着“无聊”之名的去抑因子（disinhibitors）之间的互动关系，人类从动物中脱颖而出。在这里，一系列的安济、治理、装置，是在从生命体 54
中生成人类的突破性时刻同时进行的，它们可以看成与神学治理形式一样的过程的一部分。

区分生命，漂向死亡

关于这个区分过程及其对阿甘本的死亡政治学思想的影响，我们还有很多话要说。我想在适当的时候将其与彼得·斯洛特戴克在《人类动物园法则》和《存在的驯化》中对“清除”的讨论进行比较，他们都受惠于海德格尔，这一点确凿无疑。现在，我们来看一下阿甘本在可治理性和不可治理性的背景下对装置运作的讨论，在我看来，这与海德格尔走向死亡政治形成了深刻的共鸣。当然，阿甘本现在已经承认了海德格尔对他使用“装置”一词的影响。在献给海德格尔的两个延展的段落中，阿甘本注意到，德语“集置”（Gestell）一词，“从词源学角度来看，与‘装置’（dispositio）非常类似，即dis-ponere，而德语的stellen对应于拉丁语的ponere”[2]。在“订置”（Bestellen）那里，他也发现了这一点，“订置”涉及海德格

1 Giorgio Agamben, *What Is an Apparatus?*, 16.

2 Giorgio Agamben, *What Is an Apparatus?*, 12.

尔诸多对技术的解读。其结果就是安济：贯穿于神学的，福柯、海德格尔集置的安济——订置囊括了所有主导人的行为和思想的知识和实践。不过，情况不仅限于此。在上一章中，我看到，按照海德格尔的说法，在现代技术体制下，存在退却了，因为这就是不正当写作导致的结果，其中一个重要后果就是将人变成了受技术“订置”的人。正如阿甘本自己注意到的，迄今为止，我们都在集置的国度之下。但海德格尔谈到了另一个与集置-订置有关的词语，他用它来考察技术让人就位的能力。在《技术的追问》中，海德格尔提醒我们说：

> 在集置（Ge-stell）之名下的“摆置”（stellen）一词不仅仅意味着促逼。与此同时，它也保留了另一种摆置的意义，即那种置造（Her-stellen）和呈现（Dar-stellen）的意义，在创制
> 55 （poiesis）意义上，它让呈现出来的东西处于无蔽状态。这种置造的产生（譬如，在神殿区域内树立一尊新的雕像）与我们所考察的促逼的摆置事实上有着根本区别，不过在本质上它们是相关联的。两者都是解蔽的方式。在集置中发生的无蔽状态，与在现代技术所解蔽的作为持存（Bestand）的真实状态是一致的。[1]

整个集置（Gestellen）的计划，将人与存在区别开来，在持存中出现的形象，就是通过不正当的救赎过程、不正当的置造和呈现来占

1 Heidegger, “Question Concerning Technology,” 21.

据一个位置。正如阿甘本在翻译时，将集置当作限制人的位置或俘获人的手段，将这两个意思都包含在这种译文之中。我们记得，这就是因技术而持有或上手的存在物（于是也成为不正当救赎无限循环的主体），这让海德格尔陷入困境，因为它到处在人与渐行渐远的存在之间置入了新的不正当的关系。被召唤的人成为持存，他们等待着一系列的救赎，其真实的结果就是将人置于已经被订置的位置上。

我们看到，在海德格尔那里，由于存在的不正当写作，死亡政治出现了，所以，毫不奇怪，我们在阿甘本这里也可以找到死亡政治，阿甘本认为，在当代社会中，各种装置爆炸性地增长，我们可以看到，它引发的灾难要比海德格尔提到但并未直接言明的灾难更具有破坏性。在这里，阿甘本并不绝望。他将海德格尔的技术批判变成了装置视角，现在，他超越了福柯对装置的解释，他的装置囊括了所有的知识、实践、尺度和体制，让“人的行为、姿态和思想”变得有用。[1]阿甘本自己也承认，在一个装置和治理机制永不停歇的体制下，灾难在静候着我们，而我们永远控制不了那些装置，“与其宣布历史的终结，事实上，我们不如见证机器不断地且毫无目标地运动，在对神学安济的宏大模仿当中，这种机器运动已经预设了世俗世界的神恩治理的遗产，不过它并不会拯救我们的世界，这个机器……带着我们走向灾难”[2]。衡量这场灾难的标准不是神圣人的绝对数量，而是对政治体的生命政治影响——事实上，这

1 Giorgio Agamben, *What Is an Apparatus?*, 12.

2 Giorgio Agamben, *What Is an Apparatus?*, 23–24.

56 篇文章完全没有以神圣人为参照。这样，“当代社会……由于大量的去主体化过程，且并没有认可真正的主体化，他们将自身表现为惰性身体”[1]。阿甘本的所谓灾难就是生产了数以百万计的惰性身体，用海德格尔的话说，他们已经忘记了正当行为的本质，所以需要拯救，但他们反而受到了当代安济形式，即披着神恩外衣的当代治理机制的引导，“走向灾难”[2]。

灾难是双重的。首先，与以往相比，大量的去主体化的主体可以被杀死和抛弃。其次，治理机制试图管制这些已经服从、消除了政治性、被去主体化的生命，一言以蔽之，这种企图注定会失败。这就好比装置的大量增加，就是为当代治理方案制造一定的障碍。与其说它在管理生命，不如说治理根本上就是管理它之前的公民的死亡。尽管阿甘本只给出最简单的细节，但他对生物特征识别和指纹识别感到焦虑，因为它们让他想起纳粹主义的死亡政治的幽灵。[3]其灾难就是，在当今对生命的管理的尝试中，使之成为可能的装置已经彻底使生命变得温顺，以至让治理性本身遭到质疑。一旦如此，灾难就只是时间问题，剩下的时间对我们来说就是剩余的时间。

灾难预告

接下来，如果有更多时间，我们希望将阿甘本以安济命名

1 Giorgio Agamben, *What Is an Apparatus?*, 22.

2 Giorgio Agamben, *What Is an Apparatus?*, 24.

3 Giorgio Agamben, “No to Bio-political Tattooing,” *Le monde,* January 10, 2004.

的死亡政治形态，以及装置失控带来的灾难，与安东尼奥·奈格里和迈克尔·哈特（Michael Hardt）对帝国的解读放在一起来讨论，并与最近他们对大众的解读联系起来。阿甘本隐晦地提到一个非政治的问题，即谈论大众如何成为可能。装置大量增加的后果，就是在大众之中创造了一些服从性的身体，他们只会听话，他们自己很愿意接受扫描、指纹识别和监控，以至他们更容易牺牲自己，他们很享受生命权力带来的令人震惊的成果。在下一章中，我们再回来谈这些问题，但与此同时，作为通向我最后一部分对罗伯托·埃斯波西托作品中的死亡政治和当代意大利思想的讨论的桥梁，我想谈谈阿甘本近期著作中关于死亡政治权力的其他东西。重要的是，在这个方面，要看到海德格尔也将技术当作 57
他的本体论中的基本操作因子，在《巴门尼德》和《技术的追问》中，他以不正当的写作和传播的名义将某种技术形式放在优先地位上。阿甘本将技术延伸到所有装置之上，它们创造了服从的身体，但他有可能无法看到传播技术的特殊性。传播技术让人处于危险当中，尤其是传播形式下的技术权力让个体看起来差不多，这样可以更好地将他们散布在传播网络的各个点上。例如，将手机变成更大的无差分的装置范畴，这个范畴包含了当代的小工具和第一代智人（Homo sapiens）的附件，这样做的好处是什么？其结果是，我们不可能看到古代的装置在哪里结束，现代的装置从哪里开始，这样，它在一定程度上消除了历史性，人总是始终为装置所俘获——从一开始，人就注定需要拯救，对于阿甘本来说，拯救就意味着灾难。记得在《敞开》中，阿甘本谈到了政治任务，这些政治任务在今天依然十分严峻。面对这种消逝，“唯一的任务……就是设定一个（全面管制）生物性生命的重担。基因组、全球经济和人道主义意识形态是这一进程的统一体的三个侧面，在这个过程中，后历史的人类似乎将自己的生理形态当作最终的、非政治的任务……动物的全面的人性化与人的全面的动物化是一致的”[1]。

在《王国与荣耀》和《什么是装置?》中，对生物性生命的管理，就是安济的现代等价物，但我之前也说过，我们可以将这种当代“对生物性生命的全面管制”的解读，延伸到二十世纪其他的死亡政治管制模式上，这个模式就是纳粹模式。当然，纳粹试图利用德意志的生命权力，正如福柯在《必须保卫社会》中指出的，通过十九世纪建立起来的方式，权力将生命纳入其管辖范围之中。它正是通过将主权权力贯穿于生命权力来实现的：

> 两种机制（经典的古代机制让国家有权力处置其公民的生死，新的机制是围绕着规训和管制建立起来的，换句话
> 58 说，这就是新的生命权力的机制）是完全一致的。所以，我们可以这样说：纳粹国家创造了它从生物学角度进行管理、保护、保障和培养的生命领域，它与可以杀死任何人（不仅可以杀死外人，也可以杀死自己人）的主权权力是完全共存的。[2]

---

1 Giorgio Agamben, *The Open*, 77.

2 Michel Foucault, *Society Must Be Defended: Lectures at the Collège de France, 1975–1976*, trans. David Macey (New York: Picador, 2003), 260.

纳粹对生命的全面管制之所以可能，不仅是因为新的生命权力机制。将生命权力转化为死亡权力和死亡政治的实践，也重新复活了主权权力，它们都被应用在生命领域之上。此外，对福柯来说，当纳粹国家不仅有权力导致死亡（生命权力到处都包含着死亡），而且可以杀死自己的人民时，也就是说，当一些被视为正当的人民现在可以被杀死时，对生命的管制才会发生。换言之，生命政治不正当地对待自己的人民（作为人口，而不是作为bíos），并没有给国家提供依照其意愿来管制生命领域的手段。只有主权权力的生杀权才提供了实施凌驾于正当性之上的死亡政治的手段。

阿甘本如何考察这些死亡政治的思考？对阿甘本而言，对生物性生命的全面管制是可能的，所以生命政治并不充分。我们需要的是行使凌驾于生与死之上的主权权力。若不管制死亡，就不可能管制生命（对于阿甘本来说，这是福柯最重要的教诲），管制死亡并不仅仅需要关怀生命和生育，而且需要使用死亡。正如阿甘本自己也注意到的，没有任何权力比主权权力更能维持正当性，维持正当的政治体或人民。如果这就是灾难预言，那么它涉及的是今天的主权权力在一定程度上可以让那些惰性和服从的身体，或者说那些不再抵抗的身体面临危险。在《什么是装置？》中，阿甘本证实了这一解读，因为他实际上从未将装置的扩散（其作用是使人与人之间的关系变得更加抽象）当作灾难发生的主要原因。为了实现这一目的——在这里，我将推进阿甘本的论断，对我来说，这个论断似乎包含了一个前进方向——当惰性身体增加到一定数量时，主权权力唯一可以做的就是借助死亡的手段来重建生命的边界，恰恰在那

59 时，用来取人性命的主权权力总会被释放出来。这就是阿甘本的动物的彻底人性化和人的彻底动物化是一致的观念中隐含的观点。当人性被动物化、动物被人性化时，也就是说，在人与动物之间创造了一个难分彼此的边界时，我们无法将人视为人，或者将人视为动物，一旦出现这种情况，主权权力就会重新划定人与动物的边界，就是说，要确定什么是正当的生命形式，或者这种形式如何发挥作用。正如阿甘本在《世界报》的社论中所说的那样，他对生命体征识别装置的恐惧，深深地根植于十九世纪旨在阻止衰退的实践（我们知道，哪里有衰退，哪里就会出现优生学），恰恰有这样的可能，即事实上主权权力（或在这里指的是欧盟的治理机制，也是阿甘本近来所有思考的一个幽灵）可以使用这样的标准，来重建对正当和不正当的人进行等级区分的秩序。

海德格尔对技术的解读走向了死亡政治，其中，不正当的写作带来了存在的灾难，这一点变得十分明显。与海德格尔对技术的思考一样，阿甘本将装置从根本上变成了一种存在的形而上学操作因子来运行，从而赋予了福柯的装置观念一种隐含的超越死亡政治的价值。我们对其后果一清二楚。首先，海德格尔的拯救权力消逝了或者说弱化了，反而成为凌驾于生命的权力，正如我之前说过的，阿甘本通过将集置（带有订置和呈现的集置）当作一种俘获人的范畴做到了这一点，同时，他回避了海德格尔在《巴门尼德》中针对不正当写作进行的传播批判。其次，通过这种方式，阿甘本将装置延伸为囊括技术和其他更多东西的范畴，他从根本上创造了让正当和不正当变得难分彼此的条件，那时，我们的目光转向了人与动物之间的区分。尽管阿甘本没有明确说明这一点，正如我在这里指出的那样，用宽泛意义上的海德格尔的话来说，将装置解读为技术的问题在于，它让“操持”变得十分困难，对于海德格尔而言，“操持”就是让人成为人的关键所在，这并非不可能的事情。回顾一下我之前引述的《人道主义的书信》中的一段话：

> 在让人回到其本源的方向上，这种“操持”究竟走向何方？让人（homo）具有人性（humanus）反过来究竟意味着什么？人性的确仍然是这种思想的关注焦点。这就是人道主义： 60
> 冥想和关怀，使人成为人，而不是非人。成为“非人”，即超越人的本质。但人的人性究竟在哪里？它就在人的本质之中。[1]

我们会发现，纳粹主义的死亡政治让操持成为一个生物学操作因子，用生物学取代本体论。这就是阿甘本在解读福柯时曾暗示的危险，由于装置的大量出现，海德格尔式的操持已经变成了“对生命的全面管制”，若没有管制生命的主要手段，即死亡，那么我们就不可能管制生命。其结果是，通过生产顺从的身体，死亡令人震惊地扩散开来。

死亡政治学和废弃的誓言

在新书《语言的圣礼》中，阿甘本从不同的角度将死亡关系带入一种完全不正当的装置运作之中。阿甘本这本书的副标题是《誓言考古学》，他试图从人类发生学的角度来定位誓言，即人类

1 Heidegger, “Letter on Humanism,” 199–200.

的起源与誓言有着不容抹杀的关系，誓言是“语言的经验，在誓言中，人被建构成一个言说的存在物”，这进一步深入揭示了他的死亡政治对生命政治的影响。[1]正如我们对阿甘本的期望那样丰富多彩，这本书一开始就假定了词语的操行性（performativity），这就是我们熟知的德里达对操行性的解读。然而，阿甘本尤其关注的是“圣礼”（sacrament）一词，以及他与誓言的操行性的关系。这样，“词语的操行经验是在‘语言的圣礼’中以及后来的‘权力的圣礼’中构成并独立出来的。可以看到的也可以违反的支撑人类社会的‘法律力量’，稳定地约束着生命体的语言表达的观念，都来自这样的尝试，即它试图确定人类起源经验的原初的操行力，在这个意义上，它是誓言和与誓言相伴随的诅咒的衍生物”[2]。从誓言和诅咒的最初的分离来看，阿甘本提出，今天的集体生活再没有誓言的约束，这迅速地改变了集体生活即bíos和zoē的本质。在bíos和zoē分
61 离的时刻，死亡政治出现在这个断裂之中，正如他所说，誓言将生命体与他自己正当的语言统一起来。“一方面，那里存在着生命体，这些生命体越来越还原为纯粹的生物学实在，成为了赤裸生命。另一方面，存在着言说的存在者，通过大量的技术－媒介装置，被人为地从前者那里分离出来，在世界的经验中变得越来越苍白，对此它不可能承担责任，其中任何类似于政治经验的东西都变得越来越脆弱。”[3]有趣的是，阿甘本一方面谈到了表演的大量增加，一句废

1 Giorgio Agamben, *Sacrament of Language*, 91.

2 Giorgio Agamben, *Sacrament of Language*, 70.

3 Giorgio Agamben, *Sacrament of Language*, 70.

话接着一句废话，另一方面，立法装置“坚定不移地试图立法规定生命的方方面面，似乎生命对此再无任何保留”[1]。于是，由于表演装置和立法装置都层出不穷，所谓人类生物若想说话，即便并非不可能，也变得越来越困难，这恰恰意味着“正确用词”（prendere la parola）和“做正当的自己”（farla propria）[2]。随着正当性的重新出现，我们发现阿甘本重新演绎了海德格尔的本体论中的技术操作因子，即正当和不正当的写作模式，海德格尔认为这将让人走向灾难，并走向可能的拯救。在《什么是装置？》中，不正当的写作的界限已经超越了人与打字机的不正当的关系，而延伸到了言说要素。或许这并不奇怪，因为我们经常谈论言说“行为”，这个“行为”也通过手与词语产生了正当关系：阿甘本试图指出的是，这就是在确定“我”之前的原初的言说要素。不过要注意并不拥有自己正当语言的言说存在者和其他言说存在者之间的区别，后者与言说的词语之间保持着不正当的关系，其所需要的是类似于海德格尔的打字机的东西，这种东西确定了zoē（这里指生命体）与bíos（这里指表演的言说）之间的秩序，这个区别将会有效。这种技术正是祝祷与诅咒之间的区别，是作为言说者的生命体验中始终存在的可能性。的确，阿甘本谈到了在技术用语中，“在誓言中，在作为历史体制的诅咒中，宗教和法律将词语的人类发生学经验技术化了，它一点一点地区分了真理和谎言，区别了真名和假名、有效的阐述

1 Giorgio Agamben, *Sacrament of Language*, 71.

2 Giorgio Agamben, *Sacrament of Language*, 71.

62 和错误的阐述”[1]。不久之后，他注意到在“技术含义中”，某种“坏说法”变成了诅咒。我们似乎再一次回到了海德格尔意义上的语言与技艺的重叠，誓言作为人为操作，既构成了作为言说存在者的生命体，同时又使今天向先前分离时刻的逆转成为可能，当技术–媒介条件如此时，装置运作导致正当关系不断逆转为不正当关系，因此宣誓者不再被要求信守誓言。

换句话说，按照阿甘本的说法，我们发现自己再一次面对生命的极大牺牲，这样，在那一刻，言说存在者试图创造他自己的词语（并失败了），那么生命体的唯一可能就是被抛回到生物学生命，他们可以被杀死，而不是牺牲。在这一刻，我想起了热内·吉拉尔（Rène Girard）的《暴力和神圣》（*Violence and the Sacred*）一书中那些令人不安的段落，在书中，他提出，对神圣机制的揭秘实际上会产生更大的暴力：

> 揭秘行为仍然具有牺牲的性质，至少只要没有得出结论，它依然在根本上是宗教性的……事实上，揭秘会导致暴力不断地增加，比起它要揭露的暴力，这种暴力不那么“伪善”，但会更具能量、更致命，并带来更为糟糕的东西——我们知道，暴力是没有边界的。[2]

1 Giorgio Agamben, *Sacrament of Language*, 95.

2 Rène Girard, *Violence and the Sacred,* trans. Patrick Gregory (Baltimore: Johns Hopkins University Press, 1979), 24–25.

吉拉尔与阿甘本对誓言在集体生活中的作用日渐式微的解读，可能也有类似之处——他似乎暗示着誓言可能性的终结就是正当言说模式（尽管很明显，阿甘本从一开始就否定了这种可能）的终结，他或许会见证“牺牲的效果”，这就是吉拉尔对这个过程的描述。对阿甘本来说，这些效果主要是神圣人的范畴进一步扩大，也就是说，“我”不再具有与语言的正当关系。

发誓在今天变得不可能，或者更确切地说，誓言主体不可能正当地存在，这就是阿甘本对死亡政治的深入解读的核心，这让他撰写了四百多页的《王国与荣耀》。这是一种死亡政治，因为正如阿甘本自己所说，在那一刻，个体和群体注定要立下空洞无用的誓言，开启这样一个空间，“政治只能以安济的形式出现，空洞的 63
言辞治理着赤裸生命”[1]。对于阿甘本来说，没有比这更清楚的证明，即今天的治理是一种死亡政治的治理，因为所有以生命名义立下的誓言都是空洞的誓言。因为我们从汉娜·阿伦特那里所熟知的去政治化，一些生命被抛弃，沦为纯粹生物学实在，而且，其因为生命体与言说的生命体之间的根本分裂而被付诸实践。对于所有生命形式的誓言就是这样的誓言，安济的治理不再具有与它的正当关联。

此外，安济和赤裸生命之间的同源性也让我们看到，神学形式的世俗化在阿甘本的当代治理中是多么基础。在《王国与荣耀》中，阿甘本所谓安济装置一方面是国王，另一方面是治理，它们二者之间始终有冲突，这个冲突支配着整个现代历史发展进程。那

1 Giorgio Agamben, *Sacrament of Language*, 72.

么，他也看到“自由主义代表着一种趋势，赋予‘内在–治理–肠胃’一极至高无上的地位，几乎消除了‘上帝–天赋国王–大脑’的一极……当现代性抛弃了神的一极时，从现代性衍生出来的安济并不会完全摆脱神恩范式”[1]。装置、机器、范式，这些都是构成阿甘本思想的形象，在这里，就像在他的许多著作中一样，我们发现这些东西的运作会在更深刻的层次上将死亡导入生命。在《王国与荣耀》对安济的解读中，他给出了他对福柯《生命政治的诞生》的理解，即这是神学安济的残余，他们只消除了上帝，但没有消除神恩。正如在《什么是装置?》之前的《语言的圣礼》中所说的那样，其结果是借助装置的大量增加，消除生命神圣化过程中的停顿。在这个方面，安济装置出现在现代性当中，标志着一般意义上的装置的致命效果得到极大的强化，因为对于阿甘本来说，正是借助装置，主体化过程才能发生。换句话说，神恩范式仍然在现代性中延续下来，它继续使被统治的人沦为神圣人，继续让人们亲眼见证所有个人身份的消失，我们不可能脱离死亡政治学来思考这个问题。

我们再回到《什么是装置?》，阿甘本从“可以将每个人的身
64 份伪装推向极致的传播”[2]角度来谈论主体化过程。一旦结合阿甘本关于发誓和信守誓言已经不可能的理解，我们就可以想见自由主义治理的恐怖后果，它消除了个人的责任，同时抛弃了个人生命的形式。取而代之的是言辞空洞的表演，那些表演的人戴着面具，除了

1 Giorgio Agamben, *Il regno e la gloria*, 312.

2 Giorgio Agamben, *What Is an Apparatus?*, 15.

他们自己，所有人都十分清楚这一点。如果戴着面具的主体无法与他自己的言辞建立正当的关系，他们也就没有自己的个人身份，他们唯一剩下的就是他们身体、DNA、指纹的生物学实在性，从生物学上来区分彼此。[1]

同样，生命体之间将生物体征当作区分人类的唯一特征的标准，也重新演绎了海德格尔关于人类、传播和正当写作的那些要素。然而，随着转向作为主要样式的经济（安济）让大量的人类变得神圣，阿甘本强化了不正当写作的角色，现在它成为无法企及的经济（安济）治理的主要特征。没有一个时代能像今天这样以神恩的方式来经济（安济）式地治理生命。阿甘本不仅通过引入誓言装置，将正当和不正当的写作与正当和不正当的言说放在一起，而且他也创造一种作为装置的机制，让现代经济（安济）得以成型。没有比经济（安济）更强悍的装置了，它“俘获、引导、决定、介入、塑造、控制或保障生命体的姿态、行为、意见或话语”[2]。阿甘本认为，在今天的西方，生产赤裸生命的神恩机制显然与正当和不正当的写作的机制十分类似，这种机制“集置”了人类，让人处于上手状态，让他们变得与其他人差不多，就像海德格尔的打字机一

1 我们唯有从阿甘本的《散文的理念》中那些令人震惊的段落来思考这一点，在那里，他试图给“新时代情操”以现代文学和哲学中没有的解释。他给出的两个理由，都是公认的令人不愉快的理由：首先，“知识精英的极限体验成为大众经验”，其次，更为重要的是，“私人经验和私人生活的权威性扑朔迷离地丧失了。正如我们不再相信布景……所以我们不再期望用情操来滋养我们的灵魂”。Giorgio Agamben, *The Idea of Prose*, trans. Michael Sullivan and Sam Whitsitt (Albany: State University of New York Press, 1995), 90.

2 Giorgio Agamben, *What Is an Apparatus?*, 14.

样。如果说有差别的话，那就是阿甘本提出了一种与王国和治理的神学等价的、令人叹为观止的经济（安济）谱系学。

肯定装置

意大利哲学家罗伯托·埃斯波西托最新著作《第三人格》是对理解当代哲学似乎不可避免地被纳入死亡政治范畴做出了另一项
65 重要贡献的作品，这部作品是对阿甘本《什么是装置?》中的题为《人的装置》一文的呼应。我后面还会从不同的角度来谈埃斯波西托的生命政治学的观点。在这些讨论中，我将聚焦于他的《生命》和他早期的《非政治范畴》这两本书。埃斯波西托为生命政治学奠定了基础，这种政治学对立于一种死亡政治学。在剩下的部分中，我想重新概括一下埃斯波西托的死亡政治的视角，尤其是他在这些最近的著作中，对海德格尔的解读以及他对“装置”一词的生命政治后果的理解。埃斯波西托的回应的价值在于，他找到了一种可以将肯定性方面重新置入当代装置角度的途径。通过借鉴阿甘本没有采用的德勒兹文章中关于装置的部分，他实现了这一点，这样，我们可以想象一种对死亡政治的彻底否定。我记得在这些部分中，德勒兹概括了一种完全不同于海德格尔的存在本体论的装置谱系学，他将装置与福柯的“实存的内在审美样式”联系起来，这就是从斯宾诺莎到尼采，再到格奥尔格·西美尔的谱系。[1]在这些段落中，尤为有趣的是，德勒兹指出，“必须按照内在标准，按照他们‘可能性’的内容，即自由度或创造力来评价实存样式，完全求助于先

1 Gilles Deleuze, “What Is a Dispositif?,” 163.

验价值”，之后，他将这些元素与后来更为伦理的、不那么政治的福柯联系起来，福柯暗示说，“感性的标准，可以理解为生命的标准”，“在任何时候，它都用内在的评价取代了先验判断”。德勒兹问道，结果是不是可能“将实存的内在的审美样式看成社会装置的终极维度”？[1]我们知道阿甘本会如何回答这个问题：从死亡政治角度来说，这些实存样式可以翻译为赤裸生命，去主体化的主体和见证的感性，成为他对从生活到文学再到政治的一切事物的看法的综合。对埃斯波西托而言，在德勒兹对装置的理解中，考察最多的就是，德勒兹将其与可能性和自由联系起来的实存样式，或许可以在非人格的概念中更强有力地结合在一起。

乍看起来，情况并非如此。埃斯波西托并没有像德勒兹和阿甘本那样提出一个方法论的宣言。相反，他的观点只有在阐述人作为一种与当代形式的死亡政治密切相关的装置时才会显现出来。要 66
知道情况如何，只要比较一下阿甘本和埃斯波西托就够了。在根本上，阿甘本将德勒兹的实存样式降格成为去主体化的主体，让其见证这个创伤的过程，而埃斯波西托更喜欢区分主体和人格。埃斯波西托转向强调人格的原因很多，我们需要指出的是，阿甘本很少区分去人格化和去主体化。当然，首先是因为埃斯波西托通过非人格哲学来思考肯定性的生命政治，而主体性（以及去主体性）观念做不到这一点：不会立即出现“非主体”（im-subject）这样的范畴，此外，在古典的主体模式中也没有这个范畴，一个人要么是主体，要么不是主体。其次，只要快速浏览一下互联网就会发现，比起主

1 Gilles Deleuze, “What Is a Dispositif?,” 163.

体，人格占据了更重要的地位，从安乐死到堕胎，都描绘出了其图谱。[1]我的印象是，“主体”一词仍然是单向度的生命政治观的反映，它通常已经在“主权权力的生命政治”中写就，因此，对于生命政治的其他方面，其用处不大。非人格之名下的人格和非政治形式，为哲学提供了更广阔的视野，让哲学可以面对今天最紧迫的事情——在zoē和bíos之外去思考生命。[2]

一言以蔽之：对埃斯波西托而言，人格装置长期以来一直在运作——我简要谈一下，他对罗马法的解读，承认了从一开始人格观念就有着规定不同的人格道路的效果，德勒兹将这些“实存样式”当作未来可能的装置哲学的基础。不过，在这里，埃斯波西托的任务是说明“只有通过人格的用词，才能想象和实践人权之类的

---

1 斯特法诺·洛多塔（Stefano Rodotà）的新作《生命与规则：在法律和非法之间》（*La vita e le regole: Tra diritto e non diritto,* Milan, Italy: Feltrinelli, 2006）评价说，在当代讨论中，重新评价人格范畴十分重要。“‘将注意力从主体转向人格，近来绝大多数文学作品都证明了人格一词十分盛行。’人格并非源自高度抽象，而是恰恰相反，它与活生生的个体的物质状况有着千丝万缕的关联。”引自Esposito, *Terza persona*, 7。

2 话虽如此，阿甘本在最近的两篇文章中的确采用了不同于埃斯波西托的有关非人格的表述。在《亵渎》中的《守护神》一文中，他将守护神与非人格联系起来，认为它并不属于我们：“要有情感，要被感动，这就是对我们之中的非人格的感受，要体验到守护神是痛苦还是快乐，安全还是恐惧。”Giorgio Agamben, “Genius,” in *Profanations*, trans. Jeff Fort (New York: Zone Books, 2007), 15. 在第二篇文章中，他将非人格与“赤裸生命”联系起来，也就是将欲望从人格蕴含的愧疚和伦理中解放出来。Giorgio Agamben, *Nudities*, trans. David Kishik and Stefan Pedatella (Palo Alto, Calif.: Stanford University Press, 2011), 52–53.

观念”——在这里，罗马法的人格概念十分重要。[1]问题在于，只有那些被赋予人格地位的存在者，才能享有作为人的基本权利，换句话说，完全贯穿人权观念、人权主体和司法主体的范畴就是人格。在根本上，埃斯波西托的主体就是福柯式主体或司法主体，这就是“人格主体”，今天，人们认为这种“人格主体”与人类相分离。从我提到过的海德格尔对技术和本体论中的死亡政治的倾向来看，埃斯波西托在谈人格时，接受了装置的观念，他既提到了海德 67
格尔在现代写作形式下对正当和不正当的区分，也试图借助其他范畴来超越装置。所以，埃斯波西托思考死亡政治和技术有两个方向：一方面，在装置运作中，隐晦地使用了海德格尔的正当和不正当的区分；另一方面，需要颠覆这个区分，来建构一种生命的政治学，这就是他的副标题——第三人格。

埃斯波西托在《人格装置》和《第三人格》中对装置的解读的与众不同之处在于，他愿意在本质的运作中看到的不仅仅是主体化的过程，还有建立人格制度的媒介。同样，这就是奠定人格和去人格化过程的装置。不再依赖于主体，这在很大程度上取决于略带有年代错位感的对罗马法理学的解读，以及通过对基督教神学中的三位一体和人格概念的解读，对阿甘本的安济范式所进行的间接解构。为了让大家明白埃斯波西托对我在海德格尔那里提到的死亡政治学的改变所产生的影响（当然，在阿甘本那里体现为对生命权力的影响），我想引述两段埃斯波西托的话。第一段话出自《人格装置》，埃斯波西托自己偏离了我们或许认定的福柯对装置的经典解

1 Esposito, *Terza persona*, 6.

读。为了达到这个目的，他认为基督教的人格观念，已经囊括在圣奥古斯丁的名言“每一个人，都被称为上帝的形象……这就是一个人格”（secundum solam mentem imago dei dicitur, una persona est）中，或许这句话可以帮助我们从今天的操行价值来理解装置：“在这里，在一个在教义明晰性上无与伦比的表述中，基督教的人格观念坚持统一性，它不仅具有双重性，而且让一些要素从属于另一些要素，在某种程度上，一些要素将另一些要素从上帝的关系中驱逐出去。”接着，埃斯波西托写道：

> 但是，远离上帝也意味着人性的弱化和衰弱，因为有与造物主的关系，才有正当的终极真理。正因为如此，奥古斯丁将人类满足身体需求的需要视为一种“疾病”。[1]

从西蒙娜·薇依（Simone Weil）的非人格观念可以十分清楚地领会这种理解的关键所在：“并不属于人的东西，在特定意义上并非正当的人，这就是他的人格的非人格部分。”[2]这段话非常有说服力，因为埃斯波西托将海德格尔的正当和不正当的区分引入他对奥古斯丁的解释，并通过非人格概念远离了海德格尔的正当和不正当的运
68 动。[3]为了弄明白埃斯波西托如何用奥古斯丁的论述来反对阿甘本，我们来看一下埃斯波西托那段话之前的一段话。奥古斯丁写道：

1 Esposito, “Dispositif of the Person.”

2 Esposito, “Dispositif of the Person.”

3 参看John Caputo, *Heidegger and Aquinas: An Essay on Overcoming Metaphysics* (New York: Fordham University Press, 1982)。

> 正如古人对人的定义，人就是理性的凡俗动物。所以，这些东西就是人最主要的东西，但这些东西并非人本身……不过，倘若我们这样来定义人，以至说人是由人和肉体组成的理性实体，那么毫无疑问，人有一个非肉体的灵魂，也有一个非灵魂的肉体。那么，这三样东西都不是人，而是属于人，它们在人之中。[1]

埃斯波西托所抓住的是属于人的东西、成为人的特征的东西，即理性实体、灵魂、身体与人之所是之间的内在区别。人格装置让奥古斯丁将“主要东西”和人格放在一起，也就是说，将人与属于人的东西区分开来。在某种程度上，这三样东西反映了三位一体（圣父、圣子和圣灵），三位一体命名了上帝的整体性，同理，人格范畴包含了人。这里对阿甘本的批判十分明显——对阿甘本来说，三位一体观念可以让德尔图良和伊波利托认为“上帝……当然就是一，但对于他的安济而言，如同他管理着他创造出来的房子、生命和世界一样，他反而是三重的”[2]。然而，阿甘本对安济的考察没有分析过的东西就是人格装置的角色，这并非阿甘本所说的存在和行动的分离，或者上帝的“存在和实践活动”的分离，相反，它在人之中区分出某些东西构成了人格，以区别于正当的人。[3]人格是一

1 Augustine, *De Trinitate*, 15: 7–11.

2 Giorgio Agamben, *What Is an Apparatus?*, 16. 也可以参看《王国与荣耀》的第一章，Giorgio Agamben, *Il regno e la gloria*, 24–28。

3 Giorgio Agamben, *What Is an Apparatus?*, 11.

种装置，它将人与那三样东西区别开来，我们同时也可以通过这种模式，来一起思考上帝与人（以及二者的区别）。那么在这里会出现一个在安济诞生时的原初要素：人格装置的出现，以及它与三位一体观念的相似性。

现在，埃斯波西托对人格和主体性的解释的完整意义变得一目了然。我们注意到，直到莱布尼茨，主体和对象之间都难分彼
69 此，埃斯波西托从根本上将其归结为这样一个过程，即在此过程中，臣服于这个过程的东西就变成了对象。人格装置就体现于此：

> 人格恰恰就是，将生命体区分为两种不同性质的本质——一个服从，另一个支配。它通过征服（assoggettamento）和对象化的程序创造出主体性。人格让一部分身体从属于另一部分身体，在一定程度上，后者成为前者的主体。[1]

成为一个人格，并不是要生活在正当和不正当的分裂之中，而是进行区分，让一部分臣服于另一部分成为可能。征服的过程，也就是构建主体的过程，不能脱离两种不同性质的秩序来思考它。这就是思考埃斯波西托的死亡政治的关键所在，他在《第三人格》中，尤其是借助罗马法理学的人格范畴对此做了拓展。在前面的段落中还隐含着一些其他东西。我们不仅要看到主体和对象之间存在着难分彼此的区域，其结果是，在人格装置中，臣服意味着被对象化；而且要看到对象化和身体是重叠的。埃斯波西托对人格的解

1 Esposito, “Dispositif of the Person,” 5–6.

读，既令人信服，也让人感到不安，这恰恰是因为他认为，具有一种人格意味着人从表面上将自己一分为二，让一部分成为另一部分的对象。通过一个语义链条，将对象与奴隶和动物联系起来，埃斯波西托在人格本体论中提出了一个根本分裂，它不仅将动物囊括在人之内，同时也让动物外在于人：

> 当且仅当人能管制他的本质中的动物性部分时，人才具有了人格。人也是动物，但只是让自己臣服于那个部分，即作为天赋的人格魅力的部分。当然，不是所有人都有去动物性的趋势或秉性。人性的程度取决于消除了动物性的程度，所以，在享有完整人格与只有满足之前的某些条件才能享有人格之间，会有根本性的区别。[1]

人格装置产生了一条不断变化的线，即去动物化和主体性之间的分歧（dis-porre）。这在很大程度上取决于上帝赋予的超凡魅力，在动物和人的连续性当中，其让人更接近于人。人越不倾向于动物化，他就越能享有更多的人格，那么他也更像是一个人。埃斯波西 70
托似乎发现的是在人和动物之间的一个微妙的中间层，在这个中间层面前，人和动物要么变得毫无特点，要么从属于更大规模的主体化或装置的范畴。这里会产生很多问题，尤其是其中一些问题涉及我之前提到的海德格尔《人道主义的书信》中的死亡政治方向（正如埃斯波西托在整篇文章中都似乎隐约地涉及这个文本）。我后面

1 Esposito, “Dispositif of the Person,” 6.

很快会回来谈这个问题，在此之前，我想看看埃斯波西托分析的最后一个细节，它关乎人格装置中魅力所扮演的角色。对于古希腊人而言，魅力（kharisma）就是“恩典的礼物”，当然，这个词也是早期基督教词典中不可或缺的一部分。同样，恩典的世俗形式在马克斯·韦伯对各种不同的现代领袖形式的分析中扮演了十分重要的角色。在这个方面，韦伯将魅力界定为“个体人格的品质，通过这种品质，该个体从普通人中脱颖而出，被赋予了超自然的力量，成为超人，至少他们拥有额外的权力或品质。普通人无法望其项背，而被视为具有神性”[1]。韦伯的定义有助于我们确定神恩在现代人格的概念中扮演的基本角色。但韦伯认为魅力是人格装置的基础操作因子，将非凡之辈与凡俗大众分开（这个表达代表着现代人格主义哲学的形式，似乎产生了正当和不正当的没有天赋的人之间的区分），埃斯波西托转向了区分主体和身体的差异。[2]考虑到神的恩典并不会降临在所有的人和动物身上，相反它只会给予部分主体，也就是说，让部分主体具有权力，的确，要使支配者服从前者，似乎必须给予其恩典。因此，“人格装置”所包含的个人主体与二十世纪的人类之间的间隔大小，也将取决于其中一部分与神灵或其现代

1 Max Weber, *Theory of Social and Economic Organization* (New York: Free Press, 1997), 241.

2 尤其可参看天主教哲学家雅克·马利坦的著作。Jacques Maritain, esp. *The Education of Man: The Educational Philosophy of Jacques Maritain* (Garden City, N.Y.: Doubleday, 1962); Maritain, *Integral Humanism* (Notre Dame, Ind.: Notre Dame University Press, 1996); Maritain, *The Person and the Common Good* (Notre Dame, Ind.: Notre Dame University Press, 1972).

替代物的关系是否更加紧密（对于极权主义国家来说就是民族，而在今天的自由民主社会下就是个人“魅力”）。如果我们考察一下诸多非人行动者，尤其是公司，它们在法律之下被看成人格，这就会产生一系列的语义链条，将早期的恩典形式与今天恩惠的终极受益者联系起来，我们知道，这就是市场。如果有更多时间，在这个 71
方面，阅读一下福柯对新自由主义的批判是很有帮助的。

我从埃斯波西托的论文中受益良多，但我最主要关注的是早期基督教的人格装置，我希望这可以让我们更加清楚我们自己与今天的人格装置的关系。我已经简述了罗马法理学的基本地位，不过，如果我们想把握埃斯波西托的死亡政治分析，我们至少需要确定在罗马法中，死亡政治与人格装置之间的关系，以及这种关系在当代社会中的不合时宜的出场。事实上，在他的解读中，人格变成了流动的状态——它不但创造了主体和去主体的门槛，而且有一群人，从一种轨迹转向另一种轨迹，他们创造了难分彼此的巨大区域。这里所指的显然是阿甘本，但他与埃斯波西托的讨论分道扬镳的关键是，将奴隶制和物并置，并缝合了人格概念，让对立面衔接起来（或者让它们支离破碎）。从罗马法的奴隶来看，我们记得奴隶的主要特征就是处在人与物之间的中间地位，这样，奴隶被界定为有生命的物，是一个物化的人格。奴隶作为物的地位，让埃斯波西托将人格本质激进化，即在表面上人格创造出一种新奴隶，这成为人们保障具有古罗马式人格的方式：

> 于是，这就是在人与物两个极端之间不断地摇摆，让一方成为对立面，另一方成为背景——不仅在一般意义上，人-

> 人格的定义消极地来自人–物定义，而且在更深刻的意义上，让一个人格变得圆满，意味着要将其他生命个体推向人与物的边界。[1]

埃斯波西托从古罗马引入另外两个词，即释奴（manumissio）和要式买卖（mancipatio），命名了人格化和去人格化两种运动，但他所考察的东西是被授予“物”的地位，用海德格尔的话来翻译，这就是存在者不正当的寓所，一个去人格化的人。[2]因此，要具有古罗马的人格，其他人必须被推向人格门槛处，这样他们才变得不那么像人。这也意味着那些已经成了非人格的奴隶，只能保持那个状
72 态。尽管埃斯波西托极力认为罗马装置与今天的人格语义学完全风马牛不相及（在这里，对于将罗马的人格装置翻译为现代的人格和面具，霍布斯厥功至伟），如果我们在今天不理解具有人格就是让其他生命体变成物，或者事实上，就是将他们推向物的国度，那么我们就无法理解埃斯波西托将罗马法与我们的当代性并置在一起的激进性所在。在我看来，这就是今天新自由主义治理术运行的最重要的部分，的确，重新考察一下埃斯波西托免疫化和共同体的早期

1 Esposito, *Terza persona*, 13–14.

2 比较一下布鲁诺·拉图尔（Bruno Latour）对人格和物的解读：“换句话说，主体和对象从来不是彼此相关联的，但人和非人是。只要我们不再将非人看成对象，只要我们让它们以没有确定的边界的新实体的形式进入集体，这个实体会迟疑、震荡、引起困惑，那么不难理解，我们可以赋予它们‘行动者’的称号。”Latour, *Politics of Nature: How to Bring the Sciences into Democracy*, trans. Catherine Porter (Cambridge, Mass.: Harvard University Press, 2004), 76.

用词是非常有帮助的，因为它们不仅知道大量人口被神圣化，而且知道事实上人口也在不断地被重新划分，仿佛人沿着一个倾斜的天平滑向物一方。[1]

对今天的人格装置的考察，其结果是将埃斯波西托的人格思考引向新自由主义批判。同样，人格装置成为二十世纪死亡政治学的最主要的引擎。不过，埃斯波西托并不会走向我们所期望的方向，我们知道，纳粹为了维持人格观念，让数以百万计的人失去了人格，随后他们可以被杀戮。他没有这么做的理由也十分清楚。这不仅是对纳粹主义最基本的生物体制特征的误读，而且会让罗马法沦为一种死亡政治形式。将古罗马的司法人格概念引入生命政治学讨论，除标记出一些重点之外（这些重点对于将我们当代与古代区分开来十分重要），也可以帮我们辨识出自由主义和纳粹主义之间的差距。与埃斯波西托不同，我的印象是，在新自由主义的治理术之下，这个差距变得越来越小。尽管如此，我们如何通过人格来思考死亡政治？死亡政治并不是主要将人格变成物（或者按照福柯和阿甘本的说法，将人变成人口），而是将人格与物都碾碎，让它们在一个生命体之中共存。死亡政治学的物占据着身体，生物材料同时设定着人格和物，人格成为一个生物性的物。这就是洛克和密尔

1 “所以，我认为……这种基因组学提供的知识让我们可以从语法学上，而不是从亚里士多德的poiesis(创制)角度来思考生命，毋宁说我们从发生疾病事件的概率角度来计算出它的未来——这种生命语法向未来时态的转变，不仅有助于我们理解‘生命’现在的含义，还包含着深刻的伦理意义。” Kaushik Sunder Rajan, *Biocaptial: The Constitution of Postgenomic Life* (Durham, N.C.: Duke University Press, 2006), 14.

的自由主义观点："对对象的支配并不是由它与主体的差距决定的，
73 而是由它们的合体运动来支配的。"[1]正如埃斯波西托指出的，在纳粹主义那里，这些身体属于领袖，领袖可以任意处置它们。[2]这似乎就是自由主义和纳粹主义的人格装置的巨大鸿沟，我们最早在海德格尔那里看到的死亡政治，在阿甘本那里得到完善，而在埃斯波西托那里得到缓解。

不过，埃斯波西托的推理更为复杂。他并不想将纳粹主义和新自由主义一起瓦解为某种不可行的死亡政治，但这并不妨碍他看到了二者间有一定程度上的对称，如果这并不是文化、伦理和政治层面上的激进重叠和激进崩溃的话。二者共同的东西是"对生命的生产性的概括"，在纳粹主义那里，是"让天选种族的最高使命能发挥作用，而在自由主义那里，则是让个体自由得到最大程度的拓展"[3]。自由主义和纳粹主义自己都能够缝合人格装置出于不同目的而提供的可能性，但毫无疑问的是，它们二者用了同一种装置。于是，人格装置在人格和归属于身体的东西之间设定的区别就是，比方说，让某人可以捐献器官，监督和管控某人的身体、某人自己的身体资本，并以拓展个人自由或更好地生产为名义，来达到这个目的。这种生产就是建立在管理自己的死亡形式、管理生物性事物的可能性的基础上——在纳粹主义的情形下，就是通过管制死亡来

1 Esposito, *Bíos*, 65.

2 Esposito, *Bíos*, 134–145.

3 Esposito, *Terza persona*, 17.

管理身体的生理健康。[1]尽管埃斯波西托在这里没有直接引述福柯，但他心中十分清楚福柯的《生命政治的诞生》，尤其是其中一些段落以赞成的方式提出，新自由主义可以让个体从自己的个体生命权力中获益。[2]同样，埃斯波西托的这些篇章也让我们想起了他早期关于非政治的著作中的内容。我想到了很多篇章，尤其是他区分权力（potere）和潜能（potenza）的那些段落，这个区分在《生命》一书中以不同形式再次出现：

> 同样的身体语义学有一个解放的反规范的功能，这显然意味着一种潜能化（potenziamento）的过程。身体将潜能（potenze）的词汇（多元性、变化、外在性）对立于权力（potere）的词汇。不过，这就是主体被拔高了、填满了身体的 74
> 原因，于是，权力不可避免地就是这样构成的。所以，在这个意义上，潜能不可能避免成为权力的命运。[3]

记住了这一点，我们或许会说，在自由主义那里，或者更确切地说，在新自由主义那里，人格装置代表了一种强大的模式，由

---

1 关于印度的新自由主义式器官贸易，劳伦斯·柯亨（Lawrence Cohen）曾有过发人深省的解读，参看《他人的肾脏：面目全非的生命政治学》（"The Other Kidney: Biopolitics beyond Recognition," *Body and Society* 7 [June–September 2001]: 9–29），"如果没有其他生命的流动，某人的生命就无法维持下去，对生命的支撑总是（生命，即家庭形式的保守主义）需要另一个人的物质材料，即zoē的非法交易"（pp. 25–26）。

2 Foucault, *The Birth of Biopoltics,* 250–255.

3 Esposito, *Categorie dell'impolitico* (Bologna, Italy: Il Mulino, 1999), 189.

于让其次生秉性成为潜能，个体获得了自己的生命权力——由于装置本身带来的属性上的分离，通过零和博弈，它将身体当成生物学材质或事物。恰恰在这个意义上，埃斯波西托谈到了“解放性功能”——尽管在这里，这种功能是为新自由主义个体生命权力扩张服务的。

新自由主义生命权力和治理术的隐含的非政治特征，非常值得进一步讨论，但正如前文所说，福柯对此十分清楚，新自由主义追求的不仅仅是限制治理权力的实施，而且要创造条件，让人们从自己的身体中受惠和获益。其中最重要的条件就是要确定身体和人格绝不能共存，而且人格有能力发展其生命权力，这将成为完全实现其人格的主要手段。在这一刻，人们重新看到了古罗马在人格和人之间的区分，而一些作家，如雨果·恩格尔哈特（Hugo Engelhardt）和彼得·辛格（Peter Singer），在如下文字中进行了论证：

> 不幸的是，“人格”一词的使用本身就容易产生误导，因为通常“人格”看起来与“人类”差不多。不过，这两个词大相径庭，具有人格的东西未必是我们物种的一份子。而我们物种中的一些成员，则未必具有人格……无论如何，我提出“人格”的使用，对于理性和有自我意识的存在者而言，能够抓住“人类”通俗意义上的一些要素，而这些要素不一

定与“智人物种的成员”完全重叠。[1]

我们知道，关于如何利用或支配其他秉性（可称之为“生物学秉性”或“动物秉性”，你们自便）的决定越来越多地通过市场来思考。若昂·比耶尔（Joãh Biehl）十分生动地描述了新自由主义的巴西进行社会遗弃的过程。他对今天的人格装置的运作非常了解：“你在那里具有人格，因为市场需要你。”[2]此外，若进一步用次生材料“填充”人格，不仅会让人格更为强大、更快捷，也更为智能，75
反过来，通过药物的生物医学功能，人格也实质上掌控了他的（动物性）身体。比耶尔谈到了巴西的艾滋病：“他们知道他们陷入两种不同命运之间的鸿沟里，像穷人和边缘群体那样染上艾滋病而垂死挣扎，这就是被动物化的生命，还有，借助药物有可能在未来活下去，让动物性消退，勿让动物性吞噬他的肉身。”[3]正如比耶尔所说，今天的人格是在一瞬间被创造或被摧毁的，他们创造了人格、半人格、非人格和反人格的体制，其作用就是可以更轻易地放弃他

1 Peter Singer, *Practical Ethics* (Cambridge: Cambridge University Press, 1993), 87. 也可以参看 Wolfgang Frühwald's interview, “Der ‘optimierte’ Mensch,” in *Biopolitik: Die Positionen*, ed. Christian Geyer, 27–85 (Frankfurt: Suhrkamp, 2001)。在回答一个个体是否有价值的问题时，他写道：“对于这个问题的回答因人而异，因为没有确定的生物学定义来决定什么人会具有人格。”（p. 278）

2 Ulrich Beck and Ulf Erdmann Ziegler, *Eigenes Leben: Ausflüge in die Unbekannte Gesellschaft, in der Wir Leben* (Munich, Germany: C. H. Beck, 1997), 5; Joãh Biehl, “Vita: Life in a Zone of Social Abandonment,” *Social Text* 19, no. 3 (2001): 135.

3 Joãh Biehl, “The Activist State: Global Pharmaceuticals, AIDS, and Citizenship in Brazil,” *Social Text* 22, no. 3 (2004): 122.

们。医学的角色在这里至关重要，因为它被摆在每一个人面前，它隐瞒了市场的真相，让未来人格成为可能。

我在这里引入比耶尔的作品，不仅因为这是新自由主义治理最有分量的报道，而且因为他让我们由真实的词语体会到埃斯波西托对自由主义的解读。问题并不在于埃斯波西托关于人格装置的视角是否给出了在具体情境中思考当代死亡政治的方式（很明显，他做到了），毋宁说，我们希望从埃斯波西托近来对自由主义、隐含的死亡政治和海德格尔倾向的反思，走向死亡政治，而这就是讨论的主题。毫无疑问，比起阿甘本或斯洛特戴克，埃斯波西托更为深刻地理解了海德格尔提出的问题所在，尤其是将正当和不正当的区分转化为生命的角度。在这里，埃斯波西托从根本上解构了这些术语，从更广阔的共同体背景来看，这一点非常值得关注：

> 如果我们承认，我们必须讨论其目的，那么共同体的目的绝对不可能是抹去共同体本身的消极一面，即弥合差异之间的鸿沟，达到共同体自己的本质。这不是因为共同体未能正当地追求自己的目的。其理由反而在于，正当地属于我们的东西（il nostro propio）并不在其他地方，而是在我们对“不正当性”的认识中。[1]

想掌控不正当性的企图（这里的背景是共同体，也包括了所有试图消除一切不正当东西的努力，用海德格尔的话说，让其成为

1 Esposito, *Communitas*, 96.

正当“操持”的对象）都会走向失败，因为正当性与不正当性息息
相关。换句话说，在正当性自己的不正当的内容之下，正当和不正 76
当的区别会土崩瓦解。正如埃斯波西托竭尽全力说明的那样，海德格尔对于他早期的此在概念如此辩说道：“在这种情况下，不正当性并没有与正当性分离，恰恰是此在在自己的不正当性之中理解自己。”[1]不过，海德格尔的失败恰恰在于他忘却了正当性的不正当的根源已经遭到彻底破坏，埃斯波西托说，这就是海德格尔的纳粹主义的术语，尽管我们在这里用死亡政治取而代之：“这就是海德格尔的纳粹主义。他试图直接提出正当性，将其与不正当的东西分开，让不正当的东西十分肯定地发出其遗传学上的声音，从而将其施加在一个主体、一片土地或一部历史之上。”[2]无论是思考共同体，还是肯定性的生命政治，埃斯波西托都没有否定正当和不正当的术语的用处和恰当性（与正当性的形象保持一致），而是只让它们成为一种手段，让正当和不正当的整个装置被视为不正当的东西，它并不具有正当的身体、正当的国家、正当的人那样的优势。

这里会产生一系列其他问题：人格装置所导致的不同人格之间的地位差别如何修复？正当和不正当之间的区分是否总会通向死亡政治？在何种意义上，新自由主义试图在拓展个人自由的名义下重新设定正当和不正当的区分？将海德格尔的正当和不正当的区分与罗马法中人格和人的区分相提并论，会有什么样的风险？此外，一旦我们解构了正当和不正当的区分，我们要如何利用正当和不正

1 Esposito, *Communitas*, 99.

2 Esposito, *Communitas*, 100.

当的关系来操持他人，以及支配今天生命景象的人格体制？难道人格装置导致的动态门槛就不会导致不同的操持体制吗？我再一次想起了比耶尔对巴西的人类学描述，他按照遗弃的区域来绘制地图。他区分了哪些人被关爱，哪些人不被关爱，哪些人只是被记起。一旦我们不能将正当性与不正当性分开，那么，奠基在正当和不正当区分之上的正义观念又会如何？

所有这些问题都值得关注。我们正是在人格装置运作的基础上来提出这些问题的。在我看来，埃斯波西托相信海德格尔在正当
77 和不正当之间做出的区分，恰恰代表着现代人格装置的体制不可避免地走向死亡政治。仿佛有一种力量，比这里的不正当性的运作所产生的正当性更为强大，这就是人格装置的力量，它与罗马法相对应，我们现在知道了它的强大程度，这种力量决不甘心遁入黑夜。之前，我们看到，海德格尔认为正当和不正当写作会给需要得到拯救的西方人带来危险，这些因素与手机、配件、所有将个体之间的距离和差异弱化的传播工具（这就是埃斯波西托眼中的因素）并不会像阿甘本和斯洛特戴克认为的那样走向潜在的死亡政治。为了理解今天的生命政治要素，就需要解释为什么要消灭技术。对于埃斯波西托而言，现代技术实际上对推动当代生命政治的死亡政治倾向走向临界点发挥了很大作用，也就是说，一旦正当和不正当的区分达到其扩张的最大值，那么我们就更容易看清楚正当性之下的不正当的内容。这或许就是埃斯波西托著作中的强大的启蒙计划，在《生命》的末尾和今天的《第三人格》中，他提出了这个计划。这就是他的生命的政治，他不是通过人格来思考生命，我们知道其理由如下：在人格中的人的本性被分裂开来，这会让国家更容易掌控

个体的生命权力，今天，市场正是通过新自由主义主体的终结，来增强其生命权力。如果在埃斯波西托那里有一个关于技术和死亡的重点，那么这就是关于免疫技术的效果，尤其是数据监控和登录的模式，其效果是加强对技术免疫手段本身的保护。这又是一个转折点，尽管人们不认为这个转折点是个危险，或者毋宁说生物体征识别的死亡政治并不一定导致神圣人的牺牲，以及牺牲他们的政治生命，即bíos，或者说让他们不可阻挡地开始去主体化过程。用埃斯波西托的话说，这个无法返回的点或许导致了当前术语的翻转，即死亡政治学、人格政治和技术都是在当下形成的。在我告诉你们重新形成的名称之前，我们回想一下，这种政治词语的翻转并不会导致安东尼奥·奈格里和迈克尔·哈特在《帝国》（*Empire*）和《诸众》（*Multitude*）中提到的生命政治的再社会化问题，这个再社会 78
化似乎是旧瓶装新酒，即将新的根茎化的网络和奇点纳入了之前的传播、社交和互动模式之中。

埃斯波西托心中的翻转，反而涉及人格装置中一个被遗忘的角度，他借用语法上的第三人称，在人格体制上撕开了一道裂缝。[1]西蒙娜·薇依的思想在这里十分重要，尤其是埃斯波西托在讨论非人格时引述的那些段落。在大段引述了薇依之后，尤其是那段著名的段落，"一个人神圣的东西绝不是他的人格，而是他的非人格的东西。人身上一切非人格的东西无一例外都是神圣的"，他这样定

1 阿尔贝托·莫雷拉斯（Alberto Moreiras）曾对这段话有过精彩的解读，参看Alberto Moreiras, "La vertigine della vita:su Terza persona di Roberto Esposito," in *L'impersonale: In dialogo con Roberto Esposito*(Milan, Italy: Mimesis, 2008), 149–172。

义了非人格："非人格并不是人格的对立面……而是打断人格的东西，或者说，在人格之中，免疫机制将主我（I）置于我们包含和排斥的圈子当中。"[1]埃斯波西托早前在讨论免疫体时引述过这句话，说明他如何看到今天的人格装置的运作。人格装置导致的区分不只是区分(人格与人格之间的区分,我自己的人格与我的生物学材质之间的区分),其中还包括了一种功能,它让人格同时归属于也不归属于一个多元体。为了思考非人格，更为重要的是，思考非人格的行为，就需要与正当和不正当的区分决裂——与被认为是我们的东西和归属于我的东西的区分决裂。在这些表述中，我们看到了极权主义和自由主义的简化版本，极权主义会让我们的东西进一步属于我们，而自由主义赋予了"主我"极大的自由，让"主我"来决定如何使用和消费属于我的东西。很明显，我这里讨论了埃斯波西托思想的一个方向，而他自己并没有明显承认这个方向，与其说他是讨论死亡政治，不如说他是为肯定的生命政治学奠定基础。在这里引用薇依就是为了创造条件，让人类共同体可以彻底向非人格开放，而人格装置彻底封锁了这个出路——或许从一开始就是如此，于是，为了重新将义务置于权利之上，他暗地里拓展了共和主义的形式。[2]不难发现，一边是"权利"，正当地归属于人格的权利，另一边是"正义"，它涉及非人格，这不仅是对死亡政治学的更为宽泛的批判，而且也是对整个生命政治装置的批判，其基础就是正当

79

1 Weil, "Human Personality," 82; Esposito, *Terza persona*, 125.

2 在这个方面可以参看Michael Sandel, *Liberalism and the Limits of Justice* (Cambridge: Cambridge University Press, 1998)，也可以看他编辑的文集，*Liberalismand Its Critics* (New York: New York University Press, 1984)。

性的概念。

埃斯波西托参与了海德格尔关于技术的讨论，并与之保持距离，而海德格尔主要关注正当和不正当的写作。首先，看看埃斯波西托和薇依关于非人格的反思与海德格尔自己在《存在与时间》中的思考差距有多大。对于此在和公共领域（Öffentlichkeit），海德格尔写道："我们享受着我们自己，并像他们那样享受着我们的快乐，我们像他们那样阅读、观看和判断文学艺术作品，但我们也和他们一样反感'群众'，对震惊他们的事物感到'羞耻'。他们并不那么明确，他们的整体并不是总和，但他们规定着日常生活的存在。'他们'有着自己去存在的方式。"[1]正如大卫·法雷尔·克雷尔（David Farrell Krell）所说：

> 海德格尔认为公共领域（中性的非人格的"他们"）倾向于消除真正的可能性，强迫个体与他人和他们自己保持距离。让此在接受监控，阻碍对自我和世界的认识。生存的生与死的问题在闲谈中消除了，闲谈让理解万物成为可能，而无须事先献身于或占据这个问题。[2]

其结果是，此在再次为与不正当写作相关联的社会扁平化潮流所裹挟。将不正当写作和非人格相提并论，让我们可以完善我们对当代

1 Martin Heidegger, *Being and Time*, trans. John Macquarrie and Edward Robinson (New York: Harper Perennial Modern Thought, 2000), 164.

2 Heidegger, "Letter on Humanism," 198.

思想中的死亡政治倾向的讨论，这表明在埃斯波西托的思考中，死亡政治或许找到了一个后门，这并不是因为它仍然包含在人格装置之中，而是因为它的思想对个人身份造成了威胁。换句话说，第三人称单数或复数或许事实上仍然处在存在与人的不正当关系之中。对于海德格尔来说，打字机让所有人都变得差不多，这可以视为产生了一种非人格的写作。倘若如此，那么任何排斥人格装置的希望，即不想被包含在其中的希望，都会面对不正当写作让存在者面临的威胁。换句话说，在接受非人格的东西时，我们也将我们自己置于写作的位置上，对于海德格尔而言，写作已经通向死亡政治之路（因为它让人脱离了与此在的正当关系，而也将自己与他人分离开来）。从海德格尔的角度来看，非人格绝不会让人摆脱这样的命
80 运，即不正当写作逐渐统治着人。

我的印象是，海德格尔和阿甘本都有意地夸大了技术和不正当写作的风险。难道我们必须从生命的彻底灭绝来理解海德格尔的威胁和阿甘本的毁灭吗？或许我们将非人格和不正当的问题颠倒一下，可以看到我们不需要直接拒绝非人格视角，因为它与不正当写作相关，拉平了各种人格之间的差距。在今天的人格要素中，人格逐渐并加速向半人格前进，然后返回，一种视角，或者说一种实践也可以将一个过程囊括在非人格之中，这将创造出一个空间，让埃斯波西托的“共同法则”（或者按阿甘本的说法，“常规用法”）计划变得更有意义。事实上，在福柯晚年，尤其在福柯谈到管理自我的技术（明显引用了海德格尔的操持观念）时，他已经先一步谈到了非人格实践的类型。在福柯去世之前发表的一个访谈中，他提出了在自由范围内关怀自我。在一段引文中（实际上值得引述比我这

里更长的段落），福柯区分了解放和自由。从殖民者那里解放是一回事，体现自由是另一回事：

> 按照这个假设，所需要做的就是打破这些压制性的僵局，人将与自己协调一致，重新发现他的本质，或者重新接触到他的源头……我认为需要经过仔细考量再接受这个观念。但我们……解放实践本身不足以界定自由实践，如果这个民族、这个社会、这些个体能够界定可采纳和可接受的生存或政治社会形式的话，这种自由实践就仍然是必需的。[1]

在福柯的用词中，我们可以看到，优先的并非传播交流（强调个体和生存形式就是最充分的证据），而是类似于表现主义的东西，在这个意义上，德勒兹曾以非人格的形式谈到这一点："取代传播的东西就是表现主义。哲学中的表现主义可以在斯宾诺莎和莱布尼茨那里达到巅峰。我认为我发现了他者的概念，他者既不能被界定为对象，也不能被界定为主体（或另一个主体），而是可能世界的表现。"[2]非人格同时是批判内在性的实践，也是一种自由实践，在与另一个可能世界的非人格遭遇中，它绝不会消灭存在，或者走 81
向消亡。

1 Michel Foucault, "The Ethics of the Concern for Self as a Practice of Freedom," in *Ethics: Subjectivity and Truth*, ed. Paul Rabinow, trans. Robert Hurley et al. (New York: New Press, 1997), 282–283.

2 Gilles Deleuze, "On Philosophy," in *Negotiations: 1972–1990*, trans. Martin Joughin (New York: Columbia University Press, 1990), 147.

死亡，它自己的旋律

在这一章中，我试图描述吉奥乔·阿甘本和罗伯托·埃斯波西托的死亡政治的主要特征。在最新的一批著作中，阿甘本试图增强不正当写作的力量，他更喜欢将其与福柯的装置观念相提并论。其结果是，由于装置的能力，即将来临的灾难将是一场深刻的灾难，我们或许记得，在这个阶段上，它是一种彻底的不正当的装置，让存在从存在者那里消退。其相关的结果是，全世界范围的人已经失去了一些让他们成为人的主要特征，在很大程度上，生成为非人。阿甘本思想中的死亡政治的一个主要特征就是，恰恰是装置的大量增多导致了去主体化，在这个过程中，赤裸生命蔓延至全球。事实上，阿甘本在近期的一篇文本中，将赤裸生命的扩张与他所谓“民主强权”联系起来：“由于看不到自己的无能为力，被剥夺了他们得不到的经验，所以今天的人们相信自己能做一切事情，于是，他们信口就说‘没问题’，不负责任地说‘我能干’，这恰恰是由于他应该意识到，他已经被一种闻所未闻的方式，拖入他已经失去控制的力量和过程之中。”[1]这里和其他地方隐含的设定是，在技术与生命相遇之时，产生了最根本的不正当性，在阿甘本看来，这彻底改变了人类存在者彼此之间，以及他们与他们自己之间的关系。然而，阿甘本与海德格尔的技术解读的重叠之处就是他解读装置和民主制的中心，这会让我们看不到被福柯称为“实在性本

1 Agamben, *Nudities,* 44.

体论”[1]的当代时刻的特殊细节和差异。如果我们这样来说的话，在阿甘本的生命哲学及其激进形态中，生命与技术的互动问题就是，死亡失去了自己的旋律，相反，技术将死亡带入生命的舞台。这反过来意味着，一旦我们超越了海德格尔的技术批判，阿甘本的分析就会不尽如人意。海德格尔对正当和不正当写作的批判，问题就在 82
于，一旦技术是讨论的主体和对象，就会引入死亡政治。如果我们在当下确定一种实际性的本体论，那么阿甘本对生命的解读就会很难（并非不可能）发现技术批判所产生的死亡政治倾向将走向何方，而一种实际性的本体论将从何处开始。

随着埃斯波西托挪用了技术的本体论批判，一种死亡政治学似乎产生了，埃斯波西托试图回避这个难题，但只部分回避了这个问题。当然，提倡非人格的确是一种在自己领域之内反对死亡政治学的方式，不过它也会产生问题。首先，对非人格的肯定或许意味着海德格尔意义上的碌碌无为，即“日常平庸性”。一些人，如阿甘本，提出了不同的理由，如巴迪欧，会对此深恶痛绝，因为这不过强化了现代个体或集体的无能（于是，对于巴迪欧来说，先锋艺术的价值不过就是增强了非人性）。不过，另一位哲学家近来也对

1 Foucault, “What Is Enlightenment?,” 45–46. 在这个方面，可以比较一下布鲁诺·波斯蒂尔斯（Bruno Bosteels）《左翼本体论：超越相对主义和身份政治》（*A Leftist Ontology: Beyond Relativism and Identity Politics*, Minneapolis: University of Minnesota Press, 2009）的后记，题目是《思考、存在、行动，或者论政治本体论的用处和不足》（“Thinking, Being, Acting, or, On the Uses and Disadvantages of Ontology for Politics”），在后记里，波斯蒂尔斯提出本体论问题与主体理论是对立的。在眼下的讨论中，我们或许会问，阿甘本思想中的死亡政治倾向事实上是否会妨碍对既非正当，亦非不正当的技术理论进行更彻底的批判。

生物学和政治的关系问题若即若离。他在阐明殖民主义和基因组这样宽泛的问题时，也深深受到海德格尔的技术批判的影响，他概括出了一种不同的技术解读，尤其是对生物工程的解读。这就是彼得·斯洛特戴克对海德格尔、技术和免疫化的生命的解读，我马上就来谈这一点。

第三章　赤裸呼吸：斯洛特戴克的免疫生命政治

本章源自对一位哲学家的长期欣赏，他沿着吉奥乔·阿甘本 83
和罗伯托·埃斯波西托的道路，试图彻底思考生命政治的难题。在一些涌现出死亡政治的重要段落中，德国哲学家彼得·斯洛特戴克明显采用了海德格尔式的角度来看待生物技术的发展，认为这不仅判定了人类在生物技术上的“发展”，而且事实上从媒介学角度，为生物技术的发展提供了更广泛的辩护。这些论文，尤其是《人类动物园法则》和《存在者的驯化：对清洗的澄清》（“Domestikation des Seins: Die Verdeutlichung der Lichtung”）在当时的德国产生了巨大反响，斯洛特戴克用温和的尼采式的色调描绘了纳粹主义的优生学。[1]我自己的印象（我曾经在其他地方谈过这个印象）是，斯洛特戴克对纳粹主义的动物政治学的解读，建立在人性化和兽性化的媒介、寓居和流离失所的媒介的基础上，正如他的说法，它们并没有在媒介视角之外来记录纳粹主义生命政治的议程。[2]与在他之前的其他媒介理论家一样，斯洛特戴克冒着推动对技术的决定论式解读的风险，这种决定不仅妨碍了马歇尔·麦克卢汉（Marshall McLuhan）的工作，而且最近阻碍了他的同胞弗里德利希·基特勒（Friedrich Kittler）的工作。[3]换句话说，斯洛特戴克使用且得到海德格尔本体论认可的媒介理论太过简化，无法解释纳粹主义的动物学理论。

在下面的章节中，我再次解读斯洛特戴克三篇更新的文本，在这些文本中他继续挖掘海德格尔技术解读，其方式类似于阿甘本和埃斯波西托。其结论是关于死亡政治的另一个关键结果（即便这
84 个结论令人不安）。这些文本首先涉及他的一种关于政治哲学的主要陈述，即《球体》第二卷的最后一章，其标题是《最后的球体》

1 两篇文章都收录于Peter Sloterdijk, *Nicht Gerettet: Versuche nach Heidegger* (Frankfurt am Main, Germany: Suhrkamp, 2001)。安德鲁·费舍（Andrew Fischer）对讨论的总结十分有价值，参看"Flirting with Fascism—the Sloterdijk Debate," http://www.radicalphilosophy.com/print.asp?editorial_id=10101 (accessed June 10, 2011)。还可以参看吉安卢卡·波奈乌提（Gianluca Bonaiuti）对德国哲学中的斯洛特戴克形象的讨论，详见斯洛特戴克《资本的内部》意大利文版导言，Peter Sloterdijk, *Il mondo dentro il capitale,* 9–27 (Rome: Meltimi, 2006)。

2 参看我的论文"Politica, Immunità, Vita: Il pensiero di Roberto Esposito nel dibattito filosofico contemporaneo," in Esposito, *Termini della politica,* esp. 42–58。

3 参看Kittler, *Discourse Networks 1800/1900*，以及Kittler, *Gramophone, Film, Typewriter*。

（“Die letzte Kugel”）。这里，斯洛特戴克采用了海德格尔的视角来看全球化，在死亡政治中来回穿梭。[1]其次斯洛特戴克通过环境和“大气层”观念来思考区分及其死亡政治后果，这为他的《空气中的恐怖》（*Terror from the Air*）一书中具有原创性且令人惶恐的洞见设定了场景。[2]最后一部著作是《愤怒与时间》（*Rage and Time*），其死亡政治学源自从非政治视角看愤怒，即“古代美尼斯的现代化”和“将主体变成世界愤怒的积极聚集场所”。[3]所有这些作品都体现了斯洛特戴克对于未来共同体的深刻的矛盾心态，无论是在整体上还是在其他地方，与此同时，也体现了生命与共同体隔绝的悲剧形态，生命只能处于现代技术的保护和庇佑之下，而现代技术的后果就是攻击或颠覆了“在家的正当存在”[4]。斯洛特戴克在正当的共同体和不正当的寓所之间摇摆，我就是据此了解了他的死亡政治学版本中技术的主要地位，其也对存在的摧毁有最充分的体现，技术将今天存在者的正当的栖身之所连根拔起，并加以改造。我在本章的各个地方中也都会指出，斯洛特戴克本人并没有沿着这些思考前进，尤其是当主题转向生物技术和全球化的基因库的时候。

最后一点：由于我仅仅聚焦于斯洛特戴克的死亡政治，我似

---

1 Peter Sloterdijk, *Sphäen: Makrosphäologie* (Frankfurt am Main, Germany: Suhrkamp, 1999).

2 Peter Sloterdijk, *Terror from the Air*, trans. Amy Patton and Steve Corcoran (Los Angeles, Calif.: Semiotext(e), 2009).

3 Sloterdijk, *Rage and Time*, 232n9.

4 完整的说法是“Wohnens oder des Bei-sich-und-den-Seinen-Seins”。Sloterdijk, *Sphäen*, 996.

乎大大缩小了斯洛特戴克的思想范围。由于他著作等身、涉猎极广，从地图学到欧洲文字，再到语言学，他的思想极为丰富而深刻。换句话说，聚焦死亡政治和技术，会让我漏掉一些用来评论和评价斯洛特戴克思想的标准。我的回答是，随着我的深入，细节会变得更加清晰，即如果我们将斯洛特戴克讨论全球化的角度当作我们的主要目标（在某种意义上说，斯洛特戴克将全球化与球体观念等同起来，也证明了这一点），那么就必定会看到，在他的思想中，全球化的强大的影响力会催生死亡政治，事实上，将全球化看成一种被摧毁的存在者的形式，应当按照福柯的死亡政治的名字来称呼它。在那些重要的章节中，十分明显的是，斯洛特戴克在《球
85 体》第二卷中讨论的全球化，也在他近期的《空气中的恐怖》中讨论呼吸范围的谱系学中占据着重要地位，也涉及《愤怒与时间》中的正当和不正当的生气和愤怒的形式的地位，以及与之相关联的技术。死亡政治（碰巧斯洛特戴克并没有这样来称呼）已经成为他思考的中心，在那些从死亡政治视角来讨论今天的生命和技术的众人之中，他配得上我赋予他的地位。

全球化的死亡空间

首先，我想回顾一下斯洛特戴克对于全球化的看法。在他的分析中，关键是空间，这一点并不奇怪。斯洛特戴克看起来与海德格尔极为相似，他认为自己完善了海德格尔尚未完成的文本，即那

本应该叫《存在与空间》(*Being and Space*)的书。[1]于是，在近期的一篇文章中，他写道："球体计划也可以理解为挖掘出海德格尔的名为《存在与空间》的著作的计划，在海德格尔第一部作品中，它尚未成型(或者至少说，其梗概没有将其当作一个问题)。"[2]对于斯洛特戴克而言，这部缺失的论著将本体形式当作空间之前的维度，当作空间化的空间要素，当作一种一般意义上的诸多维度的母体。斯洛特戴克将这个原初空间称为"球体"，即在这个球体空间中，诸维度都被从中揭示出来，他后来逐渐将之与环境和气候观念联系起来，后者对于生命来说至关重要(与他所描述的自然空间相反)。他将全球化过程描绘为通过自然空间和人类球体之间的关系而发生的运动的历史。

斯洛特戴克用了惊人的篇幅来描述这些空间之间的关系，一部蜿蜒曲折的普遍空间史，显然值得我们关注。就我的目的而言，我建议将这些术语当作本研究的核心，即正当和不正当写作以及救赎的核心，因为就是在它们的摇摆运动中，我们第一次评价了海德格尔和阿甘本的死亡政治倾向。斯洛特戴克是如何概括正当和不正当的关系的呢？他是通过两种彼此关联的方式来推进的。首

---

1 对于二十世纪三十年代转向之后的海德格尔思想中空间的地位，马尔普斯曾有一个非常不错的总结，参看Malpa, *Heidegger's Topology*，也可以参看安德鲁·J. 米切尔（Andrew J. Mitchell）最近关于海德格尔和雕塑的著作，*Heidegger among the Sculptors: Body, Space, and the Art of Dwelling* (Palo Alto, Calif.: Stanford University Press, 2010)。

2 Peter Sloterdijk, "Im Dasein liegt eine wesenhafte Tendenz auf Nähe," in *Nicht gerettet,* 403; 引自波奈乌提为斯洛特戴克所写的导言，参见 *Il mondo dentro il capitale,* 19。

先，他对现代人的解读，非常类似于海德格尔在《巴门尼德》中对西方人的解读，即现代人认识到的（生命的、存在者的）形象与超越行动的外部有着巨大的差距。于是，在考察了亚历山大·洪堡（Alexander Humbold）在《宇宙》（*Kosmos*）中对世界的再现之后（尽管在《球体》中还有大量其他可以引述的例子），斯洛特戴
86 克注意到他所谓最终球体的主要特征。他通过与现代性的关系将其联系起来：

> 对于现代人（Neuzeitmenschen）来说，本质上的先验性和对真正祖国的梦想，已经不可避免地丧失了。于是，现代人的自我参照系出现了，这个参照系被视为回归本质的条件，这个本质外在于属于现代人的东西。[1]

斯洛特戴克按照海德格尔对荷尔德林诗歌《归乡》的解读，进一步形塑了现代寓居之人（homo habitans）的形象，这样的空间被视为一个安全的外部，现在这样的空间不仅是难以企及的，而且在更深层面上，它与未来的生存无关。为什么失去了先验的祖国的保护，在这里被理解为曾经属于人自己世界的外部呢？按照斯洛特戴克的说法，当洪堡沿着马丁·贝海姆（Martin Behaim）、约翰内斯·舍纳（Johannes Schöner）、彼得·阿皮安（Peter Apian）等人的足迹，绘制出宇宙的地图，“在他们的星球上”用二阶秩序来观测，就会

1 Sloterdijk, *Sphäen,* 817.

导致保护机制的丧失。[1]这让他承认“外太空不过是一个子宫的延伸——社会和家庭的幻象都按照区域建立起来”[2]。换句话说，一旦外部不再被视为被人驯化的空间的等价物（在这里，我们可以在这些段落中感受到两性之间的战争，它们主宰着从先验性向内在性的运动），人就会被抛到地球上，仿佛这里就是他们的正当空间。在洪堡等人所预言的向无限敞开的道路上，人对内部和外部的感觉也被彻底改变。

在这个方面，可以看一下我之前引用过的海德格尔论荷尔德林诗歌的论文。海德格尔谈到了荷尔德林的《归乡》和“祖国”的观念：

> 苏维恩，母亲的声音，指向了祖国的本质。邻近本源，也决定了它邻近于最快乐的地方。故乡最本质也是最美好的特征，仅仅在于它与本源的邻近性——没有任何其他杂物在侧。这就解释了为什么在故乡，对本源的忠诚是与生俱来的。[3]

在《球体》第二卷最后一章《最后的球体》中，斯洛特戴克所谓祖
国，并不指向任何民族共同体，不是德国或其他国家，相反，他让 87
祖国的坐标系向外延伸，这样，被定性为外部的东西也是极为庞大、难以思考的东西。以前，外部的东西看起来不再像是一个共同

1 Sloterdijk, *Sphäen,* 812.

2 Sloterdijk, *Sphäen,* 812.

3 Heidegger, *Elucidations of Holderlin's Poetry,* 42.

体，或者用海德格尔的话说，不再像是“祖国的本质”，相反，它的特征完全是玄妙莫测的，这个空间不可能用邻近性或距离来思考。外部（das Außen）“在自身中扩展，与人类的位置无关，仿佛一个外来的东西，它统治着自己。它的首要和终极原则就是它与人类毫无关系”[1]。这样一种彻底无关的外部（这里的虚无主义和尼采式论调不会不被人们关注）并不意味着斯洛特戴克放弃了海德格尔的“仍然保留着一些东西的邻近性”，即那种带来亲近也保持距离的邻近性。[2]斯洛特戴克的问题是，在不直接接触它的情况下，如何寓居于距离之中——甚至没有直接体会它。这种方式完全不同于整个意大利弱思想的传统，如何寓居在距离当中，对于斯洛特戴克而言，这个距离不可能作为专属于人的空间而让人寓居于其中。[3]相反，这种邻近性不能被看成被压缩或扩张的邻近性。人是“通过他的身体和游历的延伸”（mitsamt seinen Körperausweitungen und touristischen Extensionen）来体会这个距离的，这样，寓居之人的现代形象真的不是斯洛特戴克著作中的主人公。[4]总而言之，在根本上，斯洛特戴克提出，全球化就是让地球成为寓居之人居住的家园，唯有当外部彻底被标识为人类的外部时，这种寓居才成为可能。这个举动为通过航行来“发现”地球开辟了道路，将地球转变成一个全球空间。矛盾的是，它看到了一个存在威胁的外部，一个

1 Sloterdijk, *Sphäen,* 812–813.

2 Heidegger, *Elucidations of Holderlin's Poetry,* 42.

3 Pier Aldo Rovatti, *Abitare la distanza: Per una pratica della filosofia* (Milan, Italy: Cortina Raffaello, 2007).

4 Peter Sloterdijk, *Im Weltinnenraum des Kapitals* (Frankfurt: Shurkamp, 2007), 244.

为现代性所强调的外部，将人类置于危险当中。一个正当的作为家园的地球空间在根本上为另一个空间所跨越，这个空间与人类毫无关系。这个毫无关系的彻底外部的空间，成为受虚无主义感染的空间，很快被欧洲殖民主义和极权主义投射到全球其他外部空间之上。[1]从这些空间出发，欧洲需要保护——保护将会让他们把死亡当作保障生命的手段。

谁或什么是寓居之人？或许一个隐喻可以帮助我们理解斯洛特戴特是如何看待寓居之人的。寓居之人让我们想起了宇航员。的确，斯洛特戴克就是把内尔·阿姆斯特朗（Neil Armstrong）当作章节的结论。在航天器的外部，他只能利用航空服来保护自己，这 88
创造了另一个内部空间（或球体），让他将这个外太空理解为一个彻底不同于他能呼吸的驯化空间的空间。太空服成为个体在这个完全不同的空间移动和行动的手段，并且使个体与外太空保持距离。对于斯洛特戴克而言，现代性从根本上是由不断创造这些隐喻式的太空服的斗争构成的，他称之为“免疫体制”，以保护欧洲人，使其不与外界发生危险的、危及生命的接触（在十九至二十世纪，外部可以理解为帝国的黑暗之心，而在二十世纪的极权主义那里，则是与邻人太过靠近造成的毁灭性后果）。

将寓居之人解读为免疫化的行为者，他穿越了危险的外部，对于斯洛特戴克，尤其是对于他后来解读恐怖主义以及他的文学批

1 关于感染的另一个角度，可以比较一下卡尔罗·加里（Carlo Calli）的“Contaminazione:Irruzione del nulla,” in *Nichilismo e politica,* 138–158 (Rome: Laterza, 2000)。

评作品来说，这一点孕育着十分强大的内容。[1]更加重要的是，斯洛特戴克如何用这种保护模式来解读当代全球化的高级阶段，以及这个阶段对于人类的威胁。与我们航天器的例子一样，在这种情况下，地球就是正当属于人的空间，这样，我们可以在地球上探险、绘制地图、开发地球，并在必要时摧毁它。

在斯洛特戴克的思考中，反复谈到的一些东西就是宇宙或者早期的航行，或者殖民和后殖民空间，这表明人类的“一般”任务就是发展与之接触的手段，在其中航行和工作，同时与之保持距离。这就解释了技术何以在斯洛特戴克的思想中具有十分重要的免疫功能。当然，在当代政治思想中，免疫体有着非常悠久而辉煌的历史，我在其他地方说过，罗伯托·埃斯波西托和彼得·斯洛特戴克对免疫体问题的思考有很多共性。[2]不过，就我在这里的目的而言，或许强调他们各自的差别会更有价值，这样，可以更好地描绘出当代死亡政治学的概况。除了斯洛特戴克深受海德格尔影响，而埃斯波西托则更倾向于德勒兹的生命论，二者的另一个主要差别就是斯洛特戴克并没有像埃斯波西托那样，对共同体和免疫体给出任何宏大的系统治疗方案。相反，我们只能看到只言片语，其中，免疫体主要与个体主体有关。在接下来的部分，我想考察一下他最近
89 对免疫体的思考中最有意义和最具有启发性的部分（也不会抛去斯洛特戴克赋予它们的重要背景），这可以为死亡政治学提供更为完

1　在这一点上，可以比较一下斯洛特戴克对现代经典作品的解读，这些经典作品的主人公带着充分的保护设备去征服世界，这也可以定义为一种自我征服。Sloterdijk, *Sphäen,* 946.

2　参看 Campbell, “Politics, Immunità, Vita”。

备的哲学角度。对于斯洛特戴克而言，他不可能脱离当代的个体化的免疫体形式及它给共同体带来的灾难性后果来谈死亡政治。

斯洛特戴克如何通过免疫体来思考这个绝对外部的、不正当的空间（因为它不属于人类，它是彻底的外部）和地球这个正当空间之间的关系？对于斯洛特戴克而言，这之所以可能，正是因为“那些喜欢去冒险的人……在旅行期间，在基本的球体内部条件下无法存活或再生”[1]。换句话说，作为现代性的“过程”（如全球化，正如斯洛特戴克所说，这是通过各种各样的殖民罪行来实现的全球化），它不仅源于交通技术，也源于技术有能力创造个体化的空间，即那些个体可以自己维护和更新的内部空间。这个观点让斯洛特戴克走向了他对全球化问题的解读的中心，即全球化就是不断地对免疫学进行实践的提纯过程：“因此，我们必须首先将大陆全球化的真实历史描述为一部保护球体的历史，这些经过保护的球体，被这些有形或无形的拯救生命的防护层完全包裹和贯穿着。”[2]这里十分有趣。当然，这种带着海德格尔味道的解读让他很快认为欧洲殖民主义是一个关键的空间，在这个空间中，“生态技术”得到完善，或者他强调我们感兴趣的世界营地，依赖于一个保护层，即在正当与不正当之间的接近和分离的关系，让欧洲人“通过他们的窗口感受他者”[3]。其产生的主要结果就是让外部变得可以生活，不过我们也注意到，斯洛特戴克在这里回避了暗含的死亡政治形象：数

1 Sloterdijk, *Sphäen,* 948.

2 Sloterdijk, *Sphäen,* 948.

3 Sloterdijk, *Sphäen,* 949.

以百万计的人死去，就是为了让殖民者在远离“家园”之后变得安全，阿基里·姆贝姆贝（Achille Mbembe）在一个略有不同的语境中称之为“死亡权力”（necro-power）[1]。我们需要问的问题是，一旦资本让地球全球化，如何在全球化的下一个阶段来思考今天这个铭刻在死亡线上的球体保护层。一旦发生了这样的事情，这些球体会发挥更为强大的免疫作用。

在《球体》中，斯洛特戴克将免疫体当作对当代资本主义进行理论思考的中心，这个部分的标题是《内部整体》（“Das große Interieur”）。这是一个非常不错的描写，因为在斯洛特戴克的叙事
90 中，当代时刻的主要特征就是构成了逐渐强化内部空间的保护层，的确，内部的多样性就在于，个体生活的中心就是执行保护的当代行动者。在斯洛特戴克撰写的著作最引人瞩目的章节中，他攻击了哈贝马斯等人的观念，哈贝马斯认为后民族国家的星丛将取代现代政治共同体。[2]这是一次摧毁性的攻击，他以之前的激进化的生态技术因素开始和结束，也就是说，这种生态技术延伸到每一个人身上。个体的生命形式将是免疫化的生命形式：

> 在（全球化的）背景下，时代越来越走向个体化生活的形式，这揭示出其免疫学意义：在今天的发达“社会”当中，

1 Achille Mbembe, “Necropolitics,” *Public Culture* 15, no. 1 (2003): 11–40. 尤为有意思的是，斯洛特戴克对免疫化的解读与姆贝姆贝的“围城状态”有着异曲同工之妙，“围城状态是一种军事状态。它有一种杀戮体制，里面不分内部和外部的敌人。全部人口都是当权者的目标”（p. 30）。

2 参看 Jürgen Habermas, *The Postnational Constellation* (London: Polity Press, 2000)。

> 这些个体，或许是在人类融合的历史上第一次，由于他们成为免疫能力的承担者，打破了集体性团体（在此之前，他们一直受到集体的保护），大众现在希望从保留共同性的政治形式中来区分他们的幸福与不幸。今天，我们或许面对的是集体政治不可逆转的转型，这场转型针对的是按照个体主义的免疫机制设计的群体安全模式。[1]

对于斯洛特戴克而言，我们今天的生活（或许还有今天的死亡）都处在政治共同体的终结阶段，政治共同体是现代性下的架构，在某种程度上，个体的生命形式成为免疫化的生物性生命的行动者，它抵抗着非个体化的政治生命的形式，即集体政治生命形式。在摆脱了他们归属的集体性团体之后，他们走向了另一种政治群体，其结果就是直接走向个体性安全。以前，外太空被外在化，在这个意义上，人类没有任何先验的停靠点，男男女女们将地球看成他们唯一正当的家园空间（其相关的形式与集体性的保护空间，尤其是民族国家共同体密切相关），现在，斯洛特戴克看到一个过程，即在这个过程中，生态技术逐渐地成为个体领域的技术。今天这些个体拥有他们自己的免疫性保护形式的设备。

今天打破集体性团体的个体直接通过不同的形象来运动，尤其是欧洲的航行和建筑，实现了布满整个球体的正当的内部形

1 Sloterdijk, *Sphäen*, 1003–1004.

91 式。[1]在《球体》第二卷中，斯洛特戴克特意谈到了船只的定向运动："船只是船员的技术-球体-魔幻性的自我扩张，在船只以及其他的现代交通工具中，这些都是生产梦想的家园机制，如同有一个可以操作的伟大母亲，让他们可以航行穿越外部空间。"[2]将这些过去的家园机制与今天的免疫设计区分开来的东西不仅是生态技术在个体身体上的投射，还有对保障性角色的削弱，即削弱了之前由集体性团体提供的保护。在这里，斯洛特戴克不仅关心民族共同体或国家，也关心包含宗教在内的一般体系，他称之为"不可或缺的先验保障体系"[3]。今天，先验保障体系终结了，取代其地位的就是内在于个体的保护计划。

斯洛特戴克进一步对有可能发生的免疫性战争进行了理论思考，免疫性战争的目的就是人为地创造出一些条件，让更为宽松的共同关系成为常态。先不讨论这一点，这里的印象是，将安全与个体生命形式等同起来。斯洛特戴克的说法强调的不是霍布斯的君主的利维坦，或者保护政治体成员的国家，相反，它涉及的是《论人》（*Of Man*）中那些精彩章节，霍布斯在书中提出了一种良善的

1 参看布鲁诺·拉图尔和彼得·魏倍尔（Peter Weibel）主编的*Making Things Public: Atmospheres of Democracy* (Cambridge, Mass.: MIT Press, 2005)一书，尤其是斯洛特戴克的"Instant Democracy: The Pneumatic Parliament"，952–957。

2 Sloterdijk, *Sphäen*, 950.

3 Sloterdijk, *Sphäen*, 953.

特殊权力，“因为它有益于保护，保护带来了安全”[1]。斯洛特戴克与霍布斯以及在他之前的卡尔·施米特十分相似，他们都认为个体保护的增强是良善的，因为修复术和定向运动的发展（在现代社会里，它让个体处在汽车、火车、飞机、旅游等的内部）创造了将个体变成家园机制的可能性，一旦个体面对外部，家园机制就会守护着他。这样，我们想起了阿甘本的《即将来临的共同体》，斯洛特戴克也与之有所区别，他认为权力在这里主要被理解为安全，它已经无法逆转地将个体变成了共同体生活形式的对立面——作为赤裸生命的zoē脱离了其共同体的对立面bíos。斯洛特戴克区别了共同体和集体，在这个意义上，前者只是单向度地提供保护和安全。如果我们相信斯洛特戴克的说法，今天我们看到的就不仅仅是国家保护的消解，他们企盼着后民族国家的保护，还有更重要的一种更为 92
激进和麻烦的运动，即通过非共同体团体来保障个体的生命形式。

在这里，我们看到斯洛特戴克的思想第一次飘向了死亡政治，一旦共同体生活不断遭受来自私人生活、个人免疫设计的压力，就会产生死亡政治。之后很快就会爆发全面的死亡政治，那时，他们会用一些人的死亡来保护其他人的生存。我们可以从斯洛特戴克关于技术对人类和共同体的影响的观点看到这一点。要理解这些东西，可以参看我之前讨论海德格尔时的那些段落，当谈到技术如何

1 Thomas Hobbes, “On Man,” in *Man and Citizen* (Indianapolis, Ind.: Hackett, 1991), 49.也可以参看Carl Schmitt, *The Leviathan in the State Theory of Thomas Hobbes,* trans. George Schwab and Erna Hilfstein (Westport, Conn.: Greenwood Press, 1996), 34–35:“利维坦变成了一个巨大的机器，一个用来对被统治者进行生理保护的巨型机制。”

对人的本质的揭示产生影响时，海德格尔提出，“人是否有可能掌握技术”是一个错误的问题，正确的问题是“哪种人（welche Art Menschen）有能力‘掌握’技术”[1]。斯洛特戴克继承了海德格尔将个体的人视为技术的关键操作因子和对话因子的做法，在后现代性那里，我们将会发现，技术会通过创造出看似更为有效的免疫方舱（immunological containers）来掌控个体的人。对斯洛特戴克来说，实际上当代技术形式已经到达了这样的不正当的阶段，即个体能得到新的设计（erfolgreich Designs），“他们在成功的免疫条件下，可以绘制新的疆界：这些条件是可以发展变化的，在有着渗透的墙的社会之下，这些条件会以各种方式发展”[2]。在海德格尔对手、存在者与存在的关系的解读中隐含了这种可能性，尤其是《巴门尼德》中海德格尔将操持观念与手联系起来的段落：

> 由此可见，十分明显，手在本质上保证了“存在物”与人之间的相互关系。唯有当存在物出现在无蔽状态下时，人才有一只“手”，人以解蔽的方式让自己走向存在物。……手在操作（Die Hand handelt）。在操持之下的手进行操作、使动，掌控着被操作、被使动之物。一旦本真通过本真的方式得以保全，我们就可以说，那里有“一双好手”，即便使动和操作实际上并非必要。[3]

1 Heidegger, *Parmenides,* 87.

2 Sloterdijk, *Sphäen,* 1003.

3 Heidegger, *Parmenides,* 84.

斯洛特戴克强调了“一双好手”的存在者隐喻，认为这是被正当地保护的存在者，那么，海德格尔做得更好。他不仅认为技术是不正当的写作，而且在现代背景下思考技术，尤其是将后现代社 93
会视为个体免疫化的设计蓝图，而这种设计只能依赖于手的不正当使用。关键词是“操持”，现在手不再在操持的掌控之下，来实施各种形式的行为，也不再依赖于手，来保障人与他者的关系。相反，手只能保障正当操持环境下的那些个体（共同体、民族国家，以及荷尔德林已经失去的祖国）。换句话说，在这些为个体设计的免疫体机制中，我们在技术形式下不正当地保障着的人的本质，现在被理解为一种私人保障规划，取代了人自己的民族国家的共同体：“这揭露了一种情形，在该情形之下，大多数人让自己同自己的政治共同体的命运渐行渐远……远离了免疫性和民族国家集体性的安乐窝（*optimum*），再也没有正当共同体的团结系统了。”[1]共同体保障的终结就叫死亡政治，那么不在保障下的人们就会因此而死去。

我们可以看到，在《最后的球体》中，斯洛特戴克很明显地将内部和外部的区分与新自由主义现象联系起来。他会说，新自由主义的一个主要后果是“在市场之中，没有一个人在正当的‘家园’里，当一个主人能与另一个主人交换货币、商品和虚拟物品时，没有人想待在家里”[2]。理由很简单，资本将所有人的家变成了

1 Sloterdijk, *Sphäen,* 1004.

2 Sloterdijk, *Sphäen,* 994.

所有人的市场：资本主义通过世界市场干着死亡的事情，世界市场用灾难级别的生态灾变来威胁人类，不仅为了保障生命政治主权，杀戮了成千上万的人，而且地球本身也不再适合人类居住。这就是为个体设计的免疫体制的前因后果。

不过，在斯洛特戴克的判断中，如果认为地球是所有人的地球，不属于任何一个人，认为任何财大气粗、挥金如土的人可以在这个真空地带上建立自己的免疫隔离墙，这绝对是一种误导。在《球体》第二卷的一些主要段落中，和阿甘本、埃斯波西托一样，斯洛特戴克提到了一些人的生活，显然与神圣人类似，也是全球化的结果：

> 我们人类这种散居的物种的统一性，如今建立在如下事实基础上。所有人在他们各自的地盘上，在各自的历史中，
> 94 已经在一定距离上被取代、被同步、被击打、被羞辱，被过度的托词组织起来，一起被压迫——它们是生命幻象的主要场所，是资本的位置，是人们返回的同质空间中的点，而这些点又会自行翻转。人们并不是在看，而是在被看，人们并不是在理解，而是在被理解，人们并不是加入，而是被加入。全球化之后的人类就是由这样的绝大多数人组成的，他们仍然拥有着自己的表皮，他们都是“主我”（Ich）定位所导致的有缺陷的受害者。[1]

---

1 Sloterdijk, *Sphäen,* 992.

斯洛特戴克认为，要拥有一个可以被看见、被驱使的人格，就要成为资本的对象，因为通过这种方式，资本主义可以消除其人格，在这个过程中，我注意到我之前阅读埃斯波西托时，看到他将神赐的恩典与接受恩典的人格区分开来。斯洛特戴克给出了当代人格形式的一些细节，而埃斯波西托在讨论人格的哲学和宗教魅力时曾谈过这些细节。的确，斯洛特戴克认为还有其他一些东西在发挥作用：在人格装置中，新自由主义发现了自己的特有模式，即将魅力赋予人的部分，而人的部分可以支配动物的部分。通过市场的“真相”，新自由主义成为裁量谁有资格消除自己动物性的最终的仲裁者。有两种不同的类型：一种是那些愿意竭尽全力操持的人（通过个体免疫体制来建立自己的操持），另一种是那些不操持的人——人们认为这些人不能完全算作人，他们仍然只是具有一个假体的皮肤而已。

因此，当代死亡政治角度的另一个特征就一目了然了。按照斯洛特戴克的说法，全球化空间悖谬性地导致了第一人称在诸多人称之中具有优势地位，它们绝大多数都为资本所使用。这里谈到的“主要幻象”，表明了不断由外向内的压力对于全球化的人类来说意味着什么。一个互联的世界，似乎囊括了所有的人，已经附带有排斥功能，这是一个“超级包含性系统”[1]。在众所周知的过程中，许多人都被囊括到逐渐互联的全球村当中，成为第一人称复数，还有很多其他人成为被排斥的、仅限于第一人称单数的形式。当然，我这里刻意使用了语法学的用语，这是因为它与斯洛特戴克分析中

1 Sloterdijk, *Sphäen*, 994.

使用的人格概念是一致的。所有这些意味着，哪里有“我们”，哪里就有一个“我”，但在全球化的世界中，这个“我”成为被消除
95 人格的人类的一部分。换句话说，“我”的作用就是掩盖了去人格化的过程。

对于斯洛特戴克来说，在从第一人称复数向第一人称单数的强制运动中，已经预设了死亡政治。这个视角不同于阿甘本和埃斯波西托的视角，因为斯洛特戴克在这里认为去人格化过程是通过如下意义来运行的，即唯有通过自己的身体才具有正当性。“我”在这里被掏空了内在性，相反，它只是前一种并没有遭到排斥的“我”的空壳。强调“我”，而不是“我们”，会让我们发生暂停。斯洛特戴克似乎是说，那些被当作“我”的人，不再具有“我们”的保护，他们被理解为看的人、理解的人、出场的人。再说一遍，这并不意味着那些成为我们的“我”，发现自己得到了共同体（无论是国家还是民族）所保障或提供的正当的操持。相反，他们也被抛回到自己那里，并且隐约地理解了，在对象和作为对象的人格的加速循环中，他们也可能发现自己从第一人称复数退回到第一人称单数。

免疫体的恐惧

在最近的文本中，斯洛特戴克详细谈到了个体免疫体设计的特征，它可以让我们重点看一下他思想中的死亡政治的布局，包括呼吸本身的本质。在《空气中的恐怖》中，他将他对外在于身体的个体分析，延伸到囊括了个体的球体空间——个体的空气圈（空气的词源就是“呼吸圈”）。在题为《空气圈/条件》的一章里，斯洛

特戴克从强化恐惧和个体保护的需要的角度给出了对二十世纪先锋派的生命政治解读。1936年，赫尔曼·布洛赫（Hermann Broch）的一场论呼吸的讲座成为他的出发点，斯洛特戴克将他的个体主体的观念延伸到呼吸领域，通过这种模式，呼吸也可以遭到压制：

> 通过这种特殊风格，布洛赫的叙事艺术依赖于对空气多样性的发现，借此，现代小说也可以超越个体命运的纯粹表征。其主题不再是处在相互纠葛的行为和经验中的个体，而是个体和呼吸空间的延伸实体。情节不再发生在人与人之间，96 而是发生在呼吸系统和对应的居民之间。这种生态学视角让我们可以将一个现代性的批判主题，即异化主题，放在不同的基础上来考察。这就是说，人们之间的呼吸的分隔，确保他们嵌入专属于他们每一个人的呼吸“体系”中。的确，越来越明显的是，我们不能给某些人提供不同的节奏、不同的包络、不同的空气条件。将社会性世界打破成彼此间互不接触的道德独立空间，就类似于一个微观气候的“空气圈的碎片化”（反过来，这种“空气圈的碎片化”与“世界价值”的碎片化是对应的）。[1]

斯洛特戴克提出，在个体及其空气圈之间发生了戏剧性的变化。个体可以进行呼吸的共享空间（斯洛特戴克称之为“以太”［ether］）不再是个体化的空气圈的基础，整个空间的共享呼吸在个体化的空

1 Sloterdijk, *Terror from the Air*, 98–99.

气圈内被锁定，为个体的寓所服务。不过，更重要的是，这种崩溃对个体和呼吸空间的统一性产生了影响。个体之间的交换（尽管或许我们希望跟随海德格尔去谈行为［Handlungen］）不再是“人格”之间的交换，而是呼吸寓所和那些住户之间的交换。其含义是，一旦寓所取代之前共享呼吸空间的地位，那么就不再具备行为人格的条件。的确，如果我们进一步沿着这个思路走下去，我们会感觉到，斯洛特戴克认为，一旦行为需要这些“呼吸的寓所”，那么人格的观念也会发生变化。

这里，我们也可以依循埃斯波西托的角度，给出对另一种去人格化，即通过免疫而行动的看法。斯洛特戴克在空间和呼吸的免疫化中看到，在现代进程中，权力不再将主体看成“彼此相互纠缠的行为和经验的个体”，也不是人格（就像布洛赫的情节“不再发生在人与人之间”一样）。相反，权力直接指向了呼吸空间中的个体。我们应该清楚，这些寓所是有生命的，也是有权力的，这十分合理，因为他们的工作就是确保各自寓所有限而独立的呼吸空间。尽管斯洛特戴克从来没有这么说过，但其结果不仅导致了人的概念的变化，也导致了个体和共同体的转变。我们在埃斯波西托那里可以看到，这并非说个体在一边，共同体在另一边（或者在这种情况
97 下，二者共享了呼吸空间），而它们的相互作用产生了免疫体。相反，我们的个体要呼吸，就必须通过寓所装置与其他个体相分离。寓所是一个不正当的实体，在寓所中，寓居着那些有着同样的免疫条件的人。在人格环境下，市场消除了人格的动物性，斯洛特戴克认为人格观念将让位于另一种实体，这种实体可以和其他来自免疫空间的实体一样呼吸同样的空气。对于斯洛特戴克而言，今天的免

疫只剩下纯粹的身体免疫，对于后现代主义而言，正是这种免疫让自我在面对他人的时候保持高度的容忍。[1]如今，免疫可以从生态学上来理解。要清楚，寓居在寓所微观气候中的实体已经被消除了人格，不再变成动物（斯洛特戴克在这里最早提出了这些居民们的特征），而是变成不太活跃，或没有什么反应的生命体。[2]一旦个人安全事业全面弱化了人格范畴，当代免疫体制将会集中于寓所，让其可以保护呼吸（保护纯粹生命本身）。

我注意到，我之前在使用“装置”一词的时候，描绘了斯洛特戴克的寓所的特征，我们绝对处于生命政治布局（dispensatio）的领域之中，其中，个人寓所的彼此分离让他们嵌入“专属于他们每一个人的‘体制’”之中，让他们可以与其他同类空间并置在一起，这样，他们可以互动。在同样的免疫空气圈之间，其规模布局变得垂直化，而水平轴上的各种空间的互动变得越来越不可能，寓所之外的未分化的空间，已经变得不可与寓所空间交流，而所有个体寓所都在控制自己不正当的空气圈。在这个寓所装置中，根据呼吸体制做出区分，对空气的性质进行控制，导致了免疫体的微观

1 当然，对于免疫性容忍可以参看Donna Haraway, “The Biopolitics of Postmodern Bodies,” in *Simians, Cyborgs, and Women: The Reinvention of Nature*, 203–230 (New York: Routledge, 1991)。最近对自由主义的容忍的批判，可以比较一下马西莫·卡西亚里（Massimo Cacciari）的《容忍的面具》（*La maschera della tolleranza.*）。

2 当雕塑与精致的墙壁结合起来的时候，它的影响会更加致命。“雕塑创造了一个社会尺度，决定了谁可以进入这个有吸引力的区域，决定谁不能进入那些不安全的领域，在‘社会和空间上的无人区’里漫游。这就是民主和自由包容性的垃圾场。” Oliver Razac, *Barbed Wire: A Political History*, trans. Jonathan Kneight (New York: New Press, 2002), 114.

化，即活着的呼吸实体与那些没有呼吸同样空气的人没有丝毫接触。我们可以做一个比较，这就好比以前的家庭血缘关系或与自己出生地的关系已经从自己身上转到了外面，这种关系现在包括了那些个人免疫设计最接近自己的人的呼吸空间。

我们究竟如何用zoē和bíos的词语来翻译免疫化和免疫的寓所
98 呢？在《空气中的恐怖》中，空气圈将zoē分离出来，以至寓所成为一种模式，通过这种模式，所有人的“共同生活的单纯事实”通过呼吸得到保障。随着自主性的呼吸方舱或空间的区分继续下去，我们越来越难以确定bíos，更不用说想象它了：没有本质的身份，只有一个活着的、呼吸着的归属于政治形式的生命。我想说的是，正如斯洛特戴克所说，这就是人类个体寓所的威胁所在：分离越来越完善，以致我们与其他生活形式的联系越来越艰难。不过，我可以更进一步。创造会呼吸的生活，并不仅仅是属于寓所装置的过程，说得更可怕一些，这是装置的最终结果。相反，我们将其与自由主义，尤其是新自由主义关联起来。在这里，斯洛特戴克的论述中的死亡政治倾向已经一览无余——个体权力延伸到寓所之中，从而排斥了可以共同呼吸的政治生命形式，二者也不可能共享同样的气候，转喻一下，也不可能共享一个世界观。在现代免疫的个体寓所中，在赫尔曼·布洛赫的构想和彼得·斯洛特戴克的思考中，bíos逐渐消退了，而转向了zoē，即生命体共有的最赤裸的生命现实：呼吸。从这个悲剧性的视角来看，赤裸生命和赤裸呼吸的集体很快成为常态。

作为赤裸呼吸生命的zoē

当然，下一个问题就是，我们是什么时候开始赤裸呼吸的？对于斯洛特戴克而言，我们首先可以从第一次世界大战的西线战场上早期战斗中的化学武器攻击开始，来谈赤裸呼吸的谱系学。也就是说，我们的赤裸呼吸作为一个现代现象，首先出现于1915年4月28日的第二次伊普尔战役中，德国军队通过释放毒雾，发动了化学攻击。在第一次化学武器恐怖攻击中，出现了许多新要素，斯洛特戴克将之与今天的生物恐怖袭击联系起来。首先，化学武器直接攻击单兵的环境，这样，身体本身也成为致死的手段：

> 毒气战下，对人的攻击，就是攻击生命最基本的生物学
> 条件……此情形不仅仅如让-保罗·萨特所说，令人沮丧的
> 是人对人自己的攻击，此外还有毒气恐怖袭击对空气的攻击，
> 这让受攻击者彻底绝望，受攻击者不能呼吸，不得不抹除自 99
> 己的生命。[1]

正如他所说，那时和今天的恐怖，都是通过将人变成毁灭自己的工具来发挥作用。此外，我们发现了恐怖的一般性特征（其与经典意义上的霍布斯的害怕不同，霍布斯的害怕是生产性的），它“通过反对人类周遭的‘事物’发挥作用，没有这些‘事物’，人就不再是人”[2]。对于斯洛特戴克而言，恐怖是消除人格的暴力的技术形式，

1 Sloterdijk, *Terror from the Air*, 22–23.

2 Sloterdijk, *Terror from the Air*, 25.

或技术的暴力形式，在某种程度上，它攻击了人类赖以呼吸、让人存活的空气。我们在前一章看到，当讨论埃斯波西托对人格装置的解读时，有一个从半人向非人运动的滑标，这个滑标非常灵活，以至对于个人空气圈的攻击可能会产生让大量的人走向反人格领域的效果（其他例子还包括在关塔那摩基地中，通过噪音来进行心理战）。[1]

一旦我们看到技术在对环境的破坏中所扮演的角色，恐怖的死亡政治学就更加清晰。在诸如气候控制和气象学名义下的各种技术，斯洛特戴克认为它们的影响力比不上战争技术的影响，也认为它们不是和平的知识形式，而更像是“战争的和战后科学的沉淀物”[2]。在对气象学和恐怖主义的类比中，我们看到了死亡政治，因为这种非政治的知识形式让其“用户”可以攻击居住在特定空间中的人的生存条件。“借助新的恐怖武器，让生存的基本手段变得更加突出，新的攻击类型就是那些暴露新的脆弱性层面的攻击。”[3]再说一遍，我们可以看出，海德格尔关于技术的追问已经隐晦地被斯洛特戴克提出和回答，尤其是在《空气中的恐怖》中使用的核心表述，如“从可破坏性的角度，探索环境的形式”[4]。在斯洛特戴克的解读中，恐怖主义利用现代空间探索技术来否定生命的条件，事实上，即否定生命的原初条件。这与海德格尔关于不正当写作的看法

1 参看Neil A. Lewis, “Broad Use of Harsh Tactics Is Described at Cuba Base,” *New York Times*, April 17, 2004。

2 Sloterdijk, *Terror from the Air*, 25.

3 Sloterdijk, *Terror from the Air*, 28.

4 Sloterdijk, *Terror from the Air*, 28.

相类似，但在斯洛特戴克的思考中没有那么形而上学。正如我们之前看到的，对于斯洛特戴克来说，肇始于十九世纪初的环境技术，将空间变成可以操纵的空间，也意味着在第一次世界大战时，它成 100
为一种攻击手段。因此，今天对人类的威胁就是真正的全球威胁。不过，对于海德格尔来说，威胁不过是本体论上的存在的隐退，不得不去拯救人类；斯洛特戴克认为，这些形式的生态技术造成了巨大的生态脆弱性，灾难已然来临。人的呼吸面临风险。不过，这里还有更为令人不安的事情，即当整个共同体（无论是全球的，还是地方的）的呼吸的相关性被破坏时，其隐含的结果是，一些人尝试去呼吸，而另一些人则无法呼吸。

在这里，我们再一次看到斯洛特戴克的死亡政治式的免疫体，在这个意义上，现代的免疫体被看成人们防御威胁，而不是享有特权的免疫体。环境恐怖主义的诞生（对于斯洛特戴克来说，恐怖主义就是生态的恐怖主义）被视为对这些免疫体制的回应，在二十世纪的发展过程中，免疫体制变得愈加复杂。随着全球化的推进，更为强大的免疫体制应运而生，而这些体制又是由个人（通常是以联合的方式）设计的。不过，这些设计需要同样的技术形式，通过超越防御机制来挑战这些免疫体制。这样，

> 关键在于将恐怖主义看成现代性的“童年”，因为唯有当有机体或者生命形式的环境遭受攻击，在完善的技术解释下，展现免疫的防御时，才能对它做出准确的界定。[1]

1 Sloterdijk, *Terror from the Air*, 29.

斯洛特戴克的假设是我们面临日益激烈的针锋相对的状况，在其中，恐怖主义滋生出更为强大的免疫体制，它可以不让恐怖分子接近环境条件，没有这些条件，有机体就无法生存。悖谬的是，一些人会死去，这样，未来的其他人就可以活下来。然而，人们的理解是，它们之间的这种一对一的博弈永远不会停止。

我们将要对斯洛特戴克的分析提出反对意见，我在结论部分会提到这些反对意见。现在，我只看到在他整个解读中隐含的技术决定论，其中，免疫学导致了现代恐怖主义的诞生。同样，斯洛特戴克没有看到，免疫体不仅仅是防御，或没有考虑到增强免疫体质（以及强调恐怖主义攻击，他的分析隐晦地提到这一点），导致这成为德里达等人所说的自动免疫：免疫体对需要进行保护的身体
101 （包括个体或政治体）进行攻击。[1]话虽如此，技术和免疫协议之间的关联让我们再次从另一个角度看到了斯洛特戴克思想中的死亡政治的特征。他隐约地看到免疫化的基本真相，埃斯波西托在《共同体》一书中将其很好地理解为共同体的基本问题："在不会导致死亡的情况下，我们如何实现生命的免疫化?"[2]生命的免疫越强，导

1 参看德里达的《信仰与知识：宗教的两个来源》（"Faith and Knowledge: The Two Sources of Religion"）一文，收录于*On Religion,* ed. Jacques Derrida and Gianni Vattimo (Palo Alto, Calif.: Stanford University Press, 1998)，以及《自动免疫：真实和象征的自杀》（"Autoimmunity: Real and Symbolic Suicides"），收录于*Philosophy in the Time of Terror: Dialogues with Jürgen Habermas and Jacques Derrida,* ed. Giovanna Borradori (Chicago: University of Chicago Press, 2003)。

2 Esposito, *Communitas,* 19.

致的死亡就越多。我们知道，在现代条件下，免疫化被加速了，尤其是在后现代，死亡的形式越来越具有生态性和全球性的特征。在某种意义上，这也是我之前提到过的共同性：在共同体之中，人们是国家的或民族的。而我们现在只有个体免疫设计，在斯洛特戴克看来，这种免疫体制保护性会更强，那么要求攻击的声音就会高亢。换句话说，斯洛特戴克不仅仅是德国当代哲学的“坏孩子”，事实上，他与当今许多其他欧洲知识分子一样，他们的写作有一个共同的主要关注点，那就是共同体的缺失。我们注意到，在阿甘本和埃斯波西托那里的死亡政治倾向，就是从与共同体有关的技术的焦虑中涌现的，我们也可以在斯洛特戴克那里找到这种倾向。对于斯洛特戴克而言，也可以用正当共同体的终结来表述死亡政治。

现代先锋派的非人性

这并非斯洛特戴克关于免疫体的唯一视角。他不仅仅对更强大的免疫设计和生态恐怖主义攻击之间的无法化解的辩证法提出了悲观的看法。不过，在我看到他的其他回应之前，重要的是，要指出斯洛特戴克对保护带来的附加风险的思考。这个问题涉及他对现代先锋派的理解，即将之理解为某种恐怖形式的实施者，毫不奇怪，这种恐怖形式就是施加在共同体之上的死亡政治效果。在《空气中的恐怖》中，他隐晦地谈到了现代意象派的一句格言所带来的创新观点：“去创新！”（MAKE IT NEW）[1]不过，这种创新所关心的

1 Rainer Emig, *Modernism in Poetry: Motivation, Structures, and Limits* (New York: Longman, 1995), 109.

并不主要是现成品艺术或者形式问题，而是创造出所有先锋派代表
102 的新社会，其中，社会成为“永恒革命”的主体和对象：

> 永恒“革命”需要永恒的恐怖。它设定了一个社会，不断地证明了革新的社会是一个令人恐惧和可以修正的社会。“新”的艺术浸透在最近的新鲜性的刺激当中，因为它模仿了恐怖，并与战争并肩而行——通常无法说清楚它究竟是对社会宣战还是为了自己的利益发动战争。艺术家不断地面对这个抉择，即要么作为分歧的拯救者继续前进，要么成为反对公众进行革新的战争贩子。[1]

他进一步谈到现代大众被整合到“紧急状态共产主义单位”之中，按照他的说法，这是一个永恒恐惧的体制，其基础就是一种所有人共同受到威胁的状态。再说一遍，在这里斯洛特戴克对免疫体的思考意味着我们需要小心谨慎地前进，但显然他将恐惧和革命看成同义词，无论在艺术中还是在政治中，恐惧出现的时候，也正是需要革命的时候。换句话说，像“去创新！”这样的口号形成了一个恐惧体制，它消解了共同体的形式，而更倾向于这样的社会：在这个社会里，人们更容易遭到恐吓和控制。“紧急状态共产主义单位”在这里仍然没有被明确地区分，在其他地方，它被等同于极权体制。

在这样的背景下，在紧急状态下，出现了共同体的基本轮廓，

---

1 Sloterdijk, *Terror from the Air*, 80.

由于遭受到（外部）威胁，出现了一个临时性的统一身份。斯洛特戴克并没有给出这些身份的本质，他也并不试图理解在具有共同关联、有品质的生命或bíos的先天共同体，以及由于紧急状态提供临时身份，其免疫保护也遭到了弱化的共同体之间隐含的对立。斯洛特戴克没有打算让其思考深入任何死亡政治的束缚当中，他似乎认为在二十世纪初先锋派艺术的创新弱化了政治上的有品质的生命，在一定程度上，他们模仿“新”的恐怖。其结果是，让人们脱离了共同体，走向了另一个方向，这个方向建立在恐惧基础上，它不具有一个共同体形态或不会成为一个共同体——身份政治的早期版本似乎就出现于紧急状态之中，并随着创新的传播而成型和强化。

在走向另一种紧急状态共同体（以及紧急状态免疫体）的里程碑式的运动中，先锋派的地位十分重要，因为斯洛特戴克看到的许多先锋派事实上都成为“革新的战争贩子”。要完全理解斯洛特戴克怎么看这个问题，我们需要比较一下另一位当代哲学家关于同 103
一个问题的思考角度：

> 艺术的行为是无限的，它绝不是用来满足人类动物在他们不温不火的日常生活中的需要的。相反，艺术旨在在它关心的领域中，让思想宣布一个例外状态。对于艺术行为而言，质的无限性是指超越了所有的结果、所有的客观性重复、所有“常规”主观状态的东西。艺术不是寻常之人的表现，不是那些还在为生存而挣扎的人，也就是斯宾诺莎所谓“持存着存在物”的表现……在这个方面，这个世纪的艺术，就像

这个世纪的政治和科学形式主义一样，显然是反人道主义的。[1]

在这里，阿兰·巴迪欧（Alain Badiou）提出了例外状态下的艺术，说明了只有zoē才能借助艺术，跨越通向bíos的门槛。对于巴迪欧而言，艺术并非去满足人类动物性的需要，它不仅保障赤裸生命的形式，而且促使思想去思考艺术与政治的生命形式，即bíos之间的关系。这里所说的“质的无限性”（“质”在这里与有品质的生命形式，即bíos是一致的，这并非巧合）是超越了行为本身的东西，它不仅超越了任意行为，也超越了所有行为，尤其是那些客观重复，以及“常规”名义下主观状态的行为。结果，在人类的脚下撕开了一道裂缝。一边是重复行为的寻常之人，他们与寻常和常规化相关，另一边是具有艺术所揭示的人之中蕴含的非人性之人；一边是用以谋生的寻常生活的形式（其前提是它无法长期活下去），另一边不仅要活下去，而且要无限地生活下去，过上无限的有品质的生活或bíos，那么这并非寻常之人，而是有一种例外的非人性之人。一方面，我们拥有一种不被理解为动物性的人性，人类动物仅仅是活着；另一方面，非人的人类净化了他们的动物本性。

在这个问题上，艺术和艺术家的作用就是让人类直接面对他们自己的毫无品质的界限——他们只是简单地重复着，这就是日常生活的特征，对他们常规化的治疗，就是创造一个寻常状态，阻挡他们通向非人之无限和无限之非人的道路。巴迪欧与斯洛特戴克简直大相径庭。巴迪欧认为艺术家让人超越了自己，而斯洛特戴克反

1 Alain Badiou, *The Century,* trans. Albert Toscano (London: Polity, 2007), 160–161.

而认为不断表现出震惊和惊骇，就是为了创造恐惧，通过模仿恐惧，先锋派艺术家解构了与共同体相关联的有品质的生命。巴迪欧认为bíos只出现在如下过程中：艺术家让寻常之人感受到他们的常规状态。恐怖和恐惧或许就是其中的一部分。而斯洛特戴克认为艺术在发动战争，它不代表非人的未来，而是代表着恐惧本身。在斯洛特戴克的分析中，仿佛革新是技术的、政治的或艺术的，它们让恐惧大量增加。所以，斯洛特戴克和巴迪欧在将生命政治纳入共同体范围时也有着千差万别。当然，巴迪欧根本没有分析共同体。之所以不谈共同体，是因为巴迪欧的角度问题，在巴迪欧那里，寻常之人被视为只由zoē构成，同时推动bíos走向某种通过艺术实现的未来转变，艺术超越了纯粹的重复行为，而重复行为就是典型的赤裸生命。巴迪欧用经典的马克思主义词语“异化”来翻译zoē的基本架构。

对巴迪欧的解读，让我们再一次看到了斯洛特戴克思想中的死亡政治倾向。对斯洛特戴克而言，今天的共同体只是之前共同体的骨架，已经不断遭到现代性的削弱，尤其是遭到那些被称为“先锋派”的二十世纪现代性的最初恐怖主义形式的攻击。在这里，似乎有两种免疫体形式：个体免疫体和紧急状态下的集体免疫体。然而，这两个免疫体都不是建立在有品质的生命或担当（munus）之上，而是建立在最赤裸裸的免疫保护或最发达的保护之上（那么，它迟早会发动攻击）。在这个意义上，斯洛特戴克的死亡政治源自二十世纪初有品质的生命的消退，在很大程度上是因为先锋派革新的作用，由于革新，恐惧在人群中弥散开来。通过一系列分层次的语义学词语的划分，革新实践已经深深地镌刻在技术形式之中，让人类越来越接近（或回到）霍布斯的自然状态，在那里，个体免疫体制试图取代利维坦。

愤怒的死亡政治学

在斯洛特戴克最新的英文版著作中，对先锋派的生命政治后果的思考，是他更宏大研究计划的一部分，即他试图追溯整个西方
105 文明发展过程中的愤怒的历史。我们或许要问，愤怒与生命政治有什么干系。显然，谈到愤怒以及愤怒的表兄弟“憎恨”，斯洛特戴克玩了一个老戏法，即从尼采的魔术帽子中拿出了所有东西。我们暂且不讨论尼采对他的影响，在这里，有许多向度似乎指向了斯洛特戴克之前作品中的一些线索，而另一些向度则进一步给出了死亡政治学和技术的细节。首先，当然，他十分明确地对马克思主义进行了批判性挞伐，斯洛特戴克认为马克思主义在权衡反叛的结果时采用了一种牺牲性的经济学，从而以令人厌恶的方式实施了一种死亡政治学。在这里，他再一次转译了海德格尔在正当和不正当写作与救赎之间的区分，但现在谈的是正当和不正当的愤怒形式。这样，斯洛特戴克将纯粹愤怒与古希腊英雄联系起来，这些英雄几乎被掏空了内涵，他们的自我以非人的方式存在着。于是，斯洛特戴克在谈到阿喀琉斯时写道：

> 在纯粹愤怒的情况下，没有复杂的内心活动，没有隐藏的精神世界，没有可以让英雄为其他人所理解的私人秘密。相反，其基本原则是演员的内心活动，应该完全变成行为，

如果可能，它应该变成完整的歌。[1]

关键不在于为某种东西而奋斗，而是战斗会带来英雄般的精神或能量。斯洛特戴克强调的是行动（Handlung）与纯粹愤怒的关系，他也在正当和不正当技术形式的范围里谈到了这个关系，因为对于斯洛特戴克来说，在事件的产生和转化中，愤怒会带来这种能量。我们记得，在前文论述海德格尔讨论《归乡》时对技术和不正当写作的解读时，我们曾指出这一点十分重要。

在两百多页的论述之后，斯洛特戴克将不正当和巧妙的愤怒和憎恨的形式追溯到法国大革命时期，尤其是那些愤怒的大师，如雅各宾派，这种愤怒的形式在马克思和列宁那里达到了巅峰。在《愤怒与时间》中，除了斯洛特戴克描绘马克思主义思想发展的复杂多样的历史的粗犷笔法，最显著的就是愤怒在建构新人时的作用——新人是新革命的主体，并坚定地将未来人的形象与颓废的资产阶级形象截然区分开来。有趣的是斯洛特戴克对先锋队，尤其是社会主义或共产主义政党的理解，他认为政党在根本上是一种 106
技术——它在一种保罗·维希留（Paul Virilio）于不同背景下描述的竞速学运动中，赋予了愤怒形式。[2]谈到与党的战士相关联的语义链，斯洛特戴克指出："现代战斗性可以追溯到悠久的愤怒历史，它出现在秘密社团、恐怖组织、革命小组、民族或超民族的组织、工人政党、工会援助组织、艺术协会等形式中。所有这些都是根据

1 Sloterdijk, *Rage and Time*, 9.

2 Paul Virilio, *Speed and Politics* (New York: Semiotext(e), 1986).

成员、仪式、俱乐部活动的条件，以及他们的报纸、杂志和编辑部组织起来的。”[1]尽管他们更像是媒体，但这些愤怒的实体的目的是将人们推向“颠覆性力量”，迫使他们发泄他们的“巨大的不快”[2]。与艺术家团体不同，这些政治先锋队通过其形式来获得愤怒。他们提供了一个集体性实体，让愤怒可以实质性和集体性地嵌入实体之中。

斯洛特戴克继续将死亡政治与这种不正当的形式，尤其是政党形式联系起来。在某种意义上，我们已经看到了海德格尔对布尔什维克治下的人的技术化，以及打字机带来的写作的标准化的恐惧，它将西方人带入一个传播交流的点上，消除了人的身体和写作表达上的个体特征。于是，斯洛特戴克将之转译为正当的个体愤怒，如他之前描述的那样，在某些方面，愤怒似乎是非人性的，与“无产阶级的热血沸腾（thymotization）”和大众化相比，在对“异化”和“再分配”的系统理解之下，个体愤怒的表现得到强化和增加。[3]斯洛特戴克用很长的篇幅证明了这些词语如何导致集体愤怒，但他思考的点让他认为马克思主义的计划的关键在于谁或什么是人，而谁或什么不是人：

> 关于工人阶级的解放问题，最重要的就是人的重生。解放可以修复阶级社会中的大多数人的生活条件导致的畸形。[4]

---

1 Sloterdijk, *Rage and Time*, 122.

2 Sloterdijk, *Rage and Time*, 122.

3 Sloterdijk, *Rage and Time*, 128.

4 Sloterdijk, *Rage and Time*, 128.

尽管资本主义通过物化，让无产阶级非人化，但是未来人性的种子就在这里，这是“孕育一般人性及其未来的潜能的母体”[1]。所以按照斯洛特戴克的解读，无产阶级的敌人就是人类的敌人，107 “（理应）退回到过去”[2]。这样，斯洛特戴克分析的死亡政治的道路，并不在于同意马克思对无产阶级非人化的解读（事实上，他确实同意这一点），而在于革命敌人的构成，这些潜在人类的敌人必须在这场“最终之战”中倒退回过去。[3]

在描述马克思主义的最终的阶级斗争和内战时，斯洛特戴克的语言也带着死亡政治的口吻：

> 最终之战将会释放出无条件的敌意：一方阵营是拥有资本的资产阶级，包括他们豢养的鹰犬，他们都是客观的野兽；另一方阵营是无产阶级，他们是唯一的价值生产者，他们的饥肠辘辘的后代就是客观的真实人类。在这场战争中，关键在于生产人类的真正本质。因为据说一方阵营纯粹是寄生于生产，而另一方阵营是真正生产的人，后者最终将真正不可

1 Sloterdijk, *Rage and Time,* 129.

2 Sloterdijk, *Rage and Time,* 129. 在这个方面，比较一下西蒙娜·薇依关于资本主义终结的警示：“因为‘摧毁资本主义’没有意义，资本主义只是一个抽象概念，因为这不会给体制带来任何实质性的改变……口号只是说消灭资本家，在更一般的意义上，消灭那些不认为自己站在资本主义对立面的人。”Weil, “The Power of Words,” in Miles, *Simone Weil: An Anthology,* 231.

3 Sloterdijk, *Rage and Time,* 129.

避免地获得胜利。从此往后，要理解现实的本质就是去思考内战。[1]

通过使用灭绝的语言，斯洛特戴克明显打算激活纳粹主义的死亡政治背景，也激活真正的人与非人之间的区分，如果这不是纳粹主义的生命政治的话，那么当然是二十世纪早期的人类学和种族思考，所有这些依然都是从正当和不正当的语言来建构的（本真的生产），斯洛特戴克批判地将这个区分作为最终之战的基础。显然，斯洛特戴克的修辞在这里面临一个巨大的困难，我们再一次想起了福柯，在他于1975—1976年在法兰西学院进行的讲座“必须保卫社会”中，福柯的表达与斯洛特戴克讨论社会主义的种族主义时的说法并无二致：“在国家种族主义之外，发展出我已经跟你们说过的条件，形成了社会种族主义，在它出现之前，它并不需要等待社会主义国家的形成。社会主义从一开始就带有民族国家形式，即便在十九世纪也是如此。”[2]福柯随后补充说：“另一方面，一旦社

1　Sloterdijk, *Rage and Time*, 129.

2　Michel Foucault, *Society Must Be Defended*, 261. 恩斯特·诺尔特（Ernst Nolte）在《法西斯主义的三副面孔》（*The Three Faces of Fascism*）中将法西斯主义解读为反马克思主义：“如果法西斯主义是反马克思主义的形式，它要去消灭它的对手，它不可能满足于仅仅从政治上击败一个政党；它必须揭示其精神根源，并对之进行谴责。”（p. 51）对于马克思主义与生命，他写道：“它（马克思主义）超越了自然，形成了与最新的社会现象的历史关联，仍然受压迫的人已经成为新兴的无产阶级，这样他们可以成为欧洲最新的信仰……这个宏大的整体将会产生广为传播的恐惧和憎恨，没有恐惧和憎恨，法西斯主义就不可能崛起，通过否定，法西斯主义用这种令人沮丧的严肃性建立了统一体。”（p. 551）

会主义不得不强调斗争问题、反对敌人的斗争、在资本主义社会内部消灭敌人，就会出现一定程度的种族主义，因为这是实践社会主义思想的唯一方式，毕竟它与生命权力问题紧密相关，可以合理地 108
杀死它的敌人。”[1]从根本上说，斯洛特戴克承袭了福柯的种族主义分析，并通过愤怒范式来解读它。斯洛特戴克和福柯都有一个认识，即在热血革命中，出现了死亡政治的形式，潜在的人类（无产阶级代表其可能性）只能通过愤怒来实现，这证明了被杀死的资产阶级不算是人。在斯洛特戴克描述马克思主义的粗线条笔法下，他们之间发生了分歧，他放弃了福柯关于社会种族主义的讨论中的精妙之处，因为他将这些东西转译成了义愤和愤怒。

借助“厌世国际”（misanthropic international）的形象来解释愤怒，斯洛特戴克补充了他对愤怒的解读（或者更确切地说，他说明了在古希腊人之后，愤怒被驯化为一种堕落的形式），这读起来像是过度愤怒所带来的危机。于是，我们发现，我们面对这“否定性的流行病”时，就是要从文明内部来进行造反。当然，这个角度产生了很多问题，但对斯洛特戴克而言，最主要的问题是这种厌世症的特征，不仅是共产主义具有，而且绝大多数（不是所有的）自由派都是如此。对于斯洛特戴克而言，公众的威胁恰恰是这些人只是将公众视为一盘散沙，而忽略了人类社会化的基本真相。按照斯洛特戴克的说法，事情的真相是人类在其中有着严重的社会恐惧症，任何想通过政党和国家来统御公众的做法都是萨德式的。对于斯洛特戴克而言，这就是集中营的终极视野，不用奇怪，他忽略了各种

1 Michel Foucault, *Society Must Be Defended,* 262.

极权形式之间的差异。他写道：

> 相反，集中营建立在这样一种直觉之上：只要逼着他们带着不欢迎的姿态相互接近，地狱总是其他人的地狱。在《禁闭》（*Huis clos*）中，萨特只是用微观地狱取代了宏观地狱。如果我们将我们的敌人放入一个总体共存的国家之中，那么每一个人都会被其他人因拒绝别人靠近而升起的敌意的火焰烧死，而每个人都得为此负责。只有圣人才能在集中营情境中活下来，而不会被非人化。"集中营"只是对现代厌世者的传统称呼。[1]

于是，例外状态下的赤裸生命对于斯洛特戴克来说并不重要，更重要的是愤怒的效果——一个厌世者接近邻人到了令人无法忍
109 受的距离所产生的效果。如果在集中营中出现了非人化的过程，那么，对于斯洛特戴克而言，这就是与他人的有害的亲近距离造成的结果。这个分析令人不安，原因有很多，最重要的是他没有考察纳粹死亡集中营的特殊性，以及纳粹生物统治实践的重要性。显然，我们对于这些说法提出了质疑。话虽如此，斯洛特戴克显然看到一种以死亡政治为名义的原初的生命政治（和形而上学）机制：在一个对立中，我们感受到了这一点，对立的一方是被迫成为公众，另一方是个体的社会恐惧症。当斯洛特戴克转向讨论当代义愤和愤怒的形式时，和阿甘本很像，他也认为赤裸生命是西方大众连接在一

---

1 Sloterdijk, *Rage and Time*, 211.

起的最小公约数。他们俩的不同之处在于他们各自对赤裸生命特征的看法，即追问赤裸生命缺少了什么。对于斯洛特戴克而言，赤裸生命缺少正当的愤怒形式，它没有任何“原始能力，来恢复自己的价值和主张”[1]。

其原因与技术力量有关，或许不需要再重复，正当和不正当愤怒的重新出现，让我们再一次想起了海德格尔对技术的解读。这也让斯洛特戴克看到最正当的个体——这种愤怒中并没有斯洛特戴克在左派那里看到的不纯正的憎恨，因为它不会通过成员的大众化带入不正当的形式。这并不是人或个体的愤怒，关键并不在此，而是这种愤怒在景观社会中被扩散开来，景观社会的效果恰恰是将所有问题都纳入“标准化法则”之下：“民主的任务就是通过根除主要问题和次要问题之间的区别，来创立一个无差别的社会。”[2]我们知道，这就是西方人的海德格尔式灾难，现在必须拯救西方人，但这不可能，因为大众媒介的权力创造了无差别的社会。人类的非人化恰恰是这种将人连根拔起的媒介所带来的后果。

然而，另一场灾难也在等待着我们，这个灾难与《什么是装置?》中的灾难是一致的。如果说阿甘本没有命名这个灾难，那么斯洛特戴克直接指出这个灾难就是某种不正当的宗教。斯洛特戴克

1 Sloterdijk, *Rage and Time*, 212.比较一下斯洛特戴克对魏玛时代精神的解读：“所有有争议性的主体性，归根结底都源于自我与痛苦的否定斗争，他们作为生命体不可避免地会遭遇这些痛苦。他们进行‘重建’、武装、筑墙、围栏、划界和自我强化，用来保护他们自己。”Peter Sloterdijk, *Critique of Cynical Reason*, trans. Michael Eldred (Minneapolis: University of Minnesota Press, 1987), 468.

2 Sloterdijk, *Rage and Time*, 205.

在这里的笔调十分尖酸，就如同奥莉娅娜·法拉奇（Oriana Fallaci）对某些宗教的攻击一样，他承认即便“到目前为止，这些宗教并没有显示出他们能在二十一世纪的人类生存的技术、经济和科学条件上创造出什么”，但危险很快就会来临。[1]宗教人口的爆炸，对于斯洛特戴克来说，足以说这就是西方的灾难——等待着生命政治的攻
110 击的出现。“这并不是一个让西方人等待的空洞时刻。”[2]再说一遍，在斯洛特戴克的分析中，有很多麻烦的因素，最大的问题就是他对某些宗教的整体看法：事实上，这里有一种潜藏的摩尼教思维，会阻碍我们理解斯洛特戴克对当代生命政治因素的贡献。话虽如此，我们仍可以看到，斯洛特戴克在根本上用某些宗教取代了海德格尔的正当和不正当写作分析中的共产主义。这让我们想起了海德格尔谈到的技术化的布尔什维克和“完善的世界技术组织”[3]。在这个方面，斯洛特戴克两面下注。一方面，他认为即将来临的灾难是拥有技术知识的某些宗教以及西方人的冷漠如同病毒般扩张，这或许会成为主流。另一方面，某些宗教没有纯粹的愤怒，它们没有可以随意兑现的愤怒储备。换句话说，斯洛特戴克在启示录中绝对不会呈现各种宗教和观念之间的沟通和交流。理由很简单。由于全球化及其特有的免疫体制，我们的灾难已经过去了很久。在后灾难情境中，生物技术以其对存在和愤怒的驯化，成为唯一的策略，从根本上来改变西方生活中普遍存在的非人化和冷漠。

1 Sloterdijk, *Rage and Time*, 225.参看Oriana Fallaci, *The Rage and the Pride* (New York: Rizzoli, 2002)。

2 Sloterdijk, *Rage and Time*, 225.

3 Heidegger, *Parmenides*, 86.

生物技术的死亡政治学（一）：福柯与斯洛特戴克

在剩下的章节中，我想对关于斯洛特戴克死亡政治的松散讨论进行一个收尾，我从免疫体开始，终结于非政治地捍卫英雄的愤怒，认为这是为数不多的可以消除生命动物性的渠道。斯洛特戴克的讨论提出了很多观点，触及一般被认为超越了全球化视角的领域。例如，在某些方面，他的分析与意大利工人自治主义（哲学上的工人主义）和非物质劳动是一致的，或许斯洛特戴克的恐怖观与安东尼奥·奈格里的观点密切相关。[1]尽管如此，我们也看到在斯洛特戴克的球体、全球化和不正当的愤怒形式的模式中，他并非一蹴而就地走向死亡政治——他一直都没有意识到这一点，直到2007年，他发现在无法生存的家里出现了正当的操持，人类需要不断为之而斗争。这个过程是在历史中发生的，所以，斯洛特戴克 111
不仅仅跟随着反历史主义的思想线索前进，正如在海德格尔的《巴门尼德》中一样，他还给出了关于全球化的谱系学的各种细节。我们记得他谈到了大外部（the Outside）的力量逐渐增强，而与之对应的是内部形成了潜在的个体的隔离墙。[2]相反，我在这里想说明的是，他的死亡政治学的绝大部分事实上关注的是共同体的死亡，

---

1 对于这个问题的介绍，可以参看Michael Hardt, “Introduction: Laboratory Italy,” in *Radical Thought in Italy,* ed. Paolo Virno and Michael Hardt, 1–10 (Minneapolis: University of Minnesota Press, 1996)。在同一本书里，也可以参看Maurizio Lazzarato, “Immaterial Labor,” 133–146。

2 对于这一点，可以参看海德格尔关于潜能和操持的论述：“对于自身的坚定，首先使此在有可能让与他一起‘存在’的他者，以自己的潜能去存在，这也揭示了超越和自由的潜能。坚定的此在可以成为‘他人的良知’。” Heidegger, *Being and Time,* 299; quoted in Esposito, *Communitas,* 95.

这解释了斯洛特戴克在《球体》第二卷中的那种悲剧性的论调从何而来。这样，对于斯洛特戴克而言，全球化不是一个帝国，那里没有“超级的单一球体，或者说没有诸中心的强权中心”，没有潜在的或根茎化的能够为公众提供新观念的帝国，那里只有一个不断改变个体行进方向的未来，这些方向涉及在既定时代的时间点上具有共同利益的不同组织。[1]然而，之前的家庭或共同体提出了正当的操持，这种可能性已经不复存在。这样，死亡政治的灾难与其说影响到了西方人或一般意义上的人，不如说它面对的是共同体的死亡和个体免疫体的崛起。由于取代了共同体，今天由个体成员组成的当代社会占了上风。事实上，唯一可用的根本策略就是基于灵活多变的利益网络，设计出更为强大的免疫体制。

免疫体和共同体之间的关系不仅让人们想起埃斯波西托对这个词与共同体的关系的理解——在这里已经十分明显，在许多观点上，他与斯洛特戴克有异曲同工之妙。正如他所说，更为重要的是福柯，他认为全球化是一种颠覆了共同体的个体生命政治体制。在收录于《必须保卫社会》中的1976年3月17日的讲座的讲稿中，福柯在他的生命政治学的谱系中，十分快速地谈论环境问题。然而，他回应了斯洛特戴克对生态学和共同体的终结的理解：

> 生命政治学的最后的维度就是最终……控制了人的种族或人类之间的关系，因为他们是一种物种，因为他们是生命体，他们生活在他们的环境、他们的周遭之中……在某种程

1 Sloterdijk, *Sphäen*, 995.

度上，这里的环境不是自然环境，而是人口造就的环境，所以它也对人口产生影响。[1]

近期关于福柯生命政治学的反思，会漏掉生态学的视角，但在某种意义上，斯洛特戴克回到并颠覆了这个视角。斯洛特戴克超越了福柯，他解构了人口，认为人口代表着今天发生光速转变的 112
共同利益和流变路径之前的一个要素。他令人信服地指出，与人口（不是人民）有关的人工环境的一个主要影响就是很难（但不是不可能）确定人口的正当的家园，从而实现了对人口的解构。在这里，斯洛特戴克挖掘出福柯生命政治学的另一个很少有人触碰的领域，即生命政治与偶然、安全之间的关系。[2]的确，福柯在谈到作为生命政治的呼吸时，也谈到了偶然事件："技术将大众凝聚起来，对人口的特征产生了巨大影响，它试图控制一系列发生在有生命的大众之中的随机事件，该技术试图预测这些事件发生的概率。"[3]所以，斯洛特戴克的免疫设计锚定了个体安全，在这里再一次得到了完美的论述。福柯认为生命政治是"一种安全技术"，它在生命体的人口中，来预测随机事件的发生，这样可以让生命状态得到优

1 Foucault, *Society Must Be Defended,* 245.

2 近期有个令人印象深刻的例外，参看Robyn Marasco, "Machiavelli *contra* Governmentality"，发表于"Biopolitics and Its Vicissitudes," Amherst College, Amherst, Mass., April 2009。

3 Foucault, *Society Must Be Defended,* 246.对于生命政治和风险，参看Pat O' Malley, "Risk and Responsibility," in *Foucault and Political Reason: Liberalism, Neo-liberalism, and Rationalities of Government,* ed. Andrew Barry, Thomas Osborne, and Nikolas Rose, 189–207 (Chicago: University of Chicago Press, 1997)。

化。对于斯洛特戴克而言，是个体，而不是人口，优化了他的生命状态。

那些与福柯密切相关的领域，需要比我在这里给出的论述更为全面的考察，但为了让讨论进行下去，我想谈谈斯洛特戴克与福柯关于生命政治学的分歧所在。[1]他们的分歧主要出在种族主义之上。我们记得，对于福柯来说，种族主义让人们可以重新在生命政治学中引入死亡，这样，可以引入一个区分，即“在权力的控制下，打破生命的维度：必须活下去的人和必须死去的人之间的区分”[2]。“要么……要么……”（aut…aut…）策略的终极目的就是将人口看成一个物种。于是，我们发现在斯洛特戴克的分析中，有一个机制，它决定了“谁必须活下去，谁必须死去”。在斯洛特戴克先前的回应中，我们已经看到了部分答案，在他通过免疫体对市场运作进行的思考中，已经暗含着一种死亡政治。怎么会这样？在斯洛特戴克对免疫体的解读中，我们发现了一些人具有免疫体，可以设定自己的免疫，而另一些人，即绝大多数人，没有办法免疫。他没有明确说过，某些个体设计了他们的免疫，而其他人必须失去他们的免疫（正如埃斯波西托对人格装置的解读中所说），但在之前暗示过这一点，那时，斯洛特戴克思考了人们自己民族集体下的失去的团结，而之前这种团结来自更大群体提供的免疫形式（在一般意
113 义上，免疫体被理解为福利国家及其援助模式）。我们在这里再一

1 斯洛特戴克在《球体》，尤其是第一卷中使用了“生命政治”一词，他谈到了罗马竞技场。感谢大卫·洛加斯（David Rojas）帮我指出了这个参考文献。

2 Foucault, *Society Must Be Defended,* 254.

次看到新自由主义在全球化中的角色，他们解除了对底层群体的集体保护模式。这个过程只在斯洛特戴克那里零零碎碎地出现，这就是瓦伦·蒙塔格（Warren Montag）的死亡经济学。对于蒙塔格而言，这样的过程就是让那些人去死。正如蒙塔格写道：

> 顺着可以被杀死，而杀死他的人无须承担罪责的神圣人的形象走下去，还有另一个形象，他的死亡毫无疑问没有前者那样壮丽恢宏，也不会成为记忆和纪念的对象。或迟或早，有人会以市场合理性和平衡性的名义杀死他们，而无须承担任何罪责。[1]

尽管蒙塔格对十九世纪初的经济学思想感兴趣，但在很多方面，斯洛特戴克的分析与蒙塔格十分吻合——他们俩都认为市场是摒弃生命的手段。然而，斯洛特戴克提升了蒙塔格的解读，将其与全球化带来的失败的公共体制联系了起来，而这成为活着的人被抛入他们自己的装置中的最后一步。

生物技术的死亡政治学（二）：全球化的基因库

斯洛特戴克关于生物技术更为著名的作品，就是在这个更为宏大的死亡经济学视野下完成的。对于斯洛特戴克而言，资本主义所产生的后现代全球化形式从底部摧毁了民族免疫计划的根基。这导致了两个结果。首先，我们走向了“后种族主义时代，其证

1 Montag, “Necro-economics,” in *Radical Philosophy*, 17.

据是，在任何情况下，个体的各种形态都要比民族的形态更为重要”[1]。这是因为全球化并不是随着地球和外太空开始和结束的，它反而回到了我们自己这里。今天，更为重要的是人类基因库的全球化。斯洛特戴克指出“其特征是，一方面，这消灭了物竞天择，另一方面，走向基因全球化最终导致各个民族和种族（Völkern und Rassen）之间历史差异的拉平”[2]。斯洛特戴克以生物工程的语言，重新解释了福柯生命政治叙事中十分显著的从人民到人口的运动变化。一个令人胆寒的结果就是，人们之间的差异消解了，仿佛他们都变成了人口，进一步的差异被最小化，仿佛种族主义的根基被消
114 除了。斯洛特戴克在分析基因全球化的过程中，提出了如下问题：如果种族主义是福柯思考十九世纪末的死亡政治表象（后来在纳粹主义那里达到巅峰）的机制，那么我们是否发现自己现在处在一个完全不同的生命政治体制架构的门槛上，即死亡政治学已经彻底消除了人类技术因素？[3]斯洛特戴克在这里似乎有点犹豫不定。一方面，我之前对没有免疫保护的个体的讨论，谈到这会让他走向死亡

1 Peter Sloterdijk, “Domestikation des Seins: Die Verdeutlichung der Lichtung,” in *Nicht gerettet,* 203.

2 Peter Sloterdijk, “Domestikation des Seins: Die Verdeutlichung der Lichtung,” in *Nicht gerettet,* 203.

3 “种族主义世界被描述为一个带有互不相容的各种特质的世界，在这个世界里，真正的普世主义的人无法被视为一个普世主义的生命……在这种观点下，当代生物学和基因学失效了，他们发现进化已经产生了更广泛的基因共性，即一种生命上的普遍性，基因的变化主要是通过个体层面而不是群组来发生的。” Warren Montag, “Toward a Conception of Racism without Race: Foucault and Contemporary Biopolitics,” *Pli* 13 (2002): 121.

政治，并对市场进行批判，而市场会抛弃一些人的生命。在这个意义上，他显然是批判新自由主义的，并用死亡来描述生命。另一方面，在其他文本中，生物技术走向了前台，市场似乎完全消失了，消失在海德格尔的存在奥秘迷雾当中。于是，存在者让自己“接受不断的救赎和解蔽过程，它总是有新的猜疑，同时也在现在昭然若揭的事物之下隐藏自己”[1]。很明显，这个参照，即想要救赎和发现，然后回到救赎，让我们想起了海德格尔的那些段落，这成为我研究当代哲学中的死亡政治倾向的潜台词。从我们对奥秘和救赎的讨论出发，将其当作解读的角度，那么我们可以说，斯洛特戴克关于生物技术的角度，也留在技术之中，让正当和不正当的救赎与写作发挥作用。

在《人类动物园法则》的开篇，斯洛特戴克对人性化和兽性化的媒介的强调再一次映入我们的眼帘。对斯洛特戴克而言，生物工程的作用就像阅读（Lesen），事实上，他将从基因库（Auslesen）中选择理解为阅读形式。但基因生物工程也暗示着一种写作形式，在某种程度上，它让我们进入一个奥秘之境中。[2]作为写作的生物技术，并不是一下子就出现的，而是将人置于持存的位置上，我在

1 Peter Sloterdijk, “Domestikation des Seins: Die Verdeutlichung der Lichtung,” in *Nicht gerettet,* 205.

2 参看 Sloterdijk, “Rules for the Human Zoo,” 25–27。也可以参看马西莫·卡西亚里对海德格尔的神秘性的解读：“如果，一方面，作为揭示的神秘维度与海德格尔的无蔽问题相类似，另一方面，它让我们想起了罗森齐维格的救赎。揭示，作为一种预设，就是救赎。” Cacciari, *Dalla Steinhof: Prospettive viennesi del primo Novecento* (Milan, Italy: Adelphi, 1980), 139–140.

第一章谈海德格尔时简要叙述过持存观念：在生物技术之下，我们可以被抛弃，而我们必须等到这个结果变得越来越明显。这就是未曾言明、未被认可的牺牲体制，在这个体制下，为了未来的更强效的免疫机制，就得在今天牺牲一批人。换句话说，个体的免疫化在根本上是通过死亡来运作的，未来的生物工程就是用来对付当代对免疫体的恐怖袭击的。

我们或许期望斯洛特戴克提出生物技术就是不正当写作的形
115 式，实际上让人从存在之中退却，但恰恰相反，他在挑战《巴门尼德》（或许与之更针锋相对的是《人道主义的书信》）的解读中，否认将不正当/正当的解读用于生物技术。对于斯洛特戴克来说，生物工程完全不同于其他技术形式（于是也不同于其他的写作形式），在一定程度上，制造高等人的基因工程现在已经成为可能，随后，这种技术也变得十分必要，于是，斯洛特戴克在那些令人震惊的段落中，谈到了人类工程统治的问题：

> 简言之，皇家的人类工程，需要政客们了解如何将自由但容易受影响的人聚集在一起，让他们产生对整体有利的特征，这样，在人类动物园的方向上，可以达到最佳稳定状态（optimum homeostasis）。一旦两种相关联的人类品质，或者说战争的勇气和哲学的人文关怀被编织成物种的新形态，就会

出现这种状况。[1]

斯洛特戴克不仅注意到技术将人类标准化为一种传播形式，让我们都变得差不多，他关于即将来临的后种族主义时代的论述就十分清楚地谈到了这一点。[2]然而，他也指出了绘制基因库意味着基因库的优化。于是出现了他对柏拉图的那令人不安的解读，丝毫不谈纳粹主义版本的挪用。[3]在人类工程技术中，斯洛特戴克看到最终的尝试，即在个体层面上面对生命的偶然性因素。这些个体都成为人类动物园的守卫者，这样，在未来的某些日子里，人类大众不再有任何区别，除非有些高等级个体拥有着高等基因库，他们充当绝大多数人类动物的庇护者。再说一遍，我们若想有另一种生命形态，意味着需要通过让其他人死亡来达到目的。人类等待着有关自己未来基因的奥秘被揭示，让他处于需要被拯救的位置上（即便

1 Sloterdijk, "Rules for the Human Zoo," 26. 斯洛特戴克似乎认为现代生物技术的条规放弃了与人造物的所有关联。参看他对德绍尔（Dessauer）的讨论和对技术的肯定，它们在这个背景下具有特殊意义："由英雄气概和钢铁身躯构成的战斗主体看不到自己的毁灭。在遭受技术带来的巨大苦难的、被支配的世界中，它受到的威胁越大，它就越乐观地模仿英雄的姿态。在其理论的中心，有一种主体，它不可能经历苦难，因为它是彻底的人造物。" Sloterdijk, *Critique of Cynical Reason*, 457.

2 参看 Mario Perniola, *Miracoli e traumi della comunicazione* (Turin, Italy: Einaudi, 2009)。这是意大利背景下另一种深受海德格尔影响的传播学解读。

3 关于纳粹主义与柏拉图、与我们自己的哲学传统之间的矛盾心理，参看 Simona Forti, "The Biopolitics of Souls: Racism, Nazism, and Plato," *Political Theory* 34, no. 1 (2006): 9–32。

斯洛特戴克否定或限制了这一点，但他深深地渴望生物工程可以代表一个新的后人类的未来）。人的形象等待着被超越，（在这样做的时候）他们可能会沦为过眼云烟——在未来被抛弃。

我们也注意到他的分析中隐含着弥赛亚主义。我们在阿甘本和埃斯波西托那里都看到了弥赛亚主义，而斯洛特戴克的弥赛亚主义，则通过从哲学上对技术进行批判，成为非常深刻的思考，即技术让人类处于风险之中，但也通过创造更高级的人类来拯救人类，他们可以从动物政治学上来管理人类动物——通过高等基因库，他
116 们可以拯救我们剩下的人。斯洛特戴克没有看到的是，生物工程技术也是市场的产品，大多数人几乎没有，甚至不会获得免疫体的保护，这种风险急剧地扩展到所有人身上，只有极少数个体被纳入生物工程，超越了动物性的大众。斯洛特戴克并未太多地谈论这些未来生命政治的统治者，但是他们与大多数人的物种差异再次表明了消极因素的作用，因为根据预测，他们自身的免疫设计需要与人类动物的“共同体”保持距离，这与之前的殖民主义的生命政治统治没有什么不同，而他们已经从基因上对这些人类动物免疫了。[1]

那么，让我们回顾一下，斯洛特戴克哲学思想中死亡政治的

1 或许可以读一下斯洛特戴克早前对狄奥尼索斯的学习的解读，他称之为“治疗术”“精神伦理学”或“心理戏剧”——是的，还有“政治学”，这有助于理解他为什么要捍卫生物工程。这样，“普世文明层面上的治疗戏剧，在没有任何人授权或命令的情况下就可以上演，这是一个学习过程，也可以终结虚无主义的攻击，它重新建构了价值，划定了尺度，建立了各个层次，并消除了一些东西”。参看Peter Sloterdijk, *Thinker on Stage: Nietzsche's Materialism*, trans. Jamie Owen Daniel (Minneapolis: University of Minnesota Press, 1989), 89。

四个特征。第一个特征出现在全球化的最终阶段上，即那时他所说的西方文明需要面对一个重构的、在本质上近乎虚无主义的外部，这个外部是彻底的否定性的他者，它不得不从某个内在角度来看地球。地球本身变成了内在性批判的主体，没有任何在个体所归属的共同体之外的家园的先验坐标系。第二个特征出现在欧洲殖民主义的特殊愤怒中，在语义学上，大外部（the Outside）与另一个将会被殖民的他者有关。在斯洛特戴克的解读中，殖民主义是一种完美免疫体制的手段，于是，当用来保护殖民者的更为强大的免疫装置大量增多，就会出现死亡政治问题，它被用来对付部分被殖民者，来弱化他们（因此，悖谬的是，也强化了他们）。第三个特征，我们可以从寓所装置的发展中十分清楚地看到，寓所装置是免疫体制的另一种表现形式——免疫体制的设计变得私人化，削弱了之前由更大的民族-国家的共同体提供的免疫保护。在这里，比第一个特征更为清楚的是，死亡政治被视为个体免疫体的扩张，也让共同体不再具有免疫功能，在共同体之下，人们是彼此依赖的，与他人同生共死。最后一个特征出现在斯洛特戴克对不纯粹愤怒的解读中，他认为这就是马克思主义死亡政治学的基础，其前提是未来的无产阶级的人性，其也意味着要消灭某些因素，例如，资产阶级的性命，因为他们并没有参与真正的生产形式。

做个总结，让我们稍微回顾一下。在许多重要的当代解读中，我认为在死亡政治学的出现过程中，技术尤为重要，而死亡政治学对生命政治学产生了重要影响。我之所以这样说，是因为我看到它 117
将我在整部著作中所讨论的三位哲学家结合在了一起。但我也注意到，技术正是理解海德格尔做出正当和不正当写作和救赎的区分的关键，尤其是技术的后果，即存在从人那里隐退。就阿甘本来说，在他最近讨论通过日益发达的技术来治理生命的著作中，我们十分清楚地看到这一点。装置隐含着一种走向灾难的冲动，这种冲动与通信技术以及隐含的生物技术造成的主体间关系日益抽象化并行不悖。在他的焦虑背后，是对技术的恐惧，以及技术对正确处理与他人关系的影响，还有“订置”的影响，即对那些试图掌握技术的人的约束。就埃斯波西托而言，虽然海德格尔对他的思想影响不如对阿甘本和斯洛特戴克那么明显，但他对技术的蔓延带来的不正当救赎的焦虑，成为他看待生命政治的一个主轴，通过更具有生命论色彩的哲学思想（包括斯宾诺莎、尼采和德勒兹），从死亡政治那里转一个180° 的弯。在斯洛特戴克那里，我们看到了今天最全面的死亡政治思考。穿越西方和非西方的历史长河，采用球体的弧形去观看，一旦共同体开始衰退，死亡政治就进入我们的视野中。斯洛特戴克的死亡政治学隐含着一个观念，即一旦技术扩张，最受技术威胁的就是个体，斯洛特戴克将其影响的扩张看成一种媒介，其中包含了从政党到寓所等一系列不正当愤怒形式的装置，最后也是最重要的，在媒介引导的民主社会下，技术在日常生活中构建了一个无差别的社会。哪里有技术，哪里就有死亡政治学，就需要通过共同体的消亡来强化个体。斯洛特戴克描绘了免疫机制的纯粹扩张，以及随之而来的数以百万计的不受资本保护的人暴露在威胁之下。然而，这并没有让他彻底走向对新自由主义及其泯灭人性策略的批判。相反，他转向了一种对技术的盲目理解——一种新的生物技术让人类开始管理自己的动物性特征，那时，人类也可以用死亡来管理自己的生命。

第四章　bíos的实践：作为技艺的注意力和游玩

死亡倾向是不是当代技术化生存形式的唯一可能？随着技术 119
化逐渐增强，随着装置影响越来越大，bíos现在是否追求一种“决定性的方针”？在该方针之下，“准确地说，技术变成了死亡学，而这让我们摒弃了人类学的残余线索”[1]。随着死亡学越来越强大，难道正如斯洛特戴克富有争议性的建议那样，我们的回应只能是就像柏拉图式的人类动物园管理员一样去管理生育吗？

在本章中，我想思考技艺（technē）和bíos的另一种可能，这需要重新将技艺当作一种实践，让其可以勾勒出作为游玩形式的各种不同的生命形式。为了明确这一点，我想回到那个人身上，因为他在二十世纪七十年代的一系列演讲中，在生命政治中追溯了死亡政治，而且在他生命中的最后几年里，他试图彻底思考技艺与死亡的奥秘。当然，我说的人就是米歇尔·福柯。这样做的理由十分清

1　Bernard Stiegler, *Technics and Time: The Fault of Epimetheus, 1*, trans. Richard Beardsworth and George Collins (Palo Alto, Calif.: Stanford University Press, 1998), 187.

楚。比起此前其他任何被考察过的思想家，福柯对主要问题的回答就是这项研究的主要特征，的确，在某种意义上，福柯在他晚年的著作中，对自己做出了回答——在我看来，我们遇到的死亡政治的福柯已经为肯定性的生命政治的福柯所取代。将两个福柯衔接在一起，有助于阐明本章的核心内容，即想象一种在死亡学技艺下肯定性的注意力和游玩的实践——这是另一条思考技艺的路径，与保卫自我及其边界没有什么关系，毋宁说，它是一种向相关性敞开的技艺。通过在不同时机引入一些试图那样做的思想家的思考，我会用关于某种bíos实践的诸多细节来作为本书的结论。最后，我会提出一个观点，即bíos的实践或许会让我们走向尼采所说的“行星
120 运动”。

人口的适当生命

在其他地方，我曾讨论过关于米歇尔·福柯的“生命政治学”一词的当代用法的一些问题，这个词出现在《性史》第一卷，以及二十世纪七十年代的讲座稿中，尤其是在《必须保卫社会》中。[1]不过，最新出版的1978年的法兰西学院讲座集《安全、领土与人

1 “我们或许可以说，古代取人性命、让其活下来的权力为培育生命、放任其死亡的权力所取代。” Michel Foucault, *History of Sexuality Volume 1: An Introduction*, trans. Robert Hurley (New York: Vintage Books, 1978), 138. 参看我为罗伯托·埃斯波西托的《生命》一书写的导论。我在与亚当·西茨（Adam Sitze）共同撰写的导论中谈到了这个问题，参看*Biopolitics: A Reader* (Durham, N.C.: Duke University Press, 2013)。

口》(*Security, Territory, Population*)[1]似乎囊括了福柯思考生命政治学和死亡政治学的另一方面内容。正如在《性史》第一卷中一样，福柯在这里将生命权力界定为“一套机制，通过这套机制，人类物种的基本生物学特征成为政治策略的目标，或者……现代西方社会是如何接受人类是一个生物物种这一基本事实的”[2]。然而，与之前的文本不同的是，福柯将他的生命权力分析从十八世纪末推向了整个十九世纪，此时人类逐渐成为政治策略的一个对象。在让-巴普蒂斯特·拉马克(Jean-Baptiste Lamarck)的作为空间的环境中，人口被当成物种来管理的观念基础上[3]，他得出这一观点。福柯的头两次课程非常重要，他小心翼翼地描绘出在一个环境中维持和发展人口的生命权力的图系，尤其是在十八世纪末从短缺到灾难的过程。从他对环境和人口的解读中，他得出了对更大规模的人口治理合理化的观念，这涉及统计科学和计算管理的发展进步，它让政府进行短缺管理成为可能。福柯告诉我们，治理的主要目的是通过某种方式

1 的确，生命政治也成为福柯后来1979年讲座“生命政治的诞生”的主要对象，在那里，他也看到“我试图澄清的所有问题中，最核心的问题就是所谓人口”，以及“在这个基础上，可以形成所谓生命政治”。Foucault, *Birth of Biopolitics*, 21.不过，他的分析主要是谈德国正统自由主义和美国新自由主义之间的相似性，他放弃了对技术在二者中所扮演的角色的分析。

2 Foucault, *Security, Territory, Population*, 1.

3 参看Jean-Baptiste Lamarck, *Zoological Philosophy: An Exposition with Regard to the Natural History of Animals*, trans. Hugh Eliot (London: Macmillan, 1914)。马尔格·赫胥黎(Margo Huxley)很好地总结了拉马克的环境观念，参看Margo Huxley, “Spatial Rationalities: Order, Environment, Evolution, and Government,” *Social and Cultural Geography* 7, no. 5 (2006): 771–787。

来管理短缺，让其不会酿成集体性灾难。在随后的讨论合理化和短缺的段落中，福柯提出一个关键性要素：

> 我们在两个层次之间有着根本性的断裂：一方面是政府经济–政治行为的适当，这是人口的层面，另一方面即个体多样性的层次，个体并非适当的，相反他们只有在这样的层次上才能成为适当的，即适当地管理、适当地维持、适当地鼓励，让人们想要在某种层次上获得的东西成为可能就是适
> 121 当……人口作为对象是适当的，而个体，一系列的个体，不再是适当的对象，他们仅仅是在人口层次上获得某种东西的工具、中继或条件。[1]

我们马上就听到了福柯在前一年的“必须保卫社会”讲座中讨论的更大规模的生命政治范围的回音，在那里，生命既被培育，也被禁止。虽然，人们同样注意到描述词“适当”以及在人口语境下的死亡：一些人的生命要比另一些人的生命更“适当”，这取决于他们是属于人口，还是属于“多样的个体”。在这个由治理导致的“根本断裂”中，隐含着生命走向死亡的死亡政治的开端，即人口要成为稀缺管理的对象，另一些“不太适当的对象”，即个体，也被构建为（生命）权力的对象。福柯宣布了这个断裂，这意味着此前人们很少听过关于适当的问题，同样，这也创造出一种体制，即用多样性的个体来管理人口——所有这些都建立在反对个体差别的基础

1 Foucault, *Security, Territory, Population*, 42.

上。多样性和人口之间的区别后来变成批判性的差别，在危机中，人们不仅要处理短缺，尤其是食物短缺，而且更注重安全。[1]在这时，一旦权力不再是纯粹地管理人口，而是要将短缺当作更大范围的安全事件，安全便成为治理的终极目标。于是，“短缺的灾祸消失，但短缺导致的个体死亡并没有消失，而且绝不会消失”[2]。福柯认为，随着安全成为被管理的事件，越来越需要避免个体的死亡引起人们的重视，以此来治理人口。[3]围绕着如何减少短缺的情况，安全问题被引入，这引起了福柯的兴趣，也引起了我们的兴趣，因

1 在早前的《必须保卫社会》中，福柯就引入了安全和生命权力问题。对于生命权力的出现，福柯写道：“一言以蔽之，必须围绕生物群体中固有的随机因素建立安全机制，以优化生命状态。” Foucault, *Society Must Be Defended*, 246. 在这个方面，比较一下今天的反恐战争以及金融衍生品交易中恐惧的作用：“恐惧表明了一种庸俗和恐怖的政治，但我们不应该将情感上的主调让渡给国家，这将有利于它的有效统治……从不确定转向风险，就是从对未知的恐惧转向对意外之物的兴奋。” Randy Martin, *An Empire of Indifference* (Durham, N.C.: Duke University Press, 2007), 142.

2 Foucault, *Security, Territory, Population*, 42. 瓦伦·蒙塔格在他的《死亡经济学：亚当·斯密和普世生命的死亡》中所谈的比福柯更强有力：“如果根据自然经济规律，社会不仅仅拥有生杀大权，而且必须行使这种权力，那么作为人类普遍性的生命形式的市场就必须在某些特定的时刻‘让其死去’。” “Necro-Economics: Adam Smith and Death in the Life of the Universal,” *Radical Philosophy* 134 (November–December 2005):7–17.

3 个体民族身份的强化就是对缺乏安全的回应。然而，“一旦承认了无形传染的问题，它就会立即通过进一步明确国家边界与实际边界之间的坍塌得以解决：通过民族和种族身份的能指，让不可见的东西变得可见。” Kirsten Ostherr, *Cinematic Prophylaxis: Globalization and Contagion in the Discourse of World Health* (Durham, N.C.: Duke University Press, 2005), 73.

为福柯认为，对于需要安全保障的人口来说，消除短缺恰恰是不需要的。相反，短缺被理解为一种对多样性个体的死亡的管理，对于人口管理来说十分重要。就福柯来说，我们不要忘记如下事实：治理人口不能脱离对死亡的管理。在福柯的论断中似乎出现了死亡政治倾向，这反映了他研究中的一些之前的主要问题。管理短缺的需
122 求开启了死亡政治学之门，那时，短缺作为一个需要管理的事件，是与个体死亡相对应的。尽管福柯在将安全与人口联系起来时，并没有详细说明管理短缺的特征，但他提出，个体的死亡给出了一条思考包含在人口数字中的死亡政治学的道路。此外，在福柯的分析中，个体既作为保障人口安全的模式存在，也作为将人口与死亡明显联系在一起的模式而存在。

对于个体死亡和人口安全保障之间的关系问题，还可以谈很多，尤其是近两百年来不断精心设计的人口管理策略。我记得十九世纪末欧洲景观社会的降临和视觉文化的诞生、“一战”之后传播网络的出现，以及他们在制造某种短缺方面发挥的作用从未消失。[1]综上所述，它们代表着通过景观化来管理短缺性事件，重演了福柯死亡政治思想核心中的人口和个体之间的根本分裂。

保障流通安全

不过福柯并不认为短缺性事件的管理就是生命权力及其对象

1 也可以参看斯洛特戴克谈一战之后的“各个时代的新主体”，Sloterdijk, *Critique of Cynical Reason*, 434。还可以参看乔纳森·克拉里（Jonathan Crary）的 *Techniques of the Observer: On Vision and Modernity in the 19th Century* (Cambridge, Mass.: MIT Press, 1992), esp. 18–21。

人口的唯一可能性，也就是说，十八世纪末生命权力和人口的一并出现并非最原始的情况。在这个方面，我们可以看一下，在福柯的分析中，他重新回到人民，并将其当作一种潜在的政治可能性：

> 在这个草图中，这里概括了人口的观念，我们看到了一个分裂被制造出来，一般来说，人民就是那些抵抗人口管制的人，他们试图逃避让人口得以存在、得到保留，并保持在一个最优化的水平上的装置。这些人民/人口非常重要。[1]

福柯基本上没有谈多样性的个体如何变成人民。[2]更为主要的是，人口与多样性个体之间的生产性断裂是如何引发人民的抵抗的，这样，也让逃避他所谓“保留”人口的装置成为可能。福柯有一些特别的想法，如去获得“某些本身被认为适当的东西，因为它处于人口的层次上”[3]。许多要素涉及“生产，心理学，行为，生产 123

1 Foucault, *Security, Territory, Population*, 44.在这个方面，也可以参看尼柯·普朗查斯在《国家、权力、社会主义》中对抵抗和法律的解释：“因此福柯的问题是，如何有可能避免跌入无法回避的统治概念的陷阱，在与抵抗的关系中，权力具有绝对优势地位，抵抗是否总是受到权力的挟持？只有一个答案，即需要从这种实体化的权力之下解放出来，不惜一切代价去发现受权力控制的抵抗之外的其他东西。”Nico Poulantzas, *State, Power, Socialism*, trans. Patrick Camiller (London: Verso, 2000), 76–92, 149–150.

2 阿甘本在《无目的的手段》里那些专门谈小写人民和大写人民（people/People）的文章中也没有这么做，他回避了福柯谈到人民多样性的段落，参看《什么是人民》（*What Is a People?*）的第一部分，第29—36页。

3 Foucault, *Security, Territory, Population*, 45.

者、买家、消费者、进出口商以及世界市场做事的方式”。他继续说道：“所以，安全涉及组织化，让其发展出更广阔的圈子。”[1]对于福柯而言，人口安全并不仅仅在于短缺带来的个体死亡的消极动机，相反，安全同样是生产性的，在这个意义上，在与资本主义相关联的圈子的发展过程中（主要是人与人之间更大的交换圈子），安全可以被视为与一些实例更深刻地关联在一起，在这些实例中，人口的“成员”加入了更大的交换圈子，在某种意义上，这些圈子取代了将人们联结在一起的（语言、传统）纽带。换句话说，人口而不是人被认为是确保交换的同源物，是人与人之间联系的替代物。[2]

在安全与让交换圈子发展壮大的装置的交集中，我们发现技艺观念恰恰回到了全球化萌芽的时期。我们应该补充一下，它的发生方式与阿甘本和斯洛特戴克对全球化的解读并无太大区别。除了这些亲缘关系，让我们在此简单地指出这种将安全与人口结合在一

1 Foucault, *Security, Territory, Population*, 45.在这个方面，参看安托内洛·佩特里洛（Antonello Petrillo）的《安全》（“Sicurezza”）一文，收录于*Lessico dibiopolitica,* ed. R. Brandimarte, P. Chiantera-Stutte, P. di Vittorio, O. Marzocca, O.Romano, A. Russo, and A. Simone (Rome: Manifestolibri, 2006), 289–294。

2 与生命权力的联系：“生命权力的历史告诉我们，当代控制手段所依据的安全范式是通过投射由各种恐惧组成的幽灵来发挥作用的：统治意味着管理由激活恐惧而产生的欲望，因此，要把值得生存的幻象从我们的生活中分离出来，或者说，把担惊受怕的生存从我们的生活中分离出来。”于是，“所有的安全都为一种不安全所征服，反而产生了一种新的不安全”。参看Helmut Plessner, *Macht und menschliche Natur*, 1931，转引自Andrea Cavalletti, *Classe* (Torino, Italy: Bollati Boringhieri, 2009), 90–91。

起的思考对自由概念的影响，尤其是人的自由，因为在这里，我们可以发现福柯对死亡政治的理解的另一个侧面。于是，同样在这篇讲座文章中，他进一步指出“自由不过是安全装置的相关应用”，并补充说，自由“不再是与人相关的豁免权和其他特权，而是人与物的运动、位置变化、循环过程的可能性”[1]。

需要直接说明两点。首先，在这里，对装置和资本主义更大交换圈子的理解，恰恰是这样一个要素，其中，“圈子的发展壮大”，导致了特权和豁免权的消失，而人的形式的变化反映出这种状况。在商品流通不断发展的过程中，人的形式会发生变化，尽管福柯并没有回去谈这样一个问题，即人的形式或许是随着取消了豁免权和其他特权的安全装置的变化而变化的，他却暗示人口安全保障的程度与被取消特权的人的数量成反比。尽管由于安全装置的强 124
化，之前人格的构成正在暗地里发生变化，但福柯并没有考察这些变化的本质。不过，如果我们仔细考察一番，我们会发现，在福柯对死亡政治的思考中有一个突破点，它成为他接下来所有研究的主要对象的特征。在更广阔的交换圈子中，随着人口的出现，人格形式发生了改变。的确，福柯在《安全、领土与人口》中隐晦地引入人的幽灵形式，它是经济和政治自由主义的关键。所以，福柯对人口、安全和自由的分析，强有力地描述了生命政治视野下的当代技术形式，通过吸纳技术形式（传播、生物技术、生物工程）强化了商品与人的流通循环。事实上，在绝大多数新自由主义基因学的颂歌中，通过生物技术过程决定人类未来生活质量的自由，往往囿于

1 Foucault, *Security, Territory, Population*, 49.

这种“流通的选择”之中。其结果是，将对人格理解的这种变化与不断扩大的遗传物质交换网络联系起来。保障人类不受未来疾病和伤害的威胁，仍然是这些思考的终极背景。[1]在这个背景下，王爱华（Aihwa Ong）谈到了新加坡最近成功创造一种基因处理材料的实验室，提出了一种新型的“生物社交”，要求国内民族“违背自己坚持的信仰……服从于基因组织，形成跨宗教的大融合”[2]。这就是结论？在广阔的流通循环和自由的名义下，当代新自由主义带来了一种价值，其作用就是借助生命权力和政治极权主义的权威，来保障流通循环的安全。在这里，消除人格的威胁，逐渐被视为基因组织的储备，这种威胁终于成真。所以，在新自由主义、死亡政治的流通交换体制之下，传播技术和基因工程的共同点就是它们都可以让全球性的流通成为可能，与此同时它们都采用了一种装置，让那些之前的人格随时被抛弃，成为一种保障人口安全的手段，而它

1 Foucault, *Security, Territory, Population*, 49. 对于人格和生命政治的关系，参看 Bryn Williams-Jones, “Concepts of Personhood and Commodification of the Body,” *Health Law Review* 7, no. 3 (1999): 11–13。也可以参看 Mark J. Hanson, ed., *Claiming Power over Life: Religion and Biotechnology Policy* (Washington, D.C.: Georgetown University Press, 2001)。在最新一期*Micromega*杂志中，两位意大利哲学家探讨了人格问题，可以参看 Roberto Esposito and Stefano Rodotà, “La maschera della persona,” *Micromega* 3 (2007): 105–115。

2 Aihwa Ong, *Neoliberalism as Exception: Mutations in Citizenship and Sovereignty* (Durham, N.C.: Duke University Press, 2006), 185. 王爱华接着说道：“伦理问题在于，在全球制药公司主导的跨国人工环境中，现在已经建构出这样的文化存在物。”

们是人口的一部分。[1]

在走向安全、领土和人口的过程中，不仅人格范畴发生了改变，豁免权和其他特权被剥夺，而且更为重要的是，其他的集体性的政治形态，尤其是共同体，日益衰落。在福柯那里，人口越来越 125
多地表现为共同体的变形，其方式与我在此探讨的其他形象如出一辙。诚然，福柯在《安全、领土与人口》中从来没有直接将人口与共同体做对比。不过，将安全、领土、人口综合在一起，福柯说明了一种集体生活形式让位于另一种逐渐由生命权力及其装置所支配的集体生活形式。随着民族国家或地方共同体的衰落，流动人口日益增加，以前的共同体政治空间及其给予的保护和特权被削弱了。其结果不仅仅是“某些权利和福利被分配给了颇受市场青睐的人才，而那些被认为缺乏这种能力或潜力的人则被剥夺了权利和福利，从而导致权利与政治成员资格和国家领土相分离”，还有更戏剧性的结果：作为政治和空间类别的共同体沦落为纯粹的领土。[2]马西莫·卡西亚里最近在这个方面谈到了城市空间和领土，提出“我们不再生活在城市里，而是在领土上（远离大地的领土，只能让我们感受到恐惧）”[3]。正如读者你们现在知道的，走向非共同体的

1 对于优生学的历史，可以参看 Daniel Kevles, *In the Name of Eugenics: Genetics and the Uses of Human Heredity* (Cambridge, Mass.: Harvard University Press,1995)。对阿甘本思想与优生学的关系的精彩阐述，可以参看 Catherine Mills, “Biopolitics, Liberal Eugenics, and Nihilism,” in *Giorgio Agamben: Sovereignty and Life*, 180–202。

2 Foucault, *Security, Territory, Population*, 16.

3 Massimo Cacciari, “Nomadi in prigione,” in *La città infinita*, ed. A. Bonomi and A. Abruzzese (Milan, Italy: Bruno Mondadori, 2004), 45. 除了特别标明的地方，所有的译文都是我自己翻译的。

恐怖空间，就是当代死亡政治思考的核心：领土上的恐怖空间的出现，不仅因为福柯在谈到短缺时提到的安全装置的强化，也因为根据他研究的主要人物，技术加速了脱离共同体朝向非人或半人的领土的运动。悖谬的是，其结果是一个安全和自由（自由正是因为安全）的、人口寓居于领土上的空间——人口由各种不同层次的人格组成。在这个去人格化的领土空间内外，短缺事件得到了管制，为此，必须对那些注定不太正当的个体做出决定。这就是福柯在《安全、领土与人口》中提出的更黑暗的可能性，其中，安全是在人口居住的领土上实施的。在不断扩大的交换圈子中，在之前的民族国家和地方共同体之上生长出（或者说嫁接出）领土。这些领土内不仅有“完全合格”的成员，而且包括不太正当的个体，他们的生与死逐渐被管制，从而越来越稀少。

这种对技术、人口和生命政治的解读，挑战了那些忽视安全
126 在新自由主义和全球化中的作用的人的看法。[1]在我的印象中，一些批评家经常回避真正探讨福柯在此对新自由主义、自由和隐含的

1 “我们的出发点就是承认主体性的生产和公共的生产可以一起形成一种螺旋式的共生关系……或许，在变形和形成的过程中，我们应该承认大众身体的形成，在根本上，这是一种新的身体、一种共同的身体、一种民主的身体。” Michael Hardt and Antonio Negri, *Multitude: War and Democracy in the Age of Empire* (New York: Penguin, 2005),189–190. 比较一下瓦伦·蒙塔格（Warren Montag）关于大众的说法：“斯宾诺莎在他对稳定性和政治平衡的研究中，转向了司法形式主义，反对大众的权力……另一种选择确实令人生畏，我们或许可以说，这就是永恒的革命，这种政治没有任何保障，在这种政治中，需要通过持续地动员群众、不断地重新组织物质生命来重新创造社会的稳定。” Warren Montag, *Bodies, Masses, Power: Spinoza and His Contemporaries* (New York: Verso, 1999), 84–85.

死亡政治学之间关系的看法。在某种程度上，技术的运行方式类似于早前与更大的商品流通相关联的生命权力的强化，我们仍然生活在不断得到安全保障的人口的标志之下，由于交换圈子的不断扩大，没有任何迹象表明与人口相关的生命权力会消失。事实上，生命权力继续呈几何倍数增长。在《生命政治的诞生》中，福柯延续了《安全、领土与人口》中的说法，他揭示了人口观念下的市场理性和平衡中隐含的设定，其中人口包含了一个短缺机制，由于这个机制存在，人口中的个体不仅可以死去，而且可以推动个体走向死亡。[1]福柯将市场与人口相提并论，这让我们看到，新自由主义"捍卫"自由依赖于通过扩大交换圈子来强化安全机制。[2]这样的重叠形式就是福柯在死亡政治视野下思考人口与安全的方式。《安全、领土与人口》的这种解读，好处在于让生命权力的兴起与技艺形式下的安全之间失去的线索变得清晰可见，这种技艺形式被发展出来，是为了进行适当性的管理，也为了研究到目前为止的一些主要

1 Foucault, *Birth of Biopolitics.* 瓦伦 · 蒙塔格也在关于死亡经济学（necroeconomics）的导论中指出了这个机制，死亡经济学与市场和慢性杀死许多人的过程是一致的，这样才能让市场运转如常。"斯密的经济学就是死亡经济学。市场将生命还原和理性化了，它不仅允许死亡的发生，它还要求死亡既要得到主权权力的允许，也要得到遭受死亡的人的允许。" Montag, "Necro-economics," 16.

2 说得更简单些，个体的人口让市场得以运转，人口任其自然死亡。蒙塔格的观点再一次出现了："或许在某种特殊情况下，人口的生存需要大量的个体死亡，准确地说，让某些人死去，另一些人才能活下来。" Montag, "Necro-economics," 14. 按照这种解读，正如福柯对秩序自由主义和新自由主义的解读一样，要保障竞争，这就是市场治理的含义，其说法是，有些人没有竞争力，于是将不会"被治理"。

数据。我们或许可以认为，福柯在适当和不适当之间做出区分，与在正当和不正当写作之间做出区分存在着重要的相似性。至少，福柯似乎提醒我们注意，随着不同的技艺形式日益明显，确保人口安全的模式也在加强。

生命政治的伦理

在一个技术化的环境中，生命政治越来越被视为唯一的生命权力，只期待装置和媒体混合，难道确保人口安全是生命政治的唯一可能性吗？正如我在导论中指出，并在讨论阿甘本和埃斯波西托的章节中提出的一种非人格的潜能，我相信今天还存在着另一种生命政治的可能性，但它必须与福柯思想中的另一个要素联系起来，这并不是福柯《必须保卫社会》、《性史》第一卷、《安全、领
127 土与人口》中的要素，而是晚期福柯，即伊达·多米尼加尼（Ida Dominijanni）所谓“受伤的福柯”，或者说得更大众化一点，即一个伦理的福柯。

不幸的是，一旦讨论晚期福柯的解读，就会继续使用伦理的描述词，将有机联系局限于临床或监狱的政治性福柯之间，而晚期福柯主要关心的是古代的自我关怀，这基本上是一个伦理问题，似乎离开了他早年的生命政治视角。这样的视角，使得生命权力和晚期福柯的干预很难结合起来，在评价福柯晚年的著作时，福柯的生命政治学会隐约地被忽略。我更喜欢看到福柯早期对生命政治的反思和最后关于“自我关怀”的思考之间有十分重要的关系的观点——将福柯的伦理视角看成对早期生命权力诊断的回应。在剩下的章节中，我想提出在这些晚期著作中，福柯引入了一种技术形

式，展现了他对现代性逐渐增长的生命权力的回应，这是一种技艺生活（bíos technē），正如他早年对生命权力和死亡的回应一样。我将福柯对生命技术的反思，视为对出现在所有死亡政治解读中的生命的动物园化的回应，在这里，由于正当和不正当的生命形式，bíos和zoē之间出现了脱节，因而出现了死亡政治。

换句话说，我们要在已有的生命政治的福柯中区分出伦理的福柯和政治的福柯。在某种程度上，福柯《主体解释学》坚持用technē表示bíos，我则试图想象另一种形式的technē来表示bíos，而bíos需要另外两种bíos的可能性来思考：注意力和游玩。在我看来，这二者为我们提供了对死亡中的技艺影响的呼应，不断地通过合并和驱逐来实现一种关系。在这个部分，我想引用西蒙德·弗洛伊德的一些文章，以及吉尔·德勒兹的此性（haeccetic）空间观念，还有温尼科特在治疗环境下对游玩的理解，最后，谈一下瓦尔特·本雅明的关于游玩和玩具的哲学词语，来概述bíos的实践，这种实践将会回避在福柯的解读中已经炉火纯青的自我关怀的问题。我的计划是在注意力和游玩之中，发现削弱自我界限的可能性，我们不断用技艺来捍卫自我，它与生命已经没有任何关系。所以，我希望在注意力中发现一种bíos的技艺，它可以避免正当和不正当生命形式的所有达成共谋的可能性——它们防止发生bíos和zoē的 128
区分，而海德格尔对技艺的解读似乎不可避免会导致这个区分的发生。

首先，在1981—1982年法兰西学院讲座“主体解释学”中，福柯谈到了生命权力的地位。他的回应并不多，只是解释了人们最初对这些文章的一些批评，而这就是伦理性福柯的重要组成部分。

据我所知，在那一年里，福柯完全没有提到生命权力或生命政治，相反，他在1982年1月6日的讲座中设定的目标就是撰写一部作为文化现象的关怀自我的历史：

> 我想告诉你们，我今年想讲的东西就是这种普遍的文化现象的历史（这是一种劝慰，是对人应该关心自己的原则的普遍接受），它既是一种普遍的文化现象，在希腊化时代和古罗马社会尤为如此……与此同时，也是一个思想上的事件。[1]

福柯进一步将关怀自我与“我们自己的批判本体论”结合起来，后者最终成为现代主体性[2]：

> 在我看来，所有思想史遭受的最大挑战，准确来说，就是要理解在思想史中，该文化现象的确定尺度实际上形成了一个要素，这个要素对我们成为现代主体的模式来说仍然十分重要。[3]

尽管福柯并没有进一步详细说明这个“成为现代主体的模式”，但

1 Foucault, *Hermeneutics of the Subject*, 9.

2 “当然，我们自己的批判本体论不能被看成一种伦理、一种学说，更不能被看成一种不断积累的知识的恒定体系，它必须被视为一种态度、一种情绪、一种哲学生命，在其中，对我们之所是的批判同时也是对施加在我们身上的各种界限的历史分析，以验证超越它们的可能。” Foucault, “What Is Enlightenment?,” 319.

3 Foucault, “What Is Enlightenment?,” 319.

这种模式隐隐地包含在剩下的讲座中，在最后的部分走向了某种结局，在那里，福柯将其与死亡中的某种要素联系起来，在这个要素中，技艺已经脱离了bíos的视野，而只有自我技艺才能把握bíos。福柯不仅仅对整个思想史的自我关怀都有兴趣，而且认为这样的关怀不能脱离与思想中的影响深远的事件密切相关的在场本体论，在那里，技艺不再具有与生命形式的原初关系。

在《主体解释学》中，福柯引人瞩目地重新概述了从柏拉图主义到斯多葛学派的贯穿整个古希腊罗马时期的关怀自我的历史，给出了无数治疗的例子，而个体通过治疗来实现自我关怀。我首先关注的是，在何种条件下，关怀自我会得到发展，因为我们在那里发现了另一种正当和不正当之间的区分。我们注意到，“在古希腊文化、希腊化文化和古罗马文化中，关怀自我通常出现于各种不同的实践、体制和群体中，这些群体彼此接近，通常也相互排斥”，129
福柯看到关怀自我总是出现在“明显不同的网络或群组中，通过不同的崇拜、治疗……知识、理论来结成群体，但由于群体、环境和情形的不同，这些关系也有所不同”。

我们马上注意到，个体并非在作为人类的基础上获得关怀。在这个问题上，福柯说道：

> 你不能在普世性的范围和形式下关怀自我。不可能因为我们作为人类，就出现自我关怀，更重要的是，也无法实现自我关怀，自我关怀属于人类共同体，尽管其成员非常重要。

自我关怀只能在群体下，在具有明确特征的群体下实现。[1]

我在后面会再来谈这一点，那时，我将会讨论游玩和注意力观念，并提出一个看法，这个看法与里拉·甘地（Leela Gandhi）在差不多的语境下提出的所谓“不成熟的政治学”有关。相反，我们现在来看看，福柯不仅提到了古代的和基督教中的“自我技艺”与他们所关心的救赎、信仰和恩典的问题之间的紧密关系，也提到了这种技艺中存在着一个张力，即作为实现关怀自我基本条件下的人与必然归属于（belonging）更大群体的人之间的张力。稍微看一下“归属”的词源非常有帮助。按照《牛津英语辞典》的说法，归属首先意味着“长度上的对应性”，随着时间的推移，它有了另一个意思，即“伴随，作为属性或性质的伴随”。这两个词源合并在一起，代表着一个终极意义，即“适当”（appropriate）[2]。在前文中我们已经讨论过这些意义。对于福柯来说，关怀自我依赖于具有一定性质的生命形式，而这个性质就是它的属性。在我看来，更有价值的地方在于福柯没有看到古代的生命是关怀自我的充分条件，这让他在1982年1月20日的讲座的结尾部分，讨论了拯救和“什么是身体健康，安康无恙，什么是既要走向死亡，又要以某种方式拯救自我、免于死亡”的问题。福柯在走向死亡和拯救自我、免于死亡之间发现了一种张力关系，这是生命形式和生命之间隐含的辩证法，即两种生命形式之间的关系。在其中一种生命形式中，个人只

1 Foucault, *Hermeneutics of the Subject*, 117.

2 《牛津英语辞典》在线版，词条“归属”（belonging）。

要归属于一个群体（或网络，如果我们想从他的论点中汲取技术色彩的话），就有可能得到关照；另一种生命形式与死亡相关，死亡仅仅是活着这一事实造成的。

福柯在拯救问题的核心，看到了普遍性和特殊性之间的运动，一种生命形式并不归属于纯粹的人，另一种生命形式归属于群体或集体。当然，这不是许多晚期福柯的读者所看重的东西。在这些讲座中，我们也看到了福柯拒绝在二者中二选一，也就是说，他并非选择归属的属性，正如阿甘本所说，正当的生命对立于不正当的生命，恰恰是不正当的方式对应于人的潜能。尽管讲座稿后来的篇幅非常恢宏，展现了古希腊罗马的askesis（苦修），以及“自我同自我的圆满关系”的建构，但普遍性与特殊性之间的张力关系、属于人和成为人之间的张力关系仍然延续了下来。

福柯如何理解正当的生活与关怀自我之间的关系？福柯同时向两个方向运动：一方面，他走向关怀自我的重要装置；另一方面，他走向了bíos的技艺并不能完全等同于自我的装置。他用了大量的篇幅来讨论拉丁语中的meditatio（冥想）一词（古希腊语中的meleton）的重要性，认为这个词与归属特殊群体有关，他写道：

> 首先，meleton表达了一种占用的实践，即对思想的占用……相反，meditatio（冥想）包含了占用（思想），并对其深信不疑，我们都信以为真，无论是需要提出这样的要求时，还是有机会提出这样的要求时，我们都能不断地、直接地重

复它。[1]

福柯说道，这种辅助，就像古希腊语的prokheiron和拉丁语的ad manum（上手）一样，是真理的装置，“作为遭受不幸时的锻炼，这样他就有一种真理装置在手（prokheiron，拉丁语的ad manum），一旦灾祸降临，他便可以与这样或那样的不幸抗争”[2]。福柯正是通过装置观念来思考对思想的占用，但并没有将之与原初的各种力的战略关系联系起来，相反，他将之关联到关怀自我的样态之中。

这样的“上手”回应了海德格尔的不正当写作观念和不在手状态。尤其是读者们会记得在海德格尔《巴门尼德》中的那些段落
131 中，他提出了一种不同的写作类型，即与打字机相关联的不正当的写作，它会导致各种灾难性的后果，尤其是，导致与技术人诞生密切相关的死亡政治学。福柯也关注古代用来践行关怀自我的手的观念，而关怀自我是真理装置的一部分。福柯将这种已然在手状态与“聆听、阅读、写作”的实践联系起来，让主体可以道说关于自己的真理，这就是他在《无惧的言说》（*Fearless Speech*）中所命名的东西。在福柯的思想中，关怀自我的实践不可能脱离已然在手的文字装置，在未来不幸之时，这些文字可以被再次阅读，可以被融合或被记忆。我们可以这样来总结一下福柯的关怀自我的观念：归属群体的意义就是说，让生命获得正当的形式的东西来自已然在手的文字装置，在一定程度上，这种文字装置来源于跨越时代的集体存

1 Foucault, *Hermeneutics of the Subject*, 357.

2 Foucault, *Hermeneutics of the Subject*, 361.

在形式。

深入谈一点：将这些文字或写作看成已然在手的装置，产生出了哲学家的某种主体性，一种与自由密切相关的主体性。这种主体性不是基督教修士的主体性，因为他们要遵守戒律，这种主体性恰恰是古代人的主体性，他们践行着关怀自我的生活艺术。事实上，福柯做出了一个区分，即将基督教的生活戒律框架对立于古代人的生活艺术（tou biou）的技艺。他写道："让人的生命成为技艺的对象，让人的生命成为作品，一幅优美而精妙的作品（世间万物都理应由精妙而合理的技艺生产出来），这必然会实现自由，让人们选择这种技艺。"[1]福柯将特定的技艺形式看成与生活艺术不可分离的东西。不过，在戒律和生命之间的区分，一方面是艺术和生活，另一方面在这里呈现为一种技艺，一种在二者间充当操作因子的技艺。

bíos的技艺

能将生命当作其对象的技艺的本质是什么？在《主体解释学》中，福柯花了很长的篇幅来谈这个问题，但在1982年3月17日的讲座中，他将生命形式与技艺紧密联系起来。在对塞涅卡的禁欲（abstinence）进行解读时，福柯阐述了生命形式与技艺的关系。

> 换句话说，在这类锻炼中，塞涅卡的目的并不是转向普遍禁欲的生活，那是一些犬儒们的戒律，当然也是基督教一

1 Foucault, *Hermeneutics of the Subject*, 424.

132 神论的戒律。与其转向禁欲的生活，不如将禁欲转化为一种周期性的规则的锻炼，我们不断地进行这种锻炼，让生命具有一种形式（forma），也就是说，让个体可以有着对于自己、对于他一生中的事件的正确态度，这足以让他超然于诸多悲欢离合，也足以让他明智而正确地看淡世间的荣华富贵。[1]

福柯继续指出，这些禁欲的锻炼表达了“形成生活风格”的目的，而不是“用严格的禁令和禁忌来管制人的生命”。风格的说法很值得我们注意，但现在，我们看到福柯将禁欲和放弃与生命形式的形成联系起来，仿佛不去实现欲望，便能获得生命形式。的确，禁欲的锻炼就是bíos技艺的一部分，它让个体发展出关于自己的正确态度，也说明了关于自己的正确视角和让人获得生命形式的有机联系是一致的。的确，在福柯后来对塞涅卡的注解中，我们看到了在正当的生命形式与成为主体的样式之间的运动，在人自己的生命的事件中，尤其是不幸事件中，形成了一种超脱的模式。禁欲作为一种技艺，在一个人与自己的生活建立起正当关系的层面上，会使生活变得更加美好。一旦如此，仿佛远离欲望，便能让生命已然在手，成为个体的正当的生命。

需要澄清一点：在全书中，福柯并没有在关怀自我和bíos技艺之间做出明显的区分，也就是说，尽管后者与关怀自我有关，但自我仍然不能完全把握bíos技艺。相反，自我是作为诸多可能的生活形式或生命形式之一出现的。换言之，福柯并不会仅仅在关怀自

1 Foucault, *Hermeneutics of the Subject*, 429.

我的基础上来设定生命形式的条件。我们很快可以明白其中的部分理由。但现在，福柯并没有将自我对自我的掌控当作关怀自我的特征。[1]他反而强调了自由。[2]所以，最有趣的是，随着时间的推移，这二者之间的区别，即禁欲与冥思之间的区别，正如技艺一样变得越来越不重要，相反，自我的历练逐渐引起了福柯的关注。在讲 133
座的后续部分中，福柯讨论了希腊化时期，生活技艺（technē tou biou）和关怀自我的区别越来越大，关怀自我源自禁欲和其他与不良预期（praemeditatio malorum）相关联的实践，然而后来关怀自我需要通过历练来思考。

历练，福柯有时候称之为“自省”（self-questioning），为bíos技艺带来了难度。技艺需要给出“面对现实的通常态度”，这样，整个生命“都成为历练”。[3]福柯写道：

> 如果我们希望好好界定良好的生活技艺，那么我们就从某种东西开始，但这个东西并不一定是关怀自我。似乎对我来说，迄今为止的关怀自我，不仅仅彻底渗透、控制和支撑

1 我们应该记得德里达对福柯《性史》第一卷的批判，尤其是批判福柯对掌控和死亡的思考：“同一个战略，一个深度的没有防御的战略，这个战略带着自己的毁灭原则——在这里，它也以最彻底的形式，质疑了掌控之下的权力的形态。在一个简要和艰涩的段落中，弗洛伊德全面指出了在什么时候才不会将不为权力的驱力和不为掌控的驱力区分开来。”*Essere giusti con Freud: La storia della follia nell'età della psicoanalisi* (Milan, Italy: Raffaello Cortina, 1994), 110.我要感谢洛伦佐·法布里（Lorenzo Fabbri）让我注意到了这篇文章。

2 Foucault, *Hermeneutics of the Subject*, 448.

3 Foucault, *Hermeneutics of the Subject*, 431.

> 着生活技艺，生活技艺（technē tou biou）也完全属于关怀自我的新的自主性框架。[1]

他继续写道："具有形式和区分价值的生命，被完全视为历练的生命的意义和目的是什么？"[2]答案是：

> 它恰恰形成了一个自我。我们以这样的方式来生活，在每时每刻，以及在生命神秘终点上来关怀自我……我们所发现的东西，我们通过贯彻一生的技艺所获得的东西，就是自我的特定关系，这是作为历练的生命的桂冠、实现和奖赏。[3]

福柯将bíos与生存联系起来，而这种生存就是多元化的技艺的对象，这暗示着最终bíos的观念在古代发生了变化，变得不那么像技艺，而是成为"自我历练的形式"[4]。

我想到了许多问题，但最重要的问题或许是，bíos技艺和历练技艺之间的区别是否就是技艺和装置之间区别的镜像？对于肯定性的生命政治学来说，这个区别何以能得出更多的东西？在我回到这个问题之前，让我们首先看一下在福柯的思考中，标志着bíos发展

1 Foucault, *Hermeneutics of the Subject*, 448.

2 Foucault, *Hermeneutics of the Subject*, 448.

3 Foucault, *Hermeneutics of the Subject*, 448.

4 福柯采用了1980—1981年关于主体性和真理的讲座中的定义。参看Foucault, *Hermeneutics of the Subject*, 489.n.28："在1918年法兰西学院的第二次讲座中，福柯区分了zoē（作为有机属性的生命）和bíos（作为技术对象的存在）。"

的那些要素。首先是一个先天性要素，bíos源自这个要素，且让生命成为技艺的对象，其实践包括了坦白直言、冥思和禁欲。福柯在该年的讲座中接近最后的地方，谈到了第二个要素，那时，bíos不再仅仅是关怀自我的目标，而且现在还受到这种关怀自我的影响，即这种关怀自我只能从掌控的角度来考察。福柯谈到了bíos的最为 134
关键的要素就是，以如下方式走出更普遍的技艺维度：

> 现在，如果我们接受……这个概念，如果我们想理解自古希腊以来的西方思想特有的客观形式，我们也许应该考虑到，在某些时刻、某些情况下希腊古典思想的典型特征，是世界开始与技艺密切相关。我的意思是说，在这一刻，我们无法再用那些代表着技艺或不同的技术的工具和对象，去思考、认识、衡量、把握它。好的，西方思想特有的客观形式在那时建立起来，在思想的黄昏中，技艺思考和操纵着世界，那么我们就可以这样说：西方思想特有的客观形式……就是由与之相反的运动构成的。一旦bíos不再是长期以来古希腊思想中的那样的东西，即技艺的相关物，一旦生命不再与技艺相关，反而成为自我历练的形式，这种客观形式就形成了。[1]

当历练成为关怀自我在福柯所谓“自主性”框架下实践的主要模式，bíos也随之发生了改变。或许技艺不再是正当的词语，这或许是因为它源自对生命的掌控。我的印象是，对于福柯来说，历练占

1 Foucault, *Hermeneutics of the Subject*, 486.

据主要地位是令人惋惜的事情，因为历练对于后来的有限的关怀自我来说不可或缺，它将基础从bíos下挪开，现在它成为与自我差不多的词语。与此同时，技艺与世界的关系也发生了另一个变化。在某种动态重叠中，技艺走出了自我的维度，走向了世界，这样，以往作为bíos主体的技艺，现在变成了世界的主体。可以得出一个结论，让技艺摆脱与生命形式的所有关系，走出自我，走向征服世界，与此同时，让技艺与生命形式渐行渐远。此外，在与技艺分离之前，似乎不止一种生命形式，在那之前，技艺可以参与构建不同的生命形式，不仅仅只与自我有关。然而，毋庸置疑的是，从此之后，作为历练的关怀自我诞生了，而bíos与技艺的关系也发生了变化。可以这样认为，历练要么绝对不同于技艺，要么是技艺的一种衰退形式。[1]

135 福柯不赞同bíos的技艺产生了诸多结果。首先，他让我们不会赞同诸如阿甘本等人的说法，阿甘本不断将所有的技艺都变成了装置，而装置唯一的目标是掌控主体性，从而可以在一个被破坏的

1 这样不局限于历练的对技艺的解读，让我们想起了近期对维特根斯坦的一种解读："这样，我们的实践尚未被规则概念穷尽。恰恰相反，维特根斯坦旨在说明……一旦人们只能按照规则管制的方式来言说，那么他就不可能谈到太多的实践（例如，语言）。事实上，对规则的讨论被规则概念下的解释性权力或判断性权力扭曲了——这种观念会走向妥协。" Sandra Laugier, "Wittgenstein and Cavell: Anthropology, Skepticism, and Politics," in *Claim to Community: Essays on Stanley Cavell and Political Philosophy*, ed. Andrew Norris (Palo Alto, Calif.: Stanford University Press, 2006), 36–37. 通过实践而不是历练，我们开始远离自我关怀，这种自我关怀源自技术的退却，在这个意义上，实践不仅仅局限于规则或规则与历练之间的一致性。

非政治性的去主体化过程中将其囊括于其中（其外延也包括了人类）。然而，在福柯那里，技艺不纯粹是一种装置，我们知道，在历史上，技艺不会总关注于掌控作为自我的bíos，将其当作掌控关怀的模式，相反，技艺首先是构成生命形式的冲动。[1]或许听起来很怪异，但技艺与生命的脱节，开启了一个更大范围掌控自我的空间，这样，也关闭了bíos和自我的其他可能性。其次，bíos技艺和自我历练之间的区别并不是bíos和zoē之间区分的镜像，因为那些通过历练来关怀自我的人，绝对不同于那些无法被任何属性和政治性等定性的生命。如果结合福柯后来的访谈中的一些评论以及他对讲座的总体概述来看，这段话表明，仅仅把自我当作一种历练，既在某种程度上说明了我们“作为主体的现代模式”，又未能满足这种模式的要求。或许是在自我之外无法得到生命的技艺，我们拥有了一种隐藏的生命政治谱系学。我们能想象出什么样的过程，使我们达到让技艺与bíos结合在一起的要求？什么样的技艺可以帮助我们打破这样的成见，即作为历练的自我不断地控制着bíos？换句话说，我们是否可以将今天的技艺看成一种bíos的实践，它可以让生命形式不仅仅局限于自我，并掌控着它？它们会是什么样子？为什么我们还要抱有这样的希望，即它们或许可以通过某种方式来衡量凌驾于生命本身之上的令人啧啧称奇的死亡政治学？而这就是本项

1　在《主体解释学》的另一个注释中，编者看到“1981年的课程仅仅关注头两个世纪的异教伦理中的性欲亢奋状态，同时认为在古希腊世界中我们不可能谈论主体，即被视为bíos（生命模式）的伦理要素”。（p. 20）福柯似乎认为，在古希腊思想中，bíos不仅不同于主体性，也不同于自我关怀。这样的解读也会在即将出版的1981年的讲座集《主体性和真理》（*Subjectivité et verité*）中出现。

研究的主旨所在。

我们记得，在福柯弥留之际，他如此深刻地思考了自我和bíos的关系。在《无惧的言说》以及那个时期的一系列访谈中，福柯盼望着能打破生命与自我的等价关系。在一次访谈以及后来的法兰西学院讲座中，福柯承认了这个解读：

> 我想说明的是，古希腊的一般问题并不是自我技艺，而
> 是生命的技艺，一种生活技艺（technē tou biou），如何去生
> 136 活。很明显，从苏格拉底到塞涅卡或普林尼，例如，他们都
> 不关心死亡，以及在死亡之后会发生什么，或者不关心上帝
> 是否存在。对于他们来说，这些都不是真正的问题，问题是：
> 为了生活或者更好地生活，我该使用何种技艺？我认为古代
> 文化诸多发展方向之一就是生活技艺（technē tou biou）越来
> 越成为自我技艺。公元前5世纪至前4世纪的希腊公民感觉到
> 他们的生活技艺就是关心城邦、关心他们的同伴……柏拉图
> 笔下的阿尔西比亚德就十分明显：你要关怀你自己，因为你
> 必须统治城邦。因为自己关怀自己缘起于伊壁鸠鲁主义者，
> 他们与塞涅卡、普林尼等人非常相似：所有人都得关怀自我。
> 古希腊伦理学关注的是个人选择问题以及生存美学问题。[1]

转向bíos和艺术的关系，与《主体解释学》之前的那个观点

1 Michel Foucault, “On the Genealogy of Ethics,” in Rabinow, *Ethics: Subjectivity and Truth*, 260.

差不多是同时出现的，在那里，福柯讨论了生命规则和生活技艺（technē tou biou）的差别。他写道："让人的生命成为技艺的对象，让人的生命成为作品，一幅优美而精妙的作品（世间万物都理应由精妙而合理的技艺生产出来），这必然会实现自由，让人们选择这种技艺。"[1]在访谈的同时，我们也看到福柯将bíos的技艺描述为一种生活的艺术。这样，"一部优美的作品就是符合某种观念形式（某种风格，某种生活形式）的作品"[2]。我们也注意到，转向古希腊人来寻求生活技艺，也暗含着福柯的生命权力的谱系学。同在这次访谈中，当被问道"你写作生命权力的谱系学"是否不合逻辑时，福柯悲悯地回答说，"我现在没有时间了，但这件事是可以做的。事实上，我也必须去做"[3]。

所以，在福柯的这个解读中，一方面出现了生命权力的谱系学，它与掌控自我的网络有关，另一方面，美学成为bíos回应生命权力的一种模式。在这里，福柯在最后一次访谈中给出了一个玄妙莫测的说法，他提出bíos就是美学的材料："bíos是艺术的美学作品的材料，这个说法让我感到如痴如醉。"[4]的确，他谈到了"bíos是艺术的美学作品的材料"。当然，现代西方思想和潮流的一个主流观念就是，人的生命可以变成艺术作品，在十九世纪与二十世纪之

1 Foucault, *Hermeneutics of the Subject*, 424.

2 Foucault, *Hermeneutics of the Subject*, 424.

3 Michel Foucault, "On the Genealogy of Ethics," in Rabinow, *Ethics: Subjectivity and Truth*, 256.

4 Michel Foucault, "On the Genealogy of Ethics," in Rabinow, *Ethics: Subjectivity and Truth*, 256.

137 交，为艺术而艺术催生了为生命而生命，这就是二十世纪早期从雨果·鲍尔（Hugo Ball）到马里内蒂（Marinetti），再到安德烈·布勒东（André Breton）的先锋派艺术的特征。福柯当然看到了他的思想中的现代先驱。不过，美学和bíos的关系如何成为作为历练的自我技艺的替代品？同样，bíos是一种什么样的材料？它可以被转化为生命中艺术的美感部分（或在美感上的艺术的生命部分）。显然，美学对bíos（不是自我）的直接操纵不同于对自我的掌控，这是英雄史诗的现代主义，尤其是先锋派的主要特征（因为根据设定，自我仍然是美学技艺的主要对象）。[1]对于福柯来说，通过美学来思考bíos的技艺或许是一个好的武器，它让生命与在生命权力之下日益强化的权力关系分开。[2]总结一下福柯《无惧的言说》的结尾，bíos的美学具有了“手艺人、匠人、艺人”的地位，它走向bíos本身，而不是走向自我。[3]

1 我们还必须指出，福柯并没有否定斯多葛学派的美学要素，这样，自我技艺和bíos技艺都没有规范化的属性：“我并不认为我们可以在斯多葛学派伦理学中找到任何规范化。我认为，其原因是，这种伦理学的主要目标就是一个美学目标。” Foucault, “On the Genealogy of Ethics,” 254. 可参照福柯在《词与物：人文科学的考古学》中对现代伦理学的抨击。*The Order of Things: An Archaeology of the Human Sciences* (London: Routledge, 2001), 327–328.

2 同样，这样作为美学生产材料的bíos视角，让福柯对bíos的理解和阿甘本在bíos和zoē之间的区分产生了巨大差别，因为福柯也注意到了bíos和zoē之间的区别，但他的审美对象不是zoē，而是bíos。

3 Michel Foucault, *Fearless Speech* (New York: Semiotext(e), 2001), 166.

自我和生命权力

福柯死后，bíos的手艺人的角色，似乎出现在对自我和生命政治的两个开创性的解读中。唐娜·哈拉维（Donna Haraway）和朱迪斯·巴特勒（Judith Butler）都强调了自我与权力关系的巩固之间的同谋关系。哈拉维将自我与生命权力之间相互纠缠的关系置于战争话语的前沿和中心，她问道："什么时候自我才足以让其边界成为医学、战争和商业等整个制度化论述的核心？免疫和无懈可击是彼此有交集的概念。"这就是她的结论："生命是脆弱性的窗口。"[1]朱迪斯·巴特勒也是这样。在她通过大他者（the Other）的运动来解读自我的承认条款时，她也注意到自我和自我保存不可能是最高目标，"这种自恋式的观点"不可能是最迫切的要求。[2]她继续为哈拉维推波助澜：需要明确认识到，任何保障任意的自我形式的过程，都必然会从本体论上提出自我与大他者的区别，用她的话来说，即裁决和被裁决的区别。[3]

不过，哈拉维和巴特勒最终都没有面对福柯讨论的自我所提出的问题：是否所有现代的自我关怀的尝试都密谋着用技艺去掌控

1 Donna Haraway, "Biopolitics of Postmodern Bodies," 224.

2 Judith Butler, "Giving an Account of Oneself," *diacritics* 31, no. 4 (2001): 39.

3 很明显，对福柯关于现代性所缺失的伦理学的批评，巴特勒和哈拉维都铭记于心："表面上，我们或许可以说，对人的认识不同于自然科学，它归根到底是与伦理学或政治学联系在一起的，即便是最模糊的形式；从根本上说，现代思想进入这样一个区域，即人的他者必须成为与他自己一样的东西。" Foucault, *Order of Things*, 328. 阿甘本在自己的立场上，对指出这样的同谋关系不感兴趣，他更感兴趣的是在他的去主体化的蓝图中对自我的捕获，于是，他拒绝将自我的能力与生命权力分离开来。

世界（也暗示着对bíos的掌控）？巴特勒和哈拉维都提出了自我和
138 自我保存的问题，但她们都没有强调技艺在这里扮演的角色。在巴特勒那里，这意味着，她通过列维纳斯来解读一种伦理性的福柯，没有看到晚期福柯的生命权力问题，也没有追问一个基本问题：一种并不主要依赖于自我而运动的生命形式，是否能更好地抵抗这种掌控世界的方式？当哈拉维试图缓和权力和赛博格之间的关系时，她关于赛博格和混杂性空间的更为宏大的观点，可以更好地面对被嵌入战争话语中的自我。但在这里，技艺与bíos的关系问题仍然悬而未决。

为什么会踟蹰不前？当然，部分是由于她们未能将自我及其历练的技艺视为与之前的bíos技艺不同的技艺。问题在于，对自我的掌控和对世界的掌控何以会在bíos技艺的限定之下，产生巩固强化自我界限的结果。我们可以问：这种自我界限的巩固强化是如何实现的？为了回答这个问题，我引入了弗洛伊德对自我的解读，以及他所谓“自我保存”的驱力或本能。倘若如此，在我们最终推进之前，需要一个预备性步骤，即在自我技艺的背景下想象一下可能的bíos的实践。我们在技艺和生命权力的背景下引入弗洛伊德并不会让人们感到奇怪，因为弗洛伊德认为自我保存是负面的。让我们来看看弗洛伊德的一些段落，这些段落都来自两篇主要的文章。[1]第一篇文章是《驱力及其命运》。在这篇文章中，弗洛伊德尝试给

1　感谢列奥·贝桑尼（Leo Bersani）和亚当·菲利普斯（Adam Phillips）的最新作品《亲密性》（*Intimacies*, Chicago: University of Chicago Press, 2008）对这两篇文章的关注。尽管我自己的看法受惠于他们俩，但我更侧重于注意力和游玩。

出“自我或自我保存驱力”和“性驱力”之间的区别，描绘了原初自我的形成过程：

> 自我并不需要外部世界，但作为自我保存驱力经历的经验的结果，它的确从外部世界获得了对象。……在快乐原则的支配下，现在发生了另一个进程。自我将它遇到的对象带入自身之中，因为它们都是快乐的来源，它吸纳了它们……而另一方面，它驱逐了任何令它感到不快的东西……原初的实在自我，通过一个健全的客观标准，区分了内部和外部，于是转向了纯洁的快乐自我，将快乐因素置于其他因素之上。外部世界被分成了令人快乐的部分，这些部分为自我所吸纳，而剩下的则完全与自我没有干系。它也区分了自己的某一部分，将之投射到外部世界，并对之保持敌意。[1]

对于弗洛伊德来说，“健全的客观标准”就是保护自我，不让它受 139
到来自外部的刺激，自我本能性地远离外部。[2]在他的分析中，对已经被吸纳的快乐的依恋，离不开外部的刺激。这让弗洛伊德得出了如下令人震惊的结论：

> 如果对象是令人不快的感受的来源，那么就会有一种冲

1 Sigmund Freud, “Drives and Their Fates,” in *The Unconscious*, trans. Graham Franklin (London: Penguin, 2005), 27.

2 在这个方面，参看Jean LaPlanche and J. B. Pontalis, *The Language of Psychoanalysis*, trans. Donald Nicholson-Smith (New York: W. W. Norton, 1974)。

> 动，扩大它与自我之间的距离，重复之前逃离外部刺激的原初目的。我们感受对这样的对象的“冲动”并憎恨它，那么，这种恨会形成对该对象的攻击倾向，形成试图摧毁它的意图。[1]

这就是结论？“作为一种对象关系，恨比爱更为古老，它源于自恋的自我最初对外部世界刺激的拒斥……这种恨永远与自我保存驱力密切相关。”用弗洛伊德的话来说，若不将“自我问题”看成吸纳和排斥的系统过程的一部分，就不可能思考“自我问题”，也正因为如此，对弗洛伊德来说，处于这个预备阶段上的爱很难与恨区分开来。在任何情况下，自我保存驱力都支配着弗洛伊德所谓性驱力。

弗洛伊德考察了内部和外部的区分，在此基础上，自我保存也是另一篇主要论文《否定》（“Negation”）的基础。在这里，弗洛伊德将判断与自我同外部关系的原初实在相提并论，更完善地说明了刺激和自我保存之间的关系：

> 判断的功能主要涉及两种决定。它肯定或否定某物具有某种特定属性，以及它肯定或驳斥一个表达在现实中存在。判定的属性原初可能是好的或坏的、有用的或有害的。这种判断表达了最古老的语言（口语）的本能冲动，它是“我想吃这个”或者“我想把这东西吐出来”，更通用的说法是，“我想把这个留给我自己，把那东西丢出去”。也就是说，“这

1 Freud, “Drives and Their Fates,” 29.

> 应当在我之内”，或者“那应当在我之外”。正如我在其他地方说过的，原初的快乐自我希望将一切好东西都注入自己之中，而将一切坏东西都从自己体中排斥出去。坏东西、与自我格格不入的东西和外在的东西，从一开始就是相同的东西。[1]

如果我们追溯吸纳和排斥的过程，自我对对象的依恋似乎始于一种原初的区分，在这种区分中，被吸纳的东西与被排斥的东西无法分 140
离：处于外部的东西已经遭到排斥，因而与自我格格不入。在这个意义上，自我同刺激对象的关系，不可能脱离对内部的保卫，即吸纳和走向外部（投射）来思考。[2]有趣的是，弗洛伊德将作为《驱力及其命运》一文中的自我保存驱力的核心的吸纳和排斥的过程，与“破坏本能”联系起来。他指出：“判断的两极，似乎对应于两组我们认定存在的不同本能（驱力）。肯定（作为统一的替代品）属于厄洛斯（Eros），否定（不断地排斥）属于破坏本能。”[3]很多人已经注意到，从这个角度来看，可以看到一些相似之处，甚至可能有一种影响的焦虑，这让我们想到了霍布斯和自然状态，因为弗洛

1 Sigmund Freud, “Negation,” Standard Edition XIX (1976): 237.

2 在生与死的本能方面，参看弗洛伊德的《精神分析引论》(*An Outline of Psychoanalysis*, trans. James Strachey New York: W. W. Norton, 1949, 20)：“在经过长时间的怀疑和犹豫之后，我们决定假设只有两种本能，爱欲本能和破坏本能……第一个基础本能的目的是建立更大的统一体，并保护它们，简言之，将它们结合起来，而第二个本能恰恰相反，它在于消除关联，并摧毁事物。我们可以认为，破坏本能的最终目的就是将有生命力的事物降格到无机状态。”

3 Freud, “Negation,” 239.

伊德强调"'自我'保存自己、肯定自己的斗争"[1]。我则更强调自我保存驱力中的判断的两极，以及随之而产生的破坏驱力，因为在这里我们发现了对判断的否定，或者说得更确切一点，即对否定的否定。[2]我们怎么谈论这种对判断的否定呢？其中一种方式，但绝不是唯一的方式，是一种原地踏步的状态，一种不会立即走向排斥或吸纳的状态，这与《无惧的言说》最后几页中，福柯谈到的避免"对自己扮演一个宣布价值的法官角色"是一致的。[3]

还需要提到其他一些东西。在前面各章节对技艺和装置的解读中，蕴含着对技艺的否定性描述，即它总是已经与破坏驱力相关联。在海德格尔的技术化的人那里，我们感受到这一点，这种人等待着被摧毁，我们在斯洛特戴克的愤怒的政党那里也看到了这一点。弗洛伊德解读破坏驱力的一个优点是，在认为技艺强化了自我的防护性，让自我得到延伸，走向外部并吸纳更多东西时，发现了一种死亡的载体。[4]这就是隐形委员会（the Invisible Committee）最近分析得出的结果：

> "我就是我。"我的身体属于我。我是我，你是你，有些

---

1 Freud, "Drives and Their Fates," 29.

2 在这个方面，最有价值的是保罗·维尔诺（Paolo Virno）最近对否定之否定的讨论，它让否定（katechon）具有了力量。Virno, *Multitude between Innovation and Negation*, trans. Isabella Bertoletti, James Cascaito, and Andrea Casson (New York: Semiotext(e), 2008), 56–65.

3 Foucault, *Fearless Speech*, 166.

4 在这个方面参看Hal Foster's classic reading of Freud and modernity, "Prosthetic Gods," *Modernism/Modernity* 4, no. 2 (1997): 5–38。

> 东西不太对。大众的人格化。所有条件的个体化——生命、工作和苦难。离散的分裂症。肆意蔓延的沮丧。原子化的偏执狂粒子。接触变得让人歇斯底里。我越想成为我，我越感
> 到空虚。我越表达自己，我越变得枯竭。我越追随我自己， 141
> 我就越感到累。我们把自我视为待在一个无聊的房间里。在陌生的领域里，我们成为我们自己的代言人，成为自己所感受的人格化的担保人，最终，这更像是阉割自己……与此同时，我们管理着一切。追求自我，追求我的博客、我的公寓、最新的流行段子、八卦消息……无论其载体如何，它都保护着一个“我”。[1]

在载体和技艺的互动中，我们保护着一个自我，这是一个怪异而空洞的自我，这个自我会继续成为损失和截断的对象。这个诊断让载体与判断衔接在一起，判断提供了一种保护自我的方式，所以，它保障了一系列的保卫自我的人格化技术，与此同时，也有陷入看起来永不停歇的舞蹈之中的风险。不过，在隐形委员会的层面上，他们回到了这样的观念，即通过移除载体来保卫自我，他们跳过了一系列步骤。问题不可能仅仅在载体上，而是与外部的互动关系被强化了，因为破坏的本能与某种驱逐要素有关。否定载体和技艺并不能解决问题，我们反而需要这样一个要素，即它不会与之合并，也不会对之驱离——它不是管理，而是像接触对象一样，它不会对它

1 The Invisible Committee, *The Coming Insurrection* (New York: Semiotext(e), 2009), 29–30.

们进行识别，也不会厌恶它们。

换言之，隐形委员会设定了一种自我对自我进行掌控的话语，这不仅仅是自我对各种载体的管理。如果将福柯和弗洛伊德合起来读就会看到，通过技艺来掌控世界，以及通过考验来掌控自我，基本上都是否定性的；掌控和管理在某种程度上不是肯定性的，它们或许防止走向合并，无论其多样性是弱还是强。这就提出了一个问题，即那些可能放弃通过掌握自我来强化生命权力的其他形式的掌控关系。也许，我们的所谓学徒制（Apprenticeship）是一种非主流的形式，是一种不完全受自我保护驱使的自我。福柯看到了这样一个角度，他将治理（对自我的治理或对城邦的治理）与某种组织关联起来，而这种组织总是与权力和掌控有关。这或许就是让治理术不再对应于生命权力的关键所在，事实上，由于它在其中扮演的否定性角色，它也做不到这一点。

142 bíos的实践

关于对生命权力的否定和回应问题，我们需要扪心自问：技艺的效果是否不能只通过掌握来衡量？为了回答这个问题，我们首先需要承认我们的词汇存在问题，同时想象用其他方式来指代技艺，而这些方式不会让人联想到否定或掌控。我十分谨慎地提出了实践的观念，因为我们需要面对实践和本章中的其他术语（如注意力和游玩）之间的关联。在这个方面，皮耶尔·布尔迪厄先于我们看到了与实践的谱系关联。他谈到了地图和在抽象空间中航行，他写道：

> 在潜在的、抽象的、没有任何地标或中心建筑物的空间（和谱系学一样，在笛卡尔空间中，自我就像起点一样飘摇不定）与实际的实践性的空间旅程之间存在着一道鸿沟，从我们在地图上或城市规划图上来寻找我们熟悉的路线时遇到的困难就可以看到这一点。[1]

谈bíos的实践，就是谈潜在的抽象的谱系学空间，我们不可能标识出它的源头，因为自我需要一个边界（从而拥有一个坐标系并航行），bíos不会如此。在这个意义上，是bíos而不是自我成为谱系学的优先对象。[2]那么，任务是确定bíos的实践的要素，这些要素不可能完全被掌握，它也不会立即限制这样一种实践的谱系学空间的潜能。换句话说，非政治空间并不依赖于再现，因为再现限制了作为非政治实践的注意力的可能性。于是，bíos的实践与福柯的

1 Pierre Bourdieu, *Outline of a Theory of Practice*, trans. Richard Nice (Cambridge: Cambridge University Press, 1977), 2. 比较一下福柯对实践的理解："在这篇关于监狱的研究中……分析的目标并非'体制''理论'或'意识形态'，而是实践——目标是把握在既定时刻中让这些东西变得可以接受的条件，但在某种程度上，它们有着自己特定的规律、逻辑、策略、自明性和理由。" *The Foucault Effect: Studies in Governmentality*, ed. Graham Burchell, Colin Gordon, and Peter Miller (Chicago: University of Chicago Press, 1991), 75.

2 布尔迪厄提醒我们不同对象对实践观念的影响："正如最基本的相对主义的说法一样，知识不仅仅取决于'居于时空之中'的观察者看对象的特殊视角。正如观念论传统正确地称之为'认知主体'，它使实践发生了一种更为根本的，也更为有害的改变……这一点注定会被忽视：在行动中采取一种视角时，为了从上面和从远处观察它，他就要不断地构成实践行为，让其成为观察和分析的对象，这就是一种表征。" Bourdieu, *Outline of a Theory of Practice*, 2.

谱系学式的批判观是一致的，因为“它不可能从我们之所是，演绎出我们做什么、知道什么，它将在我们成为我们之所是的偶然性之中做出划分，分离出我们不再是什么、做什么或想什么的可能性”[1]。所以，bíos和谱系学都被列入实践范围，我们远离自我，走向技艺。在某种程度上，bíos的实践（并不是自我技艺）不再保卫自我及延伸的实践，它也不会走向“权力关系的强化”，这就是福柯认为的批判观念的核心所在。[2]

在这里，我想建议我们将注意力看成一种对bíos有影响的实
143 践。我们马上可以看到，不是所有人都能认可将注意力看成值得践行的实践，这恰恰是因为长期与强化的权力关系保持距离是不可能的。约纳森·克拉里（Jonathan Crary）在他的《观察者的技术》（*Techniques of the Observer*）中十分精到地谈到了十九世纪的光学设备，例如，他注意到这些光学装置的死亡政治价值，因为它们“涉及在空间中对身体的管理、规定行为，以及部署个体的身体”。他继续说道：“它们都是管理注意力的技术，通过强制、同质化和反游牧程式，用区块化和细胞化的方式将观察者固定，并隔离出来……在这里，个体被降格为一种政治力量。”[3]在解读中，他说明了如何将知识应用于身体，“在纯粹的感知客观性中”来提高注意力，克拉里发现人类深深地陷入同一个自我技艺的网络之中，这种技艺被视为掌控世界的技艺，而这就是福柯《主体解释学》最后几

1 Foucault, “What Is Enlightenment?,” 314–315.

2 Foucault, “What Is Enlightenment?,” 317. “那么，问题的关键就在于此：能力的增长如何与权力关系的强化相分离。”

3 Crary, *Techniques of the Observer*, 18.

页中的批判主题。在2002年的续篇《知觉的悬置》(*Suspensions of Perception*)中，克拉里从早期作品中得出了一系列令人信服的结论，即将注意力看成最基本的现代性问题。他写道："我们可以将现代性的一个关键方面看成一场持续不断的注意力危机，其中资本主义形态的变化，通过无穷无尽的新产品、刺激源、调节感知来不断地将注意力和分心推向极限和门槛。"[1]对于克拉里而言，注意力掩盖了控制的策略，而且对这种策略的抵抗弱得多（事实上，他会说注意力是一种转瞬即逝的现象）。或许正因为如此，克拉里通常会将注意力限定在规整的范围内，这样，便消除了注意力的潜在权力。但如果将注意力划定在另一个范围，即注意力提供的实践或游玩的范围内又会如何呢？加强的注意力，或许比克拉里提供的注意力，对权力关系的强化有着更强大的阻力呢？

其他人也看到了注意力的惊人的力量。例如，梅洛-庞蒂在他的文章《注意力与判断》("Attention and Judgment")中说道："注意力不创造任何东西，它是自然的奇迹……它如同火星一般激活了这些感知或观念，为我提出的这些问题提供解答。"[2]他提出，"所以，注意力是一般的无条件的权力，在这个意义上，无论如何它都可以应用到任何意识的内容当中。因为到处贫瘠不堪，所以没有任何地

1 Jonathan Crary, *Suspensions of Perception: Attention, Spectacle, and Modern Culture* (Cambridge, Mass.: MIT Press, 1999), 13–14.

2 Maurice Merleau-Ponty, "Attention and Judgment," in *Phenomenology of Perception*, trans. Colin Smith (London: Routledge, 1962), 30.

方可以填满自己欲望的沟壑”[1]。对于梅洛-庞蒂来说，注意力不同
144 于其他的“填满自己欲望的沟壑”的力量——比起其他力量，注意力没有那么便利，在某种程度上，其他力量可以被某人随时随地使用。[2]对于梅洛-庞蒂而言，注意力在注意着，也就是说，注意力不仅在注意着，它也向着对象延伸，但并不占有对象（我们可以听到对弗洛伊德在之前段落中关于判断的观点的回应，在那里，它提到“通过某物来判断是否拥有某种特殊属性”）。关键在于延伸但不占有，来到对象面前并注意着。在这种注意中，注意力对立于判断。写到理智论与判断的关联时，他提出“日常经验在感觉经验和判断之间做出了区分。它将判断视为占据一种立场，看成认识对我自己来说，在我一生中都正确的东西，相反，感觉经验以表象价值为准……在理智论中，这个区别消失了，因为判断无处不在，而纯粹的感觉却并不存在”[3]。对于梅洛-庞蒂而言，注意力走向了占有，也就是说，它在走向判断的时候又退出了判断。在他的解读中，注意力给出了一种无须通过与对象合并或驱逐对象来接近对象的方式。

1 Maurice Merleau-Ponty, *Phenomenology of Perception*, trans. Colin Smith (London: Routledge, 1962), 31.

2 Maurice Merleau-Ponty, *Phenomenology of Perception*, trans. Colin Smith (London: Routledge, 1962), 31.

3 Maurice Merleau-Ponty, *Phenomenology of Perception*, trans. Colin Smith (London: Routledge, 1962), 34.

从注意力实践中，会出现什么样的生命形式呢？[1]一方面，这种生命形式避免了为自我的占有欲所捕获，在这里，梅洛-庞蒂将注意力分成两个线路是十分有帮助的。对他来说，次生注意力“仅限于回忆业已获得的认识”[2]。它与“占有”是同源的——记忆过程与记忆的主体密切相关[3]，占有代表着一个合并过程以及之前的驱逐过程。然而，原初注意力并不仅仅是“对既有数据的阐明”。它产生了“新关联……将数据当作反对某一视界（horizon）的形象。也恰恰是在注意力行为之前或之后所引入的源生结构产生了对象的同一性”[4]。显然，我们不能忽视梅洛-庞蒂将注意力解读为捕获前后对象同一性的困难之处，因为这种视角依赖于“视界”的概念，而视界提供了对对象/图像的终极超越的基础：图像在视界上的出现

1 比较弗朗西斯·培根关于陈词滥调的视角：“让自己陷入陈词滥调之中，收集它们、积累它们、繁殖它们，就像许多预设一样，‘失去意志的意志’就会首先出现。” David Sylvester, *The Brutality of Fact: Interviews with Francis Bacon, 1962–1979*, 3rd ed. (New York: Thames and Hudson, 1987), 13. 转引自 Gilles Deleuze, *Francis Bacon: The Logic of Sensation*, trans. Daniel W. Smith (Minneapolis: University of Minnesota Press, 2003), 76。

2 Maurice Merleau-Ponty, *Phenomenology of Perception*, trans. Colin Smith (London: Routledge, 1962), 35.

3 德勒兹关于一般艺术的理解在这里是恰当的：“那么艺术被界定为一个非人过程，在其中，作品的创作有点像堆石头……只有这样的艺术概念才能让艺术与个人记忆过程和纪念的集体性理想相分离。” Gilles Deleuze, “What Children Say,” in *Essays Critical and Clinical,* trans. Daniel W. Smith and Michael A. Greco (Minneapolis: University of Minnesota Press, 1997), 66.

4 Maurice Merleau-Ponty, *Phenomenology of Perception*, trans. Colin Smith (London: Routledge, 1962), 30.

保证了同一性。因此，我们需要谈论注意力的新方式，它可以让我
145 们继续在形象和视界之间保持一个敞开的空间，而不是在注意力耗
尽之后，仅仅维持一个同一性的决定。我们需要一种实践来延长注
意力，这样可以在形象和视界之间敞开一个空间性的间隔。

在此性的注意力

在这个方面，德勒兹和加塔利对在此性（haecceity）的讨论触及了核心。在《千高原》（*A Thousand Plateaus*）中，他们引入了“在此性”一词，描述了可能空间的类型，也即我在这里思考的由注意力构成的空间类型。他们提出，我们将在此性视为“不仅仅由定位主体的装饰或背景，或者将人和物固定在大地上的附属物所组成”，相反，在此空间囊括了“由经度和纬度、速度和触动界定的整个组合，它不依赖于归属于其他平面的形式和主体”[1]。相对于形象和视界，他们更喜欢讨论组合。这样“街道与马匹一起进入组合，正如垂死的老鼠与空气形成了组合，野兽和满月共同形成了组合”。在他们的分析中，各种形象之间、之前的视界和形象之间的组合并不会直接导致之前和之后，在那里，注意力已经确定了视界和形象，相反，它指出了“每个组合装置之中的生成的潜能”。对于德勒兹和加塔利而言，“在此性没有开头，也没有结尾，没有源头，也没有目的：它永远在中间”[2]。德勒兹和加塔利的解读让我们

1 Gilles Deleuze and Félix Guattari, *A Thousand Plateaus: Capitalism and Schizophrenia*, trans. Brian Massumi (Minneapolis: University of Minnesota Press, 1987), 262.

2 Gilles Deleuze and Félix Guattari, *A Thousand Plateaus: Capitalism and Schizophrenia*, trans. Brian Massumi (Minneapolis: University of Minnesota Press, 1987), 263.

更进一步接近了注意力的形式，它位于形式与视界、形式与世界之间。因此，能够满足当今生命权力要求的注意力实践，是一种开放空间的注意力实践，让生成的潜能得以出现。我们也看到在他们对在此性空间的讨论中，有一个不那么隐晦的关联。生成空间也是让诸多元素彼此组合的空间。

德勒兹在他对弗朗西斯·培根的研究中，解读了培根的组合画和三联画，从而更多地描述了这样的组合空间的特征：

> 毫无疑问，三联画是最精确地满足下列要求的形式：在
> 分离的诸部分之间必然存在着关联，但这种关联并非叙述性 146
> 关联，也非逻辑性关联。三联画并不意味着进步，也没有讲
> 述一个故事。反过来，它必然实现了不同图像的共同事实。
> 它生产了一种“事实问题”。[1]

在德勒兹的概述中，艺术与“事实问题”相互交叉，让不同的形象彼此关联起来，尽管这样并不会直接产生某种类型的视界。事实问题给我们提供了另一种思考注意力的方式（注意力实践就是让生命形式记录感知的事实问题的方式），它获得了感知的意义，同样，三联画用非进步和非划定边界的方式实现了共同事实。在这一段文字中，对实现的强调，在作为“共同”事实的在此性之中得到充实，我们应当严肃对待它，它也意味着各个形象之间的共同体并不会让它们一起捍卫边界。

1 Deleuze, *Francis Bacon*, 58.

我们也可以看看注意力和在此性与组合拥有共同的视界。正如《牛津英语词典》告诉我们，“组合”（composition）是由“共同”（com）和“放置”（posere）组成的——这样，它的意思是“将诸多元素放在一起”[1]。组合十分强烈地暗示了一种关系类型，其重点不在于主体存在于拿起和放下之后或之前的行为，而在于一种存在于元素本身的内在性。与此同时，我们注意到组合有一种创造性的要素，德勒兹在《电影1》（*Cinema* 1）的蒙太奇哲学中谈到了这一点。他将蒙太奇描述为一种权力，即“它可以刷新每一个瞬间，也能刷新自己，通过这种方式来自己肯定自己，每一次都将整个过程投入游玩当中”[2]。德勒兹说道，蒙太奇的工作就是“触摸的手的工作，而不是抓取的手的工作”[3]。这种作为现代艺术技艺的非抓取的样态，意味着一种注意力的模式，它也避免了抓取或判断。

注意力实践等同于生命权力的要求，这种视角在蒙太奇那里得到了反映。菲利斯·加塔利正式将这个部分视为“新美学过程范式”[4]。对加塔利来说，新美学范式涉及“感觉的审美力”，它“在原则上等同于哲学思考的另一种力量”[5]。将审美力分离出来的，不是体制性艺术，甚至不是“处在新生状态、永远先于自我的创造性维

1 《牛津英语辞典》在线版，词条“组合”（composition）。

2 Gilles Deleuze, *Cinema 1: The Movement Image*, trans. Hugh Tomlinson and Barbara Habberjam (Minneapolis: University of Minnesota Press, 1986), 115.

3 Jacques Rancière, *Film Fables*, trans. Emiliano Battista (New York: Berg, 2006), 120.

4 Félix Guattari, *Chaosmosis: An Ethico-Aesthetic Paradigm*, trans. Paul Bains and Julian Pefanis (Bloomington: Indiana University Press, 1995), 106.

5 Félix Guattari, *Chaosmosis: An Ethico-Aesthetic Paradigm*, trans. Paul Bains and Julian Pefanis (Bloomington: Indiana University Press, 1995), 101.

度”，而是与“外在空间”相关联的特殊地位，它们“不能与内在空间彻底分离……并不存在真正的外在性”[1]。新范式的主要特征就 147
是创造：

> 艺术不断冲击既定边界的运动……它倾向于翻新其表现材料，改变其所提出的戒律和感触的本体论结构，即便这不会直接影响到其他领域，至少也会强调和重新评价贯穿着所有领域的创造性的层面。显然，创造并非艺术所独有，它有能力发明新生的坐标系，并将其推向极致，它产生了史无前例的、未曾预料的和无法想象的存在特性。[2]

对于加塔利而言，审美范式意味着一整个系列的技术，它强调了“创造性范例”，而不是单纯创造出事物。简言之，“在与存在或实体的关系中，我们不能将特性或属性看成次要之物，它也不可能作为囊括所有可能的存在模式的空洞容器（先天的）的存在开始……它所强调的不再是大写的存在……它关注的是存在的样态”[3]。加塔利暗示说，这样一种本体论的艺术观，会产生注意力的有益感染力，让注意力获得某种创造性的力量——或许会让它走向创造性的

1 Félix Guattari, *Chaosmosis: An Ethico-Aesthetic Paradigm*, trans. Paul Bains and Julian Pefanis (Bloomington: Indiana University Press, 1995), 102.

2 Félix Guattari, *Chaosmosis: An Ethico-Aesthetic Paradigm*, trans. Paul Bains and Julian Pefanis (Bloomington: Indiana University Press, 1995), 106.

3 Félix Guattari, *Chaosmosis: An Ethico-Aesthetic Paradigm*, trans. Paul Bains and Julian Pefanis (Bloomington: Indiana University Press, 1995), 109.

维度，改变其本体论的轨迹。

这种注意力实践会是什么样子的？通过走向创造，这种实践不再关注存在，而更多关注存在的样态，出现在关系之中的感知对象的存在方式，它与其他对象一起受到关注——注意力与艺术一起共享着组合的在此性空间。[1]同样，这样的注意力实践并不会走向标识出存在物或实体的属性。我们看到本书第一章中的海德格尔和第二章中的阿甘本正是这样做的，他们各自将写作和生命判定为正当和不正当，这取决于各自具有的属性。注意力可以将某种组合空间中的各种元素集合起来，并不会给出正当和不正当的区分，而是注意到它们处在这样一个空间中。它给出了坐标系，但没有进行否定。为什么将这种实践称为肯定性的实践？因为它肯定了审美范式的自足性实例中所产生的东西。在这个方面，加塔利写道："这种新美学范式的关键门槛在于，这些创造过程能够自动强化自身，成为存在的核心。"[2]换句话说，在注意力走向作为创造的本体论的过
148 程中，存在的基本要素得到了自我肯定。按照加塔利对审美范式的解读，或许可以认为，注意力实践产生了生命的内在形式。

我们的问题必须是，如何实现注意力的潜能，因为这样做就是一种自我肯定的创造方式，借此，成为一种肯定性的生命政治。当然，方式之一就是通过让其更接近于审美领域，来改变我们对注

1 比较下面的说法："当下的切片指向一个空洞，它拉开了当下和我之间、我对当下的追问和我之间的距离。比方说，正是这个距离让我们可以质疑女性经验的意义。" Chiara Zamboni, "L'inaudito," in *Diotima: Mettere al mondo* (Milan, Italy: La Tartaruga, 1990), 2.

2 Guattari, *Chaosmosis*, 106.

意力的概括。为此，我们需要强调注意力的创造性、组合性的一面——将其看成让各种要素联合起来的实践，从中形成一种并不完全或不仅仅从自我来思考bíos的形式。这样看注意力的关键在于，组合空间的核心是非抓取（nonseizing）。组合，但我们并不抓取，将各种东西放置在一起的行为排除了抓取对象的可能性——将某种感知的理解或把握凌驾于其他感知之上。在这里，我想起了本雅明在《艺术批评的概念》（"The Concept of Art Criticism"）中描述的内在性批判的观念，他区分了相关性和判断。这种"截然不同的批评"并不"涉及判断"。他继续写道："其重心并不在于对单个作品的评估，而是在于论证它与其他作品的关系，最终是与艺术观念的关系。"[1]作为内在性批判的注意力实践并不会通过判断、合并或驱逐来抓取，而是让我们揭示出创造了在此性空间的各种元素之间的相关性。坚持这种视角需要一种能力，即我们对那些形象的注意力，于是，将重心转向各种感知对象的序列的相关性方面。在坚持敞开形象和视界、对象和意义之间的空隙之后，出现了一个让我们注意到关系性的空间。

游玩的形而上学

将形象和视界分离开来的行为还有另一个名称，即"游玩"。我们需要将游玩视为注意力的实践，即bíos的实践，这有一点令人感到意外，因为我们记得很多二十世纪的哲学家认为游玩具有反

1 Walter Benjamin, "The Concept of Criticism," in *Selected Writings Volume 1 1913–1926* (Cambridge, Mass.: Harvard University Press, 1996), 159.

形而上学的属性，最终将抵消其潜能。[1]在这个方面，我想到了乔治·巴塔耶。在他的《无知与造反》(“Unknowing and Rebellion”)一文中，他回应一位年轻的医学实习生，那位实习生告诉他，一切事物都“归结为自我保存的本能”。巴塔耶是怎么回应的呢？

> 149 我的说法应该没有那么过时……它指出，一切都是游玩，存在也是游玩，上帝的观念是不受欢迎的，也是令人无法忍受的，因为上帝置身于时间之外，只能是游玩，但人类的思想却束缚了游玩，让游玩进行创造以及具有创造的所有含义，这就走向了游玩（游戏）的反面。[2]

在这篇文章中，巴塔耶的任务就是思考“游玩哲学的可能性”，这让他最终将游玩等同于游戏，他说，“思考并成为游戏，把世界和我们自己变成游戏，前提是我们要直面痛苦和死亡”。他很快得出结论说，“我的思考只有一个对象，即游玩，我在游玩中思考，让我思想的工作得到消解”[3]。巴塔耶的游玩哲学涉及未知之物，也是对他自己思想的反叛，即将游玩与创造区别开来，在这里，（对巴

---

1 有一篇文献可以当成游玩考古学的起点，即汉斯-乔治·伽达默尔的《真理与方法》（Hans-George Gadamer, *Truth and Method*, New York: Crossroad, 1985）中的《作为本体论解释线索的游玩》（“Play as the Clue to Ontological Explanation”）一章，尤其是他对康德和席勒对于游玩的趣味批判的解读（pp. 90–119）。

2 George Bataille, “Unknowing and Rebellion,” in *The Bataille Reader* (London: Wiley-Blackwell, 1997), 328.

3 George Bataille, “Unknowing and Rebellion,” in *The Bataille Reader* (London: Wiley-Blackwell, 1997), 327.

塔耶来说）奇怪的是，他并未用创造来影响游玩，因为如此，也并未用审美来影响注意力。[1]同样，之所以失败是因为巴塔耶将游玩看成主奴辩证法的一部分：玩游戏的人，也就是奴隶，为的就是消灭主人，让自己成为主人。巴塔耶看到了这个矛盾，但他陷入其中不能自拔，死亡所具有的否定地位直接面对着游戏。“从根本上说，游玩哲学似乎就是真理本身，普遍且不可辩驳的真理，然而，它却与我们的痛苦和死亡格格不入。”[2]在根本上，巴塔耶思考了游玩的形式，让玩家“直接面对痛苦和死亡”[3]。注意力作为游玩的创造形式的优势在于，它不会限定其对象。我们不会玩弄某物，即游戏，而是与某物一起玩。对于作为肯定性实践的注意力，我们或许可以说，我们在用自我的观念去游玩。[4]

当然，雅克·德里达是另类的哲学家，他与众不同地看到了游玩的哲学优点。在《人文科学话语中的结构、符号和游玩》（“Structure, Sign, and Play in the Discourse of the Human Sciences”）一文中，德里达心中带着列维－施特劳斯（Lévi-Strauss）的思考，将游玩与历史“置于张力之下”，然后将游玩与在场联系起来：

---

1 对于巴塔耶思想中的游玩和经济，可以参看Arkady Plotnitsky, “The Maze of Taste: On Bataille, Derrida, and Kant,” in *On Bataille: Critical Essays*, ed. Leslie Anne Boldt-Irons, 107–128 (Albany: SUNY Press, 1995)。

2 Bataille, “Unknowing and Rebellion,” 328.

3 Bataille, “Unknowing and Rebellion,” 328.

4 “他恢复了可触及的自我的人类活动，但只是为了消除它所滋生的幻觉。它坚持人类精神的统一，但只是为了重新发现牺牲和‘自我赴死’。他宣扬的是爱与融合，但仅仅是它们与死亡的关联性。” Julia Kristeva, “Bataille, Experience, and Practice,” in Boldt-Irons, *On Bataille: Critical Essays*, 239.

> 游玩是对在场的扰乱。一个元素的在场通常是一个差异体系和链条运动中的象征性和替代性的参照。游玩总是缺席和在场的游玩，但如果思考得彻底一点，就必须在缺席和在
> 150 场的选择之前来思考游玩。我们只能在游玩的可能性基础上来思考在场或缺席，而不是相反。[1]

对于德里达而言，游玩先于在场和缺席之间的摇摆。在差异的终极游玩空间中，或者说，在作为游玩的差异之中，我们可以发现游玩的反效果，这就是列维–斯特劳斯的纯真伦理学和不在场的起源：

> 如果说，比起其他人来说，列维-施特劳斯阐明了重复的游玩和游玩的重复，那么在他的作品中，我们也可以感觉到一种在场的伦理、一种怀念源头的伦理、一种古老而自然纯真的伦理、一种在场的纯粹，以及言说中的自我在场——一种伦理、怀念，甚至是悔恨，当他转向古代社会（古代社会是他心目中的典范社会）时，他经常将之表达为民族志计划的动机所在。[2]

---

1 Jacques Derrida, "Structure, Sign, and Play in the Discourse of the Human Sciences," in *Writing and Difference,* trans. Alan Bass (Chicago: University of Chicago Press, 1978), 292.

2 Jacques Derrida, "Structure, Sign, and Play in the Discourse of the Human Sciences," in *Writing and Difference,* trans. Alan Bass (Chicago: University of Chicago Press, 1978), 292.

列维-施特劳斯的破碎的当下，导致了他负面地思考了游玩，沉浸在怀旧和悲怆之中。与此同时，德里达还说道，还有一种肯定了世界的游玩形式，即“肯定了一个符号的世界，那里没有错误，没有正确，也没有源头”[1]。不过，对于德里达来说，这样一种肯定性的游玩形式是问题式的，因为它仍然涉及安全和在场：“有一种肯定的游玩，它仅限于替换给定的、既存的、当下的碎片。”[2]最终，作为游玩属性的肯定，注定会失败，因为没有一样作为在场的存在物，会不需要缺席而存在，因此，绝对安全的游玩模式并不存在。换句话说，肯定受制于对即将发生的事情的认识。相比起肯定，不如说德里达更喜欢“踪迹的开创性冒险”，一旦肯定受制于“演变上的不确定性”，就会出现这种冒险。[3]显然，对于德里达来说，肯定之所以是问题式的，是因为一旦远离了源头，肯定就“试图超越人类和人文主义，人之名将成为那个存在物的名称，即在整个形而上学或本体神学的历史中——换句话说，在整个历史中——它已经

1 Jacques Derrida, “Structure, Sign, and Play in the Discourse of the Human Sciences,” in *Writing and Difference,* trans. Alan Bass (Chicago: University of Chicago Press, 1978), 292.

2 Jacques Derrida, “Structure, Sign, and Play in the Discourse of the Human Sciences,” in *Writing and Difference,* trans. Alan Bass (Chicago: University of Chicago Press, 1978), 292.

3 Jacques Derrida, “Structure, Sign, and Play in the Discourse of the Human Sciences,” in *Writing and Difference,* trans. Alan Bass (Chicago: University of Chicago Press, 1978), 292.

梦想了全部的在场，重新确定了游玩的根基、源头和终结”[1]。在场杀死了游玩。

对于这里对德里达关于游玩的简明扼要的讨论，还有很多内容可以说。不过，在讨论作为游玩的注意力的章节中，最重要的问题是德里达概括踪迹的冒险的特征时的负面基调，尤其是他认为决
151 定十分重要。尼采娱乐性的对人的肯定让位于“演变上的不确定性”。在我看来，德里达错误地拒绝了某种东西，即不会为明确的游玩形式所把握的肯定。在这个方面，比较一下德里达和德勒兹对斯宾诺莎的否定理论的解读，就会一目了然。对于德勒兹而言，那种理论建立在“区分的差异基础上，这通常是正面的，而不是负面的决定：所有的决定都是否定”[2]。在德里达转向不确定性时，我们或许能在踪迹的开创性冒险中找到某种残余物，某种可能类似于负面基调的东西。德勒兹引用斯宾诺莎的话，指出了：

> “与作为无限本质的肯定性对应的，就是作为必然存在的肯定。”（《伦理学》I，7—8）这就解释了为什么所有的属性，正是由于它们的区别而真正不同，没有对立，但同时又是同

1 Jacques Derrida, “Structure, Sign, and Play in the Discourse of the Human Sciences,” in *Writing and Difference,* trans. Alan Bass (Chicago: University of Chicago Press, 1978), 292.

2 Gilles Deleuze, *Spinoza: Practical Philosophy*, trans. Robert Hurley (New York: City Lights, 2001), 94. 德勒兹对斯宾诺莎的解读，可以参看Cesare Casarino and Antonio Negri, *In Praise of the Common: A Conversation on Philosophy and Politics* (Minneapolis: University of Minnesota Press, 2008), esp. 31–37。

一实体的一部分，它们表达了同一实体的本质和存在。（I，10，引理1，19）[1]

德勒兹对斯宾诺莎的注解，提供了从不确定的负面基调推进的方式，他将游玩看成一种区分过程，但不至于让各种属性产生对立和占有——并非在场对立于缺席，相反，这就是这些属性表达的本体论力量。那么，回到讨论中来，去实践，即注意力命名的实践，并不会从彼此对立的角度来决定感知的各种对象（就像弗洛伊德和梅洛-庞蒂的视角下对对象的判断），但我们标识出不同的属性，命名它们，这样，区别和肯定了它们。我们找不到任何东西，用当下的一个碎片来取代其他碎片，而是让它们在使各种要素结合在一起的组合性空间中，产生一种可能性，让其他的轨迹成为可能。换句话说，或许注意力本身就是一种不确定游玩的形式。[2]

审美、游玩、创造

游玩和注意力的组合，让我们回到了创造观念，这就是我们

1 Gilles Deleuze, *Spinoza: Practical Philosophy*, trans. Robert Hurley (San Francisco: City Lights, 1988), 95.

2 在一篇晚期文本中，德里达更接近于我脑海中不确定的游玩形式。当谈到给他人"同样的时间发言"时，德里达写道："不仅要让他人讲话，而且这是一个让时间发言的问题，它的时间，他者的时间，作为其最合适的时间。……在让（letting）抵达了（他人）所抵达的地方时，这种让（letting）'中性化'了虚无，它并非纯粹的消极，即便这里十分需要消极……我们使其发生，而不是任其发生，好的，它不再发生。我要使其发生的东西并未发生。" Jacques Derrida, *Sovereignties in Question: The Poetics of Paul Celan* (New York: Fordham University Press, 2005), 121.

在之前解读加塔利的“审美范式”和德里达的游玩观念时的核心。别忘了，游玩不仅仅是一种冒险（玩某种东西），而且包含了创造
152 性的观念。游玩通常会产生活生生的创造性元素。[1]于是，注意力和游玩有什么共同点呢？也就是说，作为游玩的注意力和作为注意力的游玩看起来会是什么样的呢？我们可以在延伸的内在性游玩的观念中找到答案。为了理解我所说的意思，我想引入一种游玩观念，即在儿童游玩的写作背景下的游玩。我们想起了温尼科特（Winnicott）的《游玩与实在》（*Playing and Reality*）中的一些段落，尤其是他提到了休息状态和创造之间互动的重要性的那些段落。[2]温尼科特认为游玩不仅仅在于处置对象，而且是在休息状态（他将其当作治疗的环境）与他所谓“创造性延伸”之间出现的

1 伽达默尔十分清楚这一点：“艺术经验的主体保留并持存着，它并非经历了艺术的人的主体性，而是作品本身。正是在这里，游玩的样式变得十分重要。因为游玩有它自己的本质，不依赖玩游戏的人的意识。唯有当主题性的视野不再局限于主体性的自为存在时，游玩才能存在（的确也是正当的存在），在游玩中，没有主体的行为是‘嬉闹的’行为。” Hans-Georg Gadamer, *Truth and Method*, trans. Garrett Barden and John Cumming (New York: Seabury Press, 1975), 92.在这里，比较一下阿甘本从神圣与亵渎的角度对游玩的解读：“正如religio（宗教）是在玩，而不是在看，于是它开启了使用的大门，这样，经济、法律和政治的权力(potenza) 在游玩中不再起作用，它们成为新幸福的铺路石。” Giorgio Agamben, “In Praise of Profanation,” in Fort, *Profanations*, 76.也可以参看Agamben, *Infancy and History: The Destruction of Experience*, trans. Liz Heron (London: Verso, 1993)。

2 对温尼科特思想的一般性评价，可以参看Adam Phillips, *Indispensable Winnicott* (Cambridge, Mass.: Harvard University Press, 1988)，还有一本最新的传记，F. Robert Rodman, *Winnicott: Life and Work* (Cambridge, Mass.: Perseus, 2003)。

互动。[1]在这里，他的意思并不十分明确，但他似乎回想起早前对注意力的讨论，从休息状态到延伸中产生了一种创造性的属性。对于温尼科特（这并不像我之前引述的德勒兹关于蒙太奇的讨论，以及梅洛–庞蒂对判断的讨论）来说，这样的延伸并不涉及一个掌控或把握的要素，而是呈现为一种样式，孩子身上出现了创造性的延伸。他将介于两者之间的空间称为“放松空间”，其摆脱了内外现实的张力，“这是一个经验上不确定的区域，它尚未受到挑战”，于是，他指出它“与那些‘沉迷于’游玩的小孩子的游玩领域有着直接的连续关系”[2]。他告诉我们，这个居于其间的区域，“成为婴儿绝大部分的经验”，他一生都停留在“属于艺术、宗教、想象性生活和创造性科学工作的强烈经验中”[3]。温尼科特指出孩子“沉迷于”游玩，需要更深入的讨论，一些人称之为“游玩的迷恋模式”，这与他后来称之为“强烈经验”的“想象性生活”要素有关。然而，他们并非共有沉迷或迷恋于游玩这一特征，而是在处置或延伸的模式上有着共同的源头。它们也共享着另一个特征，我们经常会忽略这个特征，即游玩是不稳定的，也是富有创造性的，它“总是在主观和所感知的客观之物之间划一道理论界限”，而这道界限可以在任何时间终结。的确，对于温尼科特来说，游玩的不稳定性恰恰让它具有了“创造性的经验”。这样，他将游玩称为“在时空连续统中的经验，一种最基本的生命形式”。正因为如此，对于温尼科特

1 D.W. Winnicott, *Playing and Reality* (London: Routledge, 1991), 55.

2 D.W. Winnicott, *Playing and Reality* (London: Routledge, 1991), 13.

3 D.W. Winnicott, *Playing and Reality* (London: Routledge, 1991), 14.

来说，作为创造性延伸的游玩本身就是一种“治疗”[1]。

再说一遍，温尼科特认为游玩以创造性的延伸与非创造性的掌握相对立为前提，这与“注意力”一词的词根相呼应，即“一种
153 张力关系，是延伸，也是等待”[2]。在注意力的延伸中，我们拥有了一种游玩形式，它开始与基本的生命形式，即一种有想象力的生命具有某种关系，这种生命形式带来了放松，让我们从“内外现实的张力”下解放出来——换句话说，从持续的纳入或驱逐的运动中解放出来，这就是自我保存本能和毁灭本能的核心所在。不过，我们可以通过游玩观念进一步将创造性注意力和bíos联系起来。游玩和注意力也都摆脱了占有的模式，这种模式不会让感知对象或玩具成为它自己的东西。游玩或许可以成为另一种生命形式或存在模式的基础，其中作为自我的bíos的内容将决定人在一生中如何去游玩。在这里，回到本雅明的《玩具的文化史》(“The Cultural History of Toys”)，那些精彩的段落是十分有帮助的，在那里，本雅明从哲学

1 D.W. Winnicott, *Playing and Reality* (London: Routledge, 1991), 50.比较一下埃里克·L. 桑特纳（Eric L. Santner）对创伤和知识的解读：“创伤性破裂的回复不可能被视为一种记忆形式（或一种场景或事件）。毋宁说，它打开了某种毫无意义或无感（非理性）的空间，其核心是重复、强迫性地告知世界上某人的存在方式，以及改变人生方向的可能性。我们或许可以说，验证创伤的方式并不是恢复记忆的形式（一些是历史知识的形式），它是通过这种方式，承认了在某人存在的最核心处，有一种明确的自动性。” Santner, *The Psychotheology of Everyday Life: Reflections on Freud and Rosenzeig* (Chicago: University of Chicago Press, 2001), 40.如果我们用温尼科特和桑特纳的词语来思考游玩，那么我们或许会发现游玩模式与承认延伸的模式是一致的。

2 《牛津英语辞典》在线版，词条“注意力”(attention)。

角度对玩具进行了分类：

> 只要阴郁的自然主义仍然支配着玩具的国度，那么我们就不可能将注意力转移到真正的游玩中的儿童脸上。今天我们或许期望着可以纠正一个基本错误，即认为孩子的玩具的想象性内容就是决定了他游玩的东西，然而在现实中恰恰相反。一个孩子想要拉运什么东西，就将自己变成一匹马……他想要藏起来，就会把自己变成劫犯或警察……因为玩具越有吸引力……他们就离真正的玩物越遥远，他们越是模仿，就越远离真正有生命力的游玩。[1]

本雅明从玩具更大的吸引力出发，将“真正有生命力的游玩”与阴郁的自然主义的游玩对立起来。真正有生命力的游玩反而出现在这样的关系中，即孩子能够改变自己，成为玩物。我们想要说的是，借用游玩经常使用的语言来说（另一种滑动的存在物），玩物走向了生成，让人沉浸于其中。[2]对于本雅明而言，真正的游玩建立在玩物在场的基础上，玩物可以让玩家变形。换句话说，在真正的玩物背后隐藏着自我的影子，人们不是因为玩具的特点去玩，而是因为玩具缺失的富有想象力的内容去游玩。本雅明的角度让我们看到了注意力和游玩的共同能力，它们都放弃了模仿，而模仿是用来描

---

1 Walter Benjamin, “The Cultural History of Toys,” in *Selected Writings Volume 2 1927–1934*, ed. Michael W. Jennings (Cambridge, Mass.: Harvard University Press, 1999), 115.

2 感谢凯文·阿泰尔（Kevin Attell）让我注意到这些游玩形式，尤其是阿甘本和伽达默尔对游玩的讨论。

述特别隐晦的纳入和排斥形式的另一种说法。

我们如何将游玩观念拓展到作为抵抗生命权力的形式的生命
154 政治维度呢？我们是否能凭借游玩的生命形式而不为自我所俘获？我们能否像在游玩中改变一件玩具一样，来改变自我的意义，创造更广阔的bíos视野，创造出尚未被自我熟练把握的存在模式呢？在这个方面，我们来看看本雅明的另一段话："但我们不要忘记，对玩具最持久的改变并不是由大人来完成的，无论这些大人是教育者、生产者还是作家，这些改变就是孩子游玩的结果。"[1]看看游玩的孩子，或许我们能看到一种有生命力的游玩艺术的视界，它让我们看到，自我通过回到作为bíos的游玩，即便不能阻止什么，或许也可以延缓划分边界和进行防御的速度，借此，也防御着随之而来的破坏本能。游玩之下的bíos思想的技艺或许是一个尚未被探索的方式，它摒弃了今天生命政治的"阴郁的自然主义"，在其中，政治的对象仅仅是生物学生命，或者生命的对象只能被看成否定政治学的一部分。

造物、矛盾和德性

在追溯了技艺和死亡之间的关联之后，我们最后还剩下什么？通过这种方式来提问是十分有帮助的：问题不在于做了什么，而是bíos的实践会需要什么样的自我。威廉·康奈利（William Connelly）在二十世纪末谈到了规训背景下的放松，这一点十分有价值：

1 Walter Benjamin, "Old Toys," in *Selected Writings Volume 2 1927–1934*, 101.

> 由于自我并非为了完全适应任意生活方式而“设计”的，我们必须预期，任何良善的生活方式必然在自我之中实现某种东西，并看到在自我之中总有某些要素抵抗着它的形式，我们承认，放松的观念就是我们良善生活概念的一部分。放松的秩序可以更好地维持自我，而不需要将自我完全变成一个德性的造物。一个秩序越是需要德性，它实际上越会通过扩大规训策略来维持自己的安全。[1]

对于康奈利而言，需要将自我放松重新纳入不同于纯粹德性的视界之上。然而，在我看来，其中的利害关系远远超过了规训和德性的范畴，它是当代哲学家在技术和死亡的十字路口上对生命权力的总体解读。换句话说，与其谈论美好生活，我们反而应该聚焦于能够放松自我与掌控世界的关系的bíos形式。经过考验所产生的德性经 155
验，让位于一个可以在不同背景、不同情境下用自我观念进行游玩的存在。于是，通过更少地掌控，自我不再纯粹是体制的询唤。从有界限的自我到放松的bíos的自我实践的变化，让不可避免地与死亡共有的边界限定变得羸弱不堪。我们也看到bíos的实践的对象并不一定是德性。若它是德性问题，它所涉及的是bíos的非德性的德性——这种德性认为自我太过局限、受到太多限制。

有人或许会回应说，通过注意力和游玩来思考bíos的实践似乎

1 William Connolly, “Discipline, Politics, Ambiguity,” in *The Self and the Political Order*, ed. Tracy B. Strong (New York: New York University Press, 1992), 159.

太过抽象——它不能给人提供体面的薪资，不能让我们有更多时间陪孩子。换句话说，bíos的实践能马上为主体在物质上提供什么呢？我的想法是，我们应该回避这样的判断，即将实践对立于抵抗，将不正当的政治实践对立于正当的造反政治技术，这会引起一系列的困难，这和我之前说的正当和不正当的生命形式和技艺所遇到的困难一样。关于这一点，请看尼采的一段话，他在其中提出了放宽仅与自我相关的观点的边界的理由：

> 一个看法：所有的评价都有明确的目的，即保存一个个体、一个共同体、一个种族、一个国家、一个教会、一个信仰或一种文化。由于人们往往忘记了所有的评价都有目的，同一个人也会拥有大量的彼此冲突的评价，因而也有各种彼此矛盾的冲动。这就是人类疾病的表现，对立于动物的健康，动物的所有本能都有某种明确的目的。不过，这种充满了各种矛盾的造物（dies widerspruchsvolle Geschöpf）有一种伟大的方法来获取知识：他感受到了正与反，他评价自己是正义的，也就是说，他确定了超越善恶的评价原则。最明智的人具有某种精神触角（der gleichsam Tastorgane），借此，他可以理解各种各样的人，借此，他迎来了他的光辉时刻，他的存在的所有旋律一起奏响了恢宏壮阔的和谐之声……这是一种大地

的运动（eine Art planetarischer Bewegung）。[1]

视角监控着边界，它们保留并守护着边界。不过，这样评价和评估 156
的代价是，它围绕着自我建立了各种边界，而它将持续不断地需要守护这些边界。我们应当看到，尼采的解决方案并非指向一条回到动物式健康的道路，而是拥抱充满着各种矛盾的有病之人。[2]我们也应当清楚，这并非康奈利的德性造物，而是一种不同的造物，一种充满着各种矛盾的造物（dies widerspruchsvolle Geschöpf），我们注意到了这些矛盾。或许我们可以在这里创造一个空间，让注意力和游玩的实践介入其中，记录下尼采的造物的各种矛盾性特征，不是回到动物，而是回到具有天赋的存在物，让自己高于其他造物（或其他bíos的模式）的智慧变得清晰可见。在这个意义上，通过注意力和游玩来实现的bíos的实践具有了明确的目的，即让自己走向更伟大的开放，形成与防守截然不同的关系。在这里，我所讨

1 Friedrich Nietzsche, *The Will to Power*, trans. Anthony M. Ludovici (New York: Barnes and Noble, 2006), 153–154；德文版可以参看*Nietzsches Werke: Historisch-kritische Ausgabe VII-2* (electronic edition) [Nachgelassene Fragmente Frühjahr bis Herbst 1884]: 180–182, http://www.nlx.com/collections/89 (accessed June 10, 2011)。关于大地的可能性，参看格里桑的从相关性来讨论的"行星经历"，详见Édouard Glissant, *Poetics of Relation,* trans. Betsy Wing (Ann Arbor: University of Michigan Press, 1997), 162–163。

2 参看巴塔耶的ipse的观念："ipse，即巴塔耶的自我，如果这样来称呼它，它并非一个高点，也并非一个体现了明确意识的封闭实体，相反是彼此协调和相互竞争的各种力量的瞬间结合，这是一个交叉点，一个偶然的能量交流空间。" Allan Stoekl, *Bataille's Peak: Energy, Religion, and Sustainability* (Minneapolis: University of Minnesota Press, 2007), 81.

论的实践和各种矛盾的结果发生了一次合流，即在生活模式之中，最明智的人“感受到了正与反”，不过他不会以传统方式来认识它们。承认这种矛盾性造物的不同视角，注意力和游玩的主体超越了善恶，也超越了福柯意义上的对与错，事实上也通过自己超越了对自我的掌控。坚持为注意力开放空间，创造了“理解所有人”所形成的条件，我们应当毫不犹豫地在政治行动中将其当作“一场大地的运动”。我们也要看到，尼采提出了另一种抵抗自我通过掌控与生命权力合谋的可能性，那时，“生命权力接管了关怀自我的活动”[1]。这就囊括了所有的确定、提升和感觉的模式，它并不一定涉及“关怀自我”[2]。诚然，抵制关爱以及随之而来的对自我的掌控并非易事，但这正是通过注意力和游玩进行生命（bíos）实践的最大

---

1 Edward F. McGushin, *Foucault's Askēsis: An Introduction to the Philosophical Life* (Evanston, Ill.: orthwestern University Press, 2007), 238. 麦克古辛的很多说法回应了本章的主题：“事实上，生命政治的主要功能就是确立这种自我关怀的模式。通过界定自我关怀，个体就能够被生产和控制，在这个实际性的体系之下，个体受到了限制。”（p. 239）其观点走向了奇点，有如下的附带条件：“奇点超越了所有围绕着自由和解放的既定主题，一旦它不会被转译成一元论，那么就会具有与敞开和生命力形式相关联的意义；唯有当它拒绝通过激活与自己的正当自我相关的占有机制，才会具有这种意义。”（p. 299）

2 正如斯洛特戴克所说，这种自我认识是非政治的。对于尼采的《不合时宜的沉思》（*Untimely Meditations*），他写道：“我将这种明显具有否定性的自我认识结构称为精神循环（psychoautical circle）。尼采探索知识理论的戏剧般的历险，在本质上都牵涉其中。我相信，他的人格和哲学命运在很大程度上都取决于他是否能完成烧掉图像的任务，以及他是否可以在有益的否定性和缺乏表达的背景下，成功地探索出自我。” Peter Sloterdijk, *Thinker on Stage: Nietzsche's Materialism*, trans. Jamie Owen Daniel (Minneapolis: University of Minnesota Press, 1989), 34.

价值所在：帮助我们在关爱和掌控之间，在我们首先从生命（bíos）形式中感受到的对自我的关爱和之后才从掌控中了解到的对自我的关爱之间，找到一个缺口。[1]

1 比较一下克里斯蒂娃对巴塔耶的解读："他恢复了'自我'这一有形的人类活动，但只是为了消除它所滋生的幻象。"也比较一下巴塔耶的《宗教理论》："在某种意义上，最必要的事情是放弃，因为人将自己完全委身于现实秩序，因为人将自己局限于计划的操作。但问题不在于显示人类的孱弱，问题在于让人远离工作的秩序。"George Bataille, *Theory of Religion*, trans. Robert Hurley (New York: Zone Books, 1992), 89.

索　引

（索引所标页码系本书英文版页码，即中译本边码[1]）

Agamben, Giorgio（吉奥乔·阿甘本）：
on animalization and humanization（阿甘本论动物化和人性化），59；
bare life（赤裸生命），36，40，61—65，81，108—109，168n95；
call of technology（技术的召唤），16；
on camp and its relation to improper（阿甘本论集中营及其与不正当生命的关系），39—41；
common use（常规用法），80；
contemporary（当代），165n43；
exclusionary inclusion（排斥性包含），24；
Heidegger（海德格尔），31，34，37—39；
Messianism（弥赛亚），50，115，164n27；
on metaphor（阿甘本论隐喻），163n7；
music（音乐），167n90；
oblivion of Being（存在的遗忘），10；
oikonomia（安济），44，49—50，53—57，63—64，68，166n66；
on oath（阿甘本论誓言），60—64；
paradigm（范式），31，41—42，63；
potentiality（潜能），81，126，164n11；
on profane and sacred（阿甘本论世俗与神圣），34，43—44，47—49；
state of exception（例外状态），2，10，35，42，164n11；

1　为便于读者阅读，中译本将英文版原书的尾注改为脚注，故部分原书尾注所在页面的页码缺失。——编者注

substitution of human with singularity（用独特性取代人），29；
technology, homo sacer（技术，神圣人），10，48，81—82；
testimony（证言），41—42；
thanatopolitics（死亡政治学），43—44
Apian, Peter（彼得・阿皮安），86
Arendt, Hannah（汉娜・阿伦特），3，33，50，63
Armstrong, Neil（内尔・阿姆斯特朗），88
Attention（注意力）：
composition and（注意力与组成），146—148；
forms of life and（注意力与生命形式），144—146，153；
haeccetic space（在此性空间），145—147；
as immanent critique（作为内在性批判的注意力），148；
in opposition to judgment（对立于判断力的注意力），140—141，143—144；
as play（注意力作为游玩），127，150—152；
play（游玩），152—153，156；
power of（注意力的权力），143—144；
as practice of bíos（作为bíos实践的注意力），142；
relationality and（相关性与注意力），146—148；
response to biopower（回应生命权力的注意力），145—146
Augustine（奥古斯丁），67—68
Bacon, Francis（弗朗西斯・培根），145，180n77
Badiou, Alain（阿兰・巴迪欧），82，103—104
Ball, Hugo（雨果・鲍尔），137
Bataille, George（乔治・巴塔耶），34，148—149；
limits of thought（思想的界限），164n10；
on "love and fusion"（巴塔耶论"爱与融合"），181n101
Behaim, Martin（马丁・贝海姆），86
Benjamin, Walter（瓦尔特・本雅明），ix，127，153—154，163n3
Bersani, Leo（列奥・贝桑尼），179n55
Bichat, Xavier（哈维尔・比沙），37
Biehl, João（若昂・比耶尔），74—75

Biopower（生命权力）：
Agamben and（阿甘本与生命权力），37—38；
liberalism and（自由主义与生命权力），73—74；
mastery and（掌控与生命权力），141；
and mode of subjectivity（生命权力与主体性的模式），135—136；
multitude and（大众与生命权力），56—57；
of populations（人口的生命权力），120—121；
racism and（种族主义与生命权力），107—108；
relation to death（生命权力与死亡的关系），58；
self and（自我与生命权力），178—179n54；
during World War Ⅱ（二战中的生命权力），22
Bíos (Esposito)（埃斯波西托的《生命》），3，17，65，73，77
Birth of Biopolitics, The (Foucault)（福柯的《生命政治的诞生》），49，63，73，126，174n3
Bosteels, Bruno（布鲁诺·波斯蒂尔斯），169n30
Bourdieu, Pierre（皮耶尔·布尔迪厄），179n67，179—180n68
Breton, Andrè（安德烈·布勒东），137
Broch, Hermann（赫尔曼·布洛赫），95—96
Butler, Judith（朱迪斯·巴特勒），137—138，178—179n54
Cacciari, Massimo（马西莫·卡西亚里），125，161n34，173n84
Churchill, Winston（温斯顿·丘吉尔），22
Coming Community, The (Agamben)（阿甘本的《即将来临的共同体》），viii，34—37，91
Communitas (Esposito)（埃斯波西托的《共同体》），viii，2，160n18，160n19
community（共同体）：
relation to communication（共同体与交往的关系），6，28，36；
Esposito's reading of（埃斯波西托对共同体的解读），96，101，104；
human and（人类与共同体），129；
identity politics and（身份政治与共同体），102；
and improper households（共同体与不正当的家务），84，96，100，106—108；
modernity and political（现代性与政治共同体），90—91，104；

purpose of（共同体的目标），75
Connolly, William（威廉・康奈利），154，182n121
Crary, Jonathan（乔纳森・克拉里），143，175n10
Deleuze, Gilles（吉尔・德勒兹）：ix；
art and（艺术与德勒兹），180n79；
aesthetic modes of existence and（实存的审美样式与德勒兹），65—66；
composition and（组成与德勒兹），145—146；
haeccetic space and（在此性空间与德勒兹），127，145，147—148；
montage and（蒙太奇与德勒兹），146—147，152；
也可参见dispositif（装置）
Derrida, Jacques（雅克・德里达）：
and apes（德里达与类人猿），159n10；
and Heidegger's photograph（德里达与海德格尔的照片），159n16；
critique of *History of Sexuality Volume 1*（德里达对《性史》第一卷的批评），177n34；
on "monstrasity" and the proper（德里达论"畸形"与正当的人），158n2；
on performativity in relation to Agamben's oath（德里达论操行性与阿甘本的誓言的关系），60；
unsure play and（不确定的游玩与德里达），181—182n110
Dessauer, Friedrich（弗里德利希・德绍尔），173n85
dispositif（装置）：
charisma and（魅力与装置），69—70；
Christian roots of（装置的基督教根源），71；
common and（公共与装置），47；
Deleuze and（德勒兹与装置），45—46，48，65；
desubjectification and（去主体化与装置），37—38，41，48—50，66，163n7；
Foucault and（福柯与装置），30，45—46；
government and（治理与装置），48—49；
homo sacer and（神圣人与装置），48；
of household（家务装置），97—98；
oikonomia and（安济与装置），2，49—50，55—56，64；
of person（人格装置），66—78，99，112；

and personhood（装置与人格），2；
proliferation of（装置的增多），45，49—51，56，58，63，81；
of security（安全装置），123；
and strategic relations of force（装置与力的战略关系），130；
of truth（真理装置），130—131；
sovereignty and（主权与装置），58—59；
technē and（技艺与装置），64；
Trinity and（三位一体与装置），67—68，166n66
Engelhardt, Hugo（雨果·恩格尔哈特），74
Epicureans（伊壁鸠鲁），136
Esposito, Roberto（罗伯托·埃斯波西托）：viii，56；
commonlaw and（共同法则与埃斯波西托），80；
critique of Heidegger（埃斯波西托对海德格尔的批判），76，160n18；
distinction between person and subject（人格与主体之分），66；
and Enlightenment（埃斯波西托与启蒙），77；
and gift-giving（埃斯波西托与礼物赠予），160n19；
immunity, impolitical（免疫，非政治），24；
immunization paradigm（免疫化范式），31，72，111；
politics of life and（生命的政治与埃斯波西托），65—66；
on status of slave in Roman antiquity（埃斯波西托论古罗马奴隶制），70—72；
on thanatopolitics and person（埃斯波西托论死亡政治与人格），72—73；
也可参见impolitical and impersonal（非政治与非人格）
Fallaci, Oriana（奥莉娅娜·法拉奇），109
Fearless Speech (Foucault)（福柯的《无惧的言说》），131，135，137，140
Foster, Hal（哈尔·福斯特），7，189n63
Foucault, Michel（米歇尔·福柯）：
and aesthetics of bíos（福柯与生命美学），137；
"care of the self"（"关怀自我"），80，127—133，178n43；
circulation and（流通与福柯），122—124；
concept of milieu of（福柯的环境概念），111—112，120—126，129；
concept of population of（福柯的人口概念），111—113，120—122，174n3，175n9，

177n24；
and the Cynics（福柯与犬儒），132；
ethics, aesthetics and（伦理学、美学与福柯），178n49；
ethics, modernity and（伦理学、现代性与福柯），178—179n54；
on freedom（福柯论自由），123—126，131—132，136；
on liberty（福柯论解放），80—81；
ontology of actuality and（实在性本体论与福柯），128，169n130；
social coverage and（社会保障与福柯），46；
and to make die and to let live（使其死，让其活），37，174n3
Freud, Sigmund（西蒙德·弗洛伊德），ix，7，127，179n65；
on affirmation as substitute for uniting（弗洛伊德论用肯定作为联合的替代物），140；
Derrida and（德里达与弗洛伊德），177n34；
"Drives and their Fates" and（《驱力及其命运》与弗洛伊德），138—139；
"Negation" and（《否定》与弗洛伊德），139—140；
on Eros and the destructive instinct（弗洛伊德论爱欲和破坏本能），179n58
Gadamer, Hans-Georg（汉斯–乔治·伽达默尔），181n95，182n111
Gandhi, Leela（里拉·甘地），129
genealogy, relation to bíos（谱系学，与生命的关系），142；也可参见 Pierre（布尔迪厄）
Girard, Rène（热内·吉拉尔），62
Glissant, Édouard（爱德华·格里桑），183n122
Guattari, Félix（菲利斯·加塔利），ix，127；
creativity and（创造力与加塔利），146；
"new aesthetic processual paradigm" and（"新美学过程范式"与加塔利），146—148，151
Habermas, Jürgen（于尔根·哈贝马斯），90
Haraway, Donna（唐娜·哈拉维），17，137—138，178—179n54
Hardt, Michael（迈克尔·哈特），56，78，173n71，176n22
Heidegger, Martin（马丁·海德格尔）：
distinction between animalitas and humanitas（动物性和人性的区别），26—28；
Bestand（持存），13—14，16，43，55，59，114；
Gestellen（订置），15，32，54—55，59，64，162n54；

Handlung（行为），53，96，105；
handwriting, inscription（书写，笔迹），3—5；
Herstellen, Darstellen（置造，呈现），55；
reading of Hölderlin（海德格尔解读荷尔德林），16—20，34—35，41，43，86，93；
improper writing, concept of（海德格尔的不正当的写作概念），5—6，25，64；
on Leninism（海德格尔论列宁主义），6—7，24；
mystery and relation to nearness（掌控与接近的关系），18—21，36，41，114，162n54；
relation to Nazism（与纳粹主义的关系），20，60，80，92—95，162n60；
notion of care（操持的观念），25—30，59—60，173n72；
on potentiality（海德格尔论潜能），173n72；
saving power（拯救权力），19—21；
Stellen（摆置），11—12；
superimposition of poetic word and technology in（诗歌的用词与技术的并置），19；
typewriter（打字机），3–6
Hermeneutics of the Subject, The (Foucault)（福柯的《主体解释学》），46，48，127—137，178n43
Hobbes, Thomas（托马斯·霍布斯），28，72，91，104，140，171n30
homo sacer（神圣人）：
dehistoricization and（去历史化与神圣人），10；
globalization and（全球化与神圣人），93；
governing of（神圣人的治理），55，63；
relation to I（神圣人与主我的关系），62，94；
as improper life（作为不正当生命的神圣人），35；
Muselmann and（穆斯林与神圣人），41，43—44；
necroeconomics and（死亡经济学与神圣人），113；
zoē and（生物生命与神圣人），32；
也可参见 dispositif（装置）
Homo Sacer (Agamben)（阿甘本的《神圣人》），35，44，164n10
Hubert, Henri（亨利·休伯特），47
Humboldt, Alexander（亚历山大·洪堡），85—86

idolatry（偶像崇拜）:
in Esposito's critique of Agamben（埃斯波西托对阿甘本的批判中的偶像崇拜），52;
relation to improper writing（偶像崇拜与不正当写作的关系），6—7;
Weil and（薇依与偶像崇拜），160n20
imagism（意象主义），101
immunity（免疫）:
Esposito and（埃斯波西托与免疫），24，78，88;
Haraway and（哈拉维与免疫），137;
Sloterdijk and（斯洛特戴克与免疫），88—89，92—98，100—104，110—114，116—117
impersonal（非人）:
Agamben and（阿甘本与非人），126，168n95;
Deleuze and（德勒兹与非人），66;
Esposito and（埃斯波西托与非人），ix，17，29，66—68，78—80，82，126;
Heidegger and（海德格尔与非人），79—80;
relation to improper writing（非人与不正当的写作的关系），79—80;
Sloterdijk and（斯洛特戴克与非人），105—106
impolitical（非政治）:
and desubjectivization（非政治与去主体化），135;
as attack on conditions of existence（作为对生存条件的攻击的非政治），99;
danger and（危险与非政治），17;
definition of（非政治的定义），161n34;
dispositive and（装置与非政治），51;
and Heidegger's reading of Bolshevism（非政治与海德格尔对布尔什维克的解读），11;
immunity and（免疫与非政治），24;
mandates of（非政治的操作），57;
protocols of writing and（写作条陈与非政治），21;
rage and（愤怒与非政治），84;
relation to biopower（非政治与生命权力的关系），56;
relation to representation（非政治与再现的关系），142;

and self-knowledge（非政治与自我认识的关系），183n125；
terror and（恐惧与非政治），101
Invisible Committee（隐形委员会），140—141
Kittler, Friedrich（弗里德利希·基特勒），5，11，83，159n8，161n36
Krell, David Ferrell（大卫·法雷尔·克雷尔），79，162n74
Kristeva, Julia（朱利亚·克里斯蒂娃），181n100，183n125
Lacan, Jacques（雅克·拉康），160n24
Lamarck, Jean-Baptiste（让-巴普蒂斯特·拉马克），120，174n5
Latour, Bruno（布鲁诺·拉图尔），168n108
Leibniz, Gottfried（哥特弗雷德·莱布尼茨），68，80
Letter on Humanism (Heidegger)（海德格尔的《人道主义的书信》），1，9，17，19，23—28
Levi, Primo（普莱莫·列维），37
Levinas, Emmanuel（艾曼努尔·列维纳斯），138
Lévi-Strauss, Claude（克劳德·列维-施特劳斯），149—150
liberalism（自由主义）：
and governance（自由主义与治理），64；
and thanatopolitics（自由主义与死亡政治学），23—24；也可参见biopower（生命权力）
life（生命）：
as bíos and zoē（作为政治生命与生物生命的生命），32—34；
as pertinent and impertinent（相关的和不相关的生命），120—121，123，125—126
Locke, John（约翰·洛克），72
Marinetti, F. T.（马里内蒂），137
mastery（掌握）：
Foucault and（福柯与掌握），177n34；
Heidegger and（海德格尔与掌握），7，10；
Lacan and（拉康与掌握），160n24
Mauss, Marcel（马塞尔·莫斯），47
McGushin, Edward（爱德华·麦克古辛），183n123
McLuhan, Marshall（马歇尔·麦克卢汉），83

Merleau-Ponty, Maurice（莫里斯·梅洛－庞蒂），ix；
comparison to Freud（梅洛－庞蒂与弗洛伊德的比较）：151；
explication of attention and judgment（梅洛－庞蒂对注意力和判断力的解释），143—144，152
Mbembe, Achille（阿基里·姆贝姆贝），89，171n24
modernity（现代性）：
Agamben's reading of（阿甘本对现代性的解读），2，40—43，50，63；
attention and（注意力与现代性），143—144；
biopower and（生命权力与现代性），127；
communication and（交往与现代性），5—6；
death of community in（现代性下共同体的死亡），90；
homo habitans and（寓居之人与现代性），86—89；
novelty of（现代性的新意），161n45；
relation to tolerance（现代性与宽容的关系），165n33；
terrorism and（恐怖主义与现代性），100
Montag, Warren（瓦伦·蒙塔格），113，173n82，176n23
Muselmann（穆斯林），35，39—42，44，50
Nazism（纳粹主义）：
care as biological operation（作为生物性操作的操持），60；
liberalism and（自由主义与纳粹主义），72—73；
thanatopolitics and（死亡政治学与纳粹主义），56—57
Negativity（否定性）：
relation to affirmation（与肯定性的关系），140—141；
也可参见 Freud, Sigmund（弗洛伊德）
Negri, Antonio（安东尼奥·奈格里），44，56，77，110，163n3，176n22，181n108
neoliberalism（新自由主义）：
biotechnology and（生命技术与新自由主义），114；
circulation and（流通与新自由主义），124—125；
Foucault's critique of（福柯对新自由主义的批判），71；
personhood and（人格与新自由主义），72—74；
relation to proper and improper（新自由主义与正当和不正当的关系），76—77；

Sloterdijk's reading of（斯洛特戴克对新自由主义的解读），117；
thanatopolitics of（新自由主义的死亡政治学），44—45，94；
and "truth" of market（新自由主义与市场"真相"），94
Nietzsche, Friedrich（弗里德利希·尼采）：
relation to impolitical（尼采与非政治的关系），183n124；
on "joyful affirmation"（尼采论"快乐的肯定"），151；
on perspective（尼采论视角），10，120，155—156
nihilism（虚无主义）：
as contamination（作为感染的虚无主义），87；
and notion of outside（虚无主义与外部观念）；116；
Heidegger and（海德格尔与虚无主义），87—88，160n31；
political therapy and（政治治疗与虚无主义），174n88；
tragedy and（悲剧与虚无主义），159n7
Nolte, Ernst（恩斯特·诺尔特），22，172n63
oikonomia（安济），2；
crossing with Gestellen/Bestellen（与集置/订置的交集），54—55；
economic and（经济与安济），50，53—54；
theological and（神学与安济），44；
也可参见 Agamben, Giorgio（阿甘本）
Ong, Aihwa（王爱华），124，176n18
operaismo（工人主义），110
Parmenides [Heidegger]（海德格尔的《巴门尼德》），3—11
Phillips, Adam（亚当·菲利普斯），179n55，182n112
play（游玩）：
and absorption（游玩与吸纳），152—153；
affirmation as attribute of（游玩属性的肯定性），150；
death and（死亡与游玩），149；
forms of（游玩形式），119，151，182n119；
presence and（在场与游玩），149—150；
subjectivity and（主体性与游玩），182n111；
unsure form of（有万能的不定形式），151；

也可参见 Gadamer, Hans-Georgand attention（伽达默尔与注意力）
Plessner, Helmut（赫尔穆特・普雷斯纳），175n15
Pliny（普林尼），136
postmodernism（后现代主义）：
immunity and（免疫与后现代主义），92—93，97，137
Poulantzas, Nico（尼柯・普朗查斯），175n11
practice（实践），参见 technē（技艺）
Question Concerning Technology, The (Heidegger)（海德格尔的《技术的追问》），3，11—13，15—17，19，25，34
radio（广播）：
thanatopolitical features of（广播的死亡政治学特征），21—22，162n62
Razac, Oliver（奥利弗・拉扎克），171
Rodotà, Sefano（赛法诺・罗多塔），167n94
Roosevelt, Franklin D.（富兰克林・罗斯福），22
Remnants of Auschwitz (Agamben)（阿甘本的《奥斯维辛的残余》），35，37—40，165n34
"Rules for the Human Zoo" (Sloterdijk)（斯洛特戴克的《人类动物园法则》），19，52，54，114，173n85
Santner, Eric L.（埃里克・桑特内），182n116
Sartre, Jean-Paul（让-保罗・萨特），98，108，162n65
Schmitt, Carl（卡尔・施米特），91，171n30
Schöner, Johannes（约翰内斯・舍纳），86
security（安全）：
relation to biopower（安全与生命权力的关系），125—126，175n7，175n15；
and dispositif（安全与装置），125；
relation to freedom（安全与自由的关系），121—122；
relation to hand in Heidegger and Sloterdijk（安全与海德格尔和斯洛特戴克的手的关系），92—93；
relation to insecurity（安全与不安全的关系），175n16；
invisible contagion and（看不见的感染与安全），175n9；
protection and（保护与安全），90—91；
technology of（安全技术），112—113

Security, Territory, Population (Foucault)（福柯的《安全、领土与人口》），ix，120—127，175n8
self（自我）：
and Bataillian ipse（自我与巴塔耶的ipse），183n122；
relation to bíos（自我与政治生命的关系），134—135；
mastery of（自我掌控），132，135，137—145，156；
and perspectives（自我与视角），155—156；
“slackening” of（自我的“放松”），154—155；
也可参见biopower（生命权力）
self-preservation drive（自我保存驱力）：
Freud’s discussion of（弗洛伊德对自我保存驱力的讨论），138—140，179n58
Seneca（塞涅卡），131—132，136
Simmel, Georg（格奥尔格·西美尔），65
Singer, Peter（彼得·辛格），74
Sloterdijk, Peter（彼得·斯洛特戴克）：
affirmation of technology and（对技术的肯定与斯洛特戴克），173n85；
avantgarde and（先锋派与斯洛特戴克），101—103；
civil war and（内战与斯洛特戴克），107；
concept of immunity of（斯洛特戴克的免疫概念），88—89，92—93，95—98，100—104，110—114，116—117；
concept of insurance of（斯洛特戴克的保障概念），29，86，91；
concept of media of（斯洛特戴克的媒介概念），51；
globalization and（全球化与斯洛特戴克），84—90，113；
Marxism and（马克思主义与斯洛特戴克），105—108；
messianism and（弥赛亚与斯洛特戴克），115；
Nietzsche and（尼采与斯洛特戴克），83；
notion of care of（斯洛特戴克的操持观念），92—94；
notion of sphere of（斯洛特戴克的球体概念），85—86；
political parties and（政党与斯洛特戴克），105—106；
psychoautical circle and（精神循环与斯洛特戴克），183n124；
and rage（斯洛特戴克与愤怒），ix，84—85，104—110，126—127；

and state of exception（斯洛特戴克与例外状态），107—109；
thanatopolitical and（死亡政治与斯洛特戴克），93—95；
on Weimar Zeitgeist（斯洛特戴克论魏玛时代精神），172n66
Society Must Be Defended (Foucault)（福柯的《必须保卫社会》），33，57，107，111，120—121，175n7
Socrates（苏格拉底），136
Sphären (Sloterdijk)（斯洛特戴克的《球体》），29，84—89，111
Spinoza（斯宾诺莎），65，103，117，151—152，176n22
Stiegler, Bernard（贝尔纳·斯蒂格勒），119，159n11
techn ē（技艺）：
Foucault's reading of（福柯对技艺的解读），119—122，178n42；
improper writing and（不正当写作与技艺），28—30；
and practice of bíos（技艺与生活实践），ix，119—120，127，142，148，155—156；
relation to thanatos（技艺与死亡的关系），viii—ix，40—42；
也可参见dispositif（装置）
territory（领土）：
and archaeology in Agamben's thought（阿甘本思想中的领土与考古学），39；
category of person in relation to（人格范畴与领土的关系），124—125；
relation to terror（领土与恐惧的关系），125
Terror from the Air (Sloterdijk)（斯洛特戴克的《空气中的恐怖》），84，95—99，101
Third Person (Esposito)（埃斯波西托的《第三人格》），3，17，65—69，77
Thousand Plateaus, A (Deleuze/Guattari)（德勒兹、加塔利的《千高原》），145
Vattimo, Gianni（吉安尼·瓦蒂莫），159n7
Virno Paolo（保罗·维尔诺），173n71，179n63
Weber, Max（马克斯·韦伯），70
Weil, Simone（西蒙娜·薇依），2，67，78—79，160n20，172n60
"What Is a Dispositif?" (Deleuze)（德勒兹的《什么是装置?》），44—46
What Is an Apparatus? (Agamben)（阿甘本的《什么是装置?》），8，41，44，47—49，57—58，61，63，65，109
Winnicott, D. W.（温尼科特），ix，127，152，182n112，182n116
Wittgenstein, Ludwig（路德维希·维特根斯坦），177—178n42
Žižek, Slavoj（斯拉沃热·齐泽克），164n22

大学问，广西师范大学出版社学术图书出版品牌，以“始于问而终于明”为理念，以“守望学术的视界”为宗旨，致力于以文史哲为主体的学术图书出版，倡导以问题意识为核心，弘扬学术情怀与人文精神。品牌名取自王阳明的作品《〈大学〉问》，亦以展现学术研究与大学出版社的初心使命。我们希望：以学术出版推进学术研究，关怀历史与现实；以营销宣传推广学术研究，沟通中国与世界。

截至目前，大学问品牌已推出《现代中国的形成（1600—1949）》《中华帝国晚期的性、法律与社会》等100余种图书，涵盖思想、文化、历史、政治、法学、社会、经济等人文社会科学领域的学术作品，力图在普及大众的同时，保证其文化内蕴。

“大学问”品牌书目

大学问·学术名家作品系列

朱孝远《学史之道》

朱孝远《宗教改革与德国近代化道路》

池田知久《问道：〈老子〉思想细读》

赵冬梅《大宋之变，1063—1086》

黄宗智《中国的新型正义体系：实践与理论》

黄宗智《中国的新型小农经济：实践与理论》

黄宗智《中国的新型非正规经济：实践与理论》

夏明方《文明的“双相”：灾害与历史的缠绕》

王向远《宏观比较文学19讲》

张闻玉《铜器历日研究》

张闻玉《西周王年论稿》

谢天佑《专制主义统治下的臣民心理》

王向远《比较文学系谱学》

王向远《比较文学构造论》

刘彦君　廖　奔《中外戏剧史（第三版）》

干春松《儒学的近代转型》

王瑞来《士人走向民间：宋元变革与社会转型》

罗家祥《朋党之争与北宋政治》
萧　瀚《熙丰残照：北宋中期的改革》

大学问·国文名师课系列

龚鹏程《文心雕龙讲记》
张闻玉《古代天文历法讲座》
刘　强《四书通讲》
刘　强《论语新识》
王兆鹏《唐宋词小讲》
徐晋如《国文课：中国文脉十五讲》
胡大雷《岁月忽已晚：古诗十九首里的东汉世情》
龚　斌《魏晋清谈史》

大学问·明清以来文史研究系列

周绚隆《易代：侯岐曾和他的亲友们（修订本）》
巫仁恕《劫后“天堂”：抗战沦陷后的苏州城市生活》
台静农《亡明讲史》
张艺曦《结社的艺术：16—18世纪东亚世界的文人社集》
何冠彪《生与死：明季士大夫的抉择》
李孝悌《恋恋红尘：明清江南的城市、欲望和生活》
李孝悌《琐言赘语：明清以来的文化、城市与启蒙》
孙竞昊《经营地方：明清时期济宁的士绅与社会》
范金民《明清江南商业的发展》
方志远《明代国家权力结构及运行机制》
严志雄《钱谦益的诗文、生命与身后名》
严志雄《钱谦益〈病榻消寒杂咏〉论释》
全汉昇《明清经济史讲稿》
陈宝良《清承明制：明清国家治理与社会变迁》
王庆成《太平天国的历史和思想》
郭松义《伦理与生活：清代的婚姻与社会》

大学问·哲思系列

罗伯特·S.韦斯特曼《哥白尼问题：占星预言、怀疑主义与天体秩序》
罗伯特·斯特恩《黑格尔的〈精神现象学〉》
A. D. 史密斯《胡塞尔与〈笛卡尔式的沉思〉》
约翰·利皮特《克尔凯郭尔的〈恐惧与颤栗〉》
迈克尔·莫里斯《维特根斯坦与〈逻辑哲学论〉》
M. 麦金《维特根斯坦的〈哲学研究〉》
G·哈特费尔德《笛卡尔的〈第一哲学的沉思〉》
罗杰·F.库克《后电影视觉：运动影像媒介与观众的共同进化》
苏珊·沃尔夫《生活中的意义》
王　浩《从数学到哲学》
布鲁诺·拉图尔 尼古拉·张《栖居于大地之上》
何　涛《西方认识论史》
罗伯特·凯恩《当代自由意志导论》
维克多·库马尔 里奇蒙·坎贝尔《超越猿类：人类道德心理进化史》
许　煜《在机器的边界思考》
A. 马尔霍尔《海德格尔的〈存在与时间〉》
提摩太·C. 坎贝尔《生命的尺度：从海德格尔到阿甘本的技术和生命政治》

大学问·名人传记与思想系列

孙德鹏《乡下人：沈从文与近代中国（1902—1947）》
黄克武《笔醒山河：中国近代启蒙人严复》
黄克武《文字奇功：梁启超与中国学术思想的现代诠释》
王　锐《革命儒生：章太炎传》
保罗·约翰逊《苏格拉底：我们的同时代人》
方志远《何处不归鸿：苏轼传》
章开沅《凡人琐事：我的回忆》
区志坚《昌明国粹：柳诒徵及其弟子之学术》

大学问·实践社会科学系列

胡宗绮《意欲何为：清代以来刑事法律中的意图谱系》

黄宗智《实践社会科学研究指南》
黄宗智《国家与社会的二元合一》
黄宗智《华北的小农经济与社会变迁》
黄宗智《长江三角洲的小农家庭与乡村发展》
白德瑞《爪牙：清代县衙的书吏与差役》
赵刘洋《妇女、家庭与法律实践：清代以来的法律社会史》
李怀印《现代中国的形成（1600—1949）》
苏成捷《中华帝国晚期的性、法律与社会》
黄宗智《实践社会科学的方法、理论与前瞻》
黄宗智 周黎安《黄宗智对话周黎安：实践社会科学》
黄宗智《实践与理论：中国社会经济史与法律史研究》
黄宗智《经验与理论：中国社会经济与法律的实践历史研究》
黄宗智《清代的法律、社会与文化：民法的表达与实践》
黄宗智《法典、习俗与司法实践：清代与民国的比较》
黄宗智《过去和现在：中国民事法律实践的探索》
黄宗智《超越左右：实践历史与中国农村的发展》
白　凯《中国的妇女与财产（960—1949）》
陈美凤《法庭上的妇女：晚清民国的婚姻与一夫一妻制》

大学问·法律史系列

田　雷《继往以为序章：中国宪法的制度展开》
北鬼三郎《大清宪法案》
寺田浩明《清代传统法秩序》
蔡　斐《1903：上海苏报案与清末司法转型》
秦　涛《洞穴公案：中华法系的思想实验》
柯　岚《命若朝霜：〈红楼梦〉里的法律、社会与女性》

大学问·桂子山史学丛书

张固也《先秦诸子与简帛研究》
田　彤《生产关系、社会结构与阶级：民国时期劳资关系研究》
承红磊《“社会”的发现：晚清民初“社会”概念研究》
宋亦箫《古史中的神话：夏商周祖先神话溯源》

大学问·中国女性史研究系列

游鉴明《运动场内外：近代江南的女子体育（1895—1937）》

大学问·中国城市史系列

关文斌《亦官亦商：明清时期天津的盐商与社会》

李来福《晚清中国城市的水与电：生活在天津的丹麦人，1860—1912》

贺　萧《天津工人：1900—1949》

其他重点单品

郑荣华《城市的兴衰：基于经济、社会、制度的逻辑》

郑荣华《经济的兴衰：基于地缘经济、城市增长、产业转型的研究》

拉里·西登托普《发明个体：人在古典时代与中世纪的地位》

玛吉·伯格等《慢教授》

菲利普·范·帕里斯等《全民基本收入：实现自由社会与健全经济的方案》

王　锐《中国现代思想史十讲》

王　锐《韶响难追：近代的思想、学术与社会》

简·赫斯菲尔德《十扇窗：伟大的诗歌如何改变世界》

屈小玲《晚清西南社会与近代变迁：法国人来华考察笔记研究（1892—1910）》

徐鼎鼎《春秋时期齐、卫、晋、秦交通路线考论》

苏俊林《身份与秩序：走马楼吴简中的孙吴基层社会》

周玉波《庶民之声：近现代民歌与社会文化嬗递》

蔡万进等《里耶秦简编年考证（第一卷）》

张　城《文明与革命：中国道路的内生性逻辑》

洪朝辉《适度经济学导论》

李竞恒《爱有差等：先秦儒家与华夏制度文明的构建》

傅　正《从东方到中亚——19世纪的英俄“冷战”（1821—1907）》

俞　江《〈周官〉与周制：东亚早期的疆域国家》

马嘉鸿《批判的武器：罗莎·卢森堡与同时代思想者的论争》

李怀印《中国的现代化：1850年以来的历史轨迹》

葛希芝《中国“马达”：“小资本主义”一千年（960—1949）》